추세 추종 트레이딩 비법

세상에서 가장 안전하게 매일 1% 수익 내는

# 추세 추종 트레이딩 비법

Richard Kwon 지음

두드림미디어

지난 24년 동안 수많은 수강생을 배출한 PST이론은 개발 당시에는 교재 없이 강의했었습니다. 하지만 지금은 《PST주식 투자 비법》, 《PST 해외선물 투자 비법》, 《나만의 주식, 선물 보조지표 만들기》, 《PST주식 선물 3차원 추세 분석 비법》, 《NEW PST 주식 투자 비법》, 《NEW PST 해외선물 투자 비법》에 이어 PST이론 시리즈로 7번째 책을 출간하게 되었습니다. 이 책들은 교육 목적으로 출간해 수업할 때 꼭 필요한 자료이므로, 각자의 필요에 따라 그전에 출간한 책들을 반드시 읽고 숙지하시길 바랍니다.

PST이론은 국내 수강생뿐만 아니라 해외에서도 많은 분이 오셔서 관심을 가져주셨고, 만족도 높은 PST주식, 선물 교육을 받으셨습니다. 그리고 그 결과, 다음과 같은 훌륭한 거래 수익을 저에게 보내주셨습니다.

김O민 님 : 해외선물 거래 125전 125승 0패
강O구 님 : 해외선물 거래 166전 166승 0패
정O덕 님 : 해외선물 거래 860전 860승 0패
노O환 님 : 해외선물 거래 211전 210승 1패
김O우 님 : 해외선물 거래 123전 122승 1패
이O희 님 : 미국주식 거래 46.09% 수익(1일 거래)
강O훈 님 : 미국주식 거래 101.00% 수익(2일 거래)
정O범 님 : 미국주식 거래 21.74% 수익(1일 거래)
강O민 님 : 미국주식 거래 14.32% 수익(1일 거래)
이O석 님 : 미국주식 거래 15.93% 수익(2일 거래)
김O직 님 : 국내주식 거래 14.99% 수익(1일 거래)
이O호 님 : 국내주식 거래 24.12% 수익(1일 거래)
강O구 님 : 국내주식 거래 27.29% 수익(2일 거래)
김O형 님 : 국내주식 거래 37.58% 수익(2일 거래)
최O원 님 : 국내주식 거래 22.67% 수익(2일 거래)
이O호 님 : 국내선물 거래 172.32% 수익(2일 거래)
홍O아 님 : 국내옵션 거래 76.00% 수익(1일 거래)
임O택 님 : 가상화폐 거래 76.06% 수익(1일 거래)

이는 저에게 PST교육을 받은 수강생들이 주신 거래 결과로 'PST 숭실대 주식 외환 전문가 모임(https://cafe.daum.net/SSUFX)' 다음 카페에서 보실 수 있습니다.

저는 과거에 안산대학교 금융정보학과 학생들을 대상으로 정규과목으로 PST이론 강의를 했고 많은 증권회사, 선물회사, 경제신문회사 등에서도 주식과 해외선물을 강의했습니다. 현재는 숭실대학교 글로벌미래교육원에서 일반인들을 대상으로 2009년부터 외환 전문가 과정과 주식 전문가 과정을 17년째 강의하고 있습니다. 참고로 국내 대학교에서 외환 교육을 가르치는 곳은 유일하게 여기밖에 없습니다.

21세기는 인터넷을 통해서 여러분이 찾고 싶은 교육 정보를 너무 쉽게 찾을 수 있고, 배울 수도 있습니다. 하지만 수많은 투자 방법은 인터넷과 시중 서점에서 찾은 후 실전 거래에 적용하면, 여러분이 원하는 대로 수익을 내기가 쉽지 않습니다. 왜 그럴까요? 여러 가지 이유가 있겠지만 저는 실시간 추세를 정확히 분석을 못 한 데 첫 이유가 있다고 생각합니다. 첫 단추를 잘못 끼우면 결과가 좋을 수가 없지요. 100% 투자 수익을 얻는 투자 방법은 저도 없다고 생각합니다. 다만 실전 거래에서 100전 100승 0패의 전적으로 거래하는 투자 방법은 PST이론과 PST지표 활용으로 가능합니다.

제가 만든 PST이론이란 과거 추세가 아닌 실시간 차트를 정확하게 기술적 분석을 해서 차트로 표현되는 모든 거래(주식, 선물, 옵션, 가상화폐 등)에서 수익을 쉽게 얻을 수 있는 이론입니다.

기본적 분석이 중요할까요? 기술적 분석이 중요할까요? 물론 크게 생각하면 둘 다 중요하지만, 실전 거래에서는 기본적 분석보다는 기술적 분석이 중요합니다. 그래서 많은 트레이더들이 책이나 동영상을 보면서 열심히 기술적 분석 공부를 한 후 실전 거래에서 적용하지만, 결과는 생각만큼 좋지 않음을 느낍니다.

저는 일반적인 책이나 동영상에서 가르치는 거래방법이 실전 거래에서 맞을 수도 있고 틀릴 수도 있다는 것을 깨닫는 순간, 더 이상 반복된 실패의 위험을 내포한 거래방법을 택하지 않습니다. PST이론을 바탕으로 만든 PST지표를 활용해서 실전 거래를 하고 있습니다.

많은 분이 저에게 "PST교육을 받고 PST지표를 활용해서 실전 거래를 하면 매번 거래에서 수익을 낼 수 있습니까?"라고 반문하실 수 있습니다. 그러면 저는 "저에게 수많은 수강생이 PST교육을 받고 교육을 마칠 때까지 모두 모의 거래와 실전 거래를 포함해 수익을 내면서 마치기 때문에 만족도가 100%"라고 답변을 드립니다. 저는 PST교육시간에 "10번 거래에서 9번 이기고 1번 지는 90% 승률은 거래하지 말고, 10번 거래에서 10번 이기는 100% 승률일 때만 실전 거래를 하라"고 가르칩니다. 이 말을 들은 여러분은 말이 안 된다고 생각하시지요? 저도 처음에는 불가능하다고 생각했지만, PST이론과 PST지표를 제가 만든 후 PST교육을 받은 수강생들이 10번 거래에서 10번 모두 이기는 10연승이 아닌 100연승, 200연승, 300연승 이상도 승률 100% 결과를 보여주셨습니다.

매번 책을 출간할 때마다 출간되는 책의 내용은 일반적으로 오픈된 자료가 아니므로 "책만 구매한 후 혼자 공부한다고 반드시 실전 거래에서 좋은 결과를 얻기는 쉽지 않습니다"라고 말씀드렸습니다. 지식 습득 목적으로 책을 구매 후 독학하는 것은 괜찮지만, 교육 목적으로 출간한 책을 사시고 실전 거래에서 수익을 얻기 위해서는 반드시 PST교육을 받으시기를 권해드립니다. PST교육은 교육받은 많은 분의 실전 거래로 결과가 증명되었기 때문에 PST교육을 받는 분들이 많아서 평일부터 주말까지 항상 1년 정도 교육 일정이 잡혀 있습니다.

제가 여러분께 몇 가지 질문을 해보겠습니다.

"현재 추세의 시작과 끝을 구별할 수 있으신가요? 현재 추세가 상승

추세인가요? 보합인가요? 하락추세인가요? 거래할 때와 거래를 하지 않을 때는 구별할 수 있으세요? 진입 후 가격이 진입가격까지 밀리지 않을 자신이 있으세요? 추세가 빨리 움직일까요? 천천히 움직일까요? 진입 후 다음 캔들 색깔이 진입 방향과 같은 색깔이 나올지 안 나올지 아세요? 추세의 최고점 또는 최저점을 아시나요? 추세의 기울기를 설정할 수 있으세요? 출현하는 캔들의 형태를 맞출 수 있으세요?"

어떠신가요? 질문에 대한 답을 여러분은 아시나요? 모르시는데 어떻게 실전 거래를 하시나요? 제 생각에는 답을 모르시고 실전 거래를 하면 당연히 손실 보는 트레이더와 같은 부류에 속하시게 될 것입니다. 수익 나는 거래방법을 모르면 배우시면 됩니다만 모르는 것을 알지 못하면, 계속 손실 보는 트레이더가 될 수 있으니 거래를 멈추시길 권해 드립니다.

PST이론과 PST지표를 제가 독창적으로 만들었는데 다른 분들이 간혹 본인이 만들었다고 하는 소문이 들려서 할 수 없이 저는 과거에 저작권 등록을 했습니다. 제가 만든 PST지표는 현재 유진투자증권 HTS와 넥스트증권 HTS에 탑재되어 수년째 실전 거래에서 사용자에게 많은 도움을 줘 좋은 결과를 내고 있습니다. 개인이 만든 보조지표가 금융회사 HTS에 탑재된 것은 국내에서 제가 최초라고 합니다. 저도 자부심이 생기네요. 이런 신뢰성을 많은 분께 인정받아서 최근에는 PST이론과 PST지표의 효과에 대해 외국에서도 관심이 있습니다. 유진투자증권 HTS를 통해서 국내주식, 해외주식, 국내선물, 국내옵션을 거래하는데 도움을 주고, 넥스트증권 HTS를 통해서 해외선물을 거래하는 데 도움을 주고 있습니다.

1번째로 출간한 《PST주식 투자 비법》 책은 주로 주식 거래할 때 꼭 알아야 하는 거래방법을 소개했고, 2번째로 출간한 《PST해외선물 투자 비법》 책은 주로 해외선물 거래할 때 꼭 알아야 하는 거래방법을 소개했습니다. 3번째로 출간한 《나만의 주식, 선물 보조지표 만들기》 책은 PST이론과 PST지표를 간단하게나마 혼자서 학습으로 해보도록 했고, 4번째로 출간한 《PST주식 선물 3차원 추세 분석 비법》은 주식과 선물 거래에서 추세에 관해 양자역학(Quantum Mechanics)적으로 PST이론을 적용해 '3차원 추세 분석(Three Dimension Trend Analysis)'을 할 수 있게 했습니다. 그리고 5번째로 출간한 《NEW PST주식 투자 비법》은 국내외주식, 국내선물, 국내옵션 거래에서 한 차원 높은 버전의 PST지표를 활용해 더욱 쉽고 편리하게 수익을 내는 방법을 소개했고, 6번째로 출간한 《NEW PST 해외선물 투자 비법》은 해외선물 거래에서 메타 신호를 사용해서 거래하는 방법을 소개했습니다. 그리고 7번째로 출간하는 《추세 추종 트레이딩 비법》은 실시간 추세의 정확한 분석을 통한 투자 방법을 소개하려고 합니다.

PST교육을 받은 수강생들이 항상 100% 승률로 완벽한 거래 결과를 보여주셔서 감사하고 기쁘게 고맙을 느낍니다. 그리고 마지막으로 저는 PST이론과 PST지표가 여러분이 실전 거래를 할 때 스트레스를 받지 않고 즐겁고 행복하게 거래하는 데, 작은 도움이 되기를 진심으로 바랍니다.

Richard Kwon

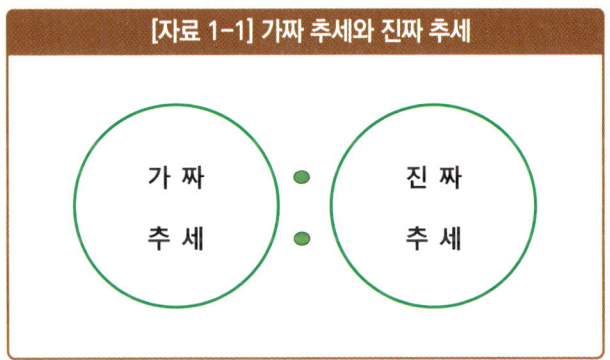

[자료 1-1] 가짜 추세와 진짜 추세

가 짜
추 세

진 짜
추 세

여러분은 [자료 1-1]처럼 실시간 추세에서 가짜와 진짜를 구별할 수 있으신가요? 가짜 추세와 진짜 추세를 구별하지 못하면서 왜 실전 거래에 도전하며 수익을 기대하시나요?

제가 수업시간에 말씀드리지만, 은행의 예금과 적금 상품에 투자는 절대로 손해 보지 않는 안전한 투자 상품입니다. 은행의 예금과 적금을 제외한 대부분의 투자 상품인 주식, 선물, 옵션, 가상화폐 등은 수익과 손실을 모두 포함한 위험한 투자 상품입니다.

위험한 투자 상품 중에서도 레버지리가 높은 투자 상품일수록 수익과 손실이 더욱 커진다는 것도 여러분은 알고 있습니다. 그런데 왜 위험한 투자 상품에 확실한 투자 방법도 모르면서 여러분의 주관적인 해석에 의한 투자 방법으로 거래하시나요?

은행의 예금과 적금을 통해 받는 이자율보다 물가상승률이 더욱 크기 때문에 은행의 예금과 적금을 활용하지 않고, 물가상승률보다 기대수익률이 큰 투자 상품에 대부분의 손실 보는 트레이더는 투자하고 있습니다. 그리고 부자의 기준을 나눌 수는 없지만, 통계적으로 부자일수록 안전하고 수익률이 낮은 상품에 투자하고, 부자가 아닐수록 불안전하고 수익률이 높은 상품에 투자한다고 합니다. 여러분은 어느 쪽에 투자하시나요?

물론 수익이 나는 트레이더도 있고 손실을 보는 트레이더도 있습니다. 그런데 24년째 PST교육을 하는 저에게 초보가 아닌 수익을 내는 고수도 배우러 많이 오실까요? PST교육을 받으러 오는 고수 대부분의 공통점은 본인들이 실전 거래에서 수익이 나는 방법으로 거래했는데도 불구하고 왜 손실이 났는지 이유를 몰라서 오는 경우입니다. 그 이유를 찾으시 많은 선생님을 찾으시 풀이돼도 일반적인 이론과 지표를 가지고 설명을 하는데 만족하지 못하지만, PST이론과 PST지표로 명확하게 설명을 해드리면 "문제를 해결했다"라고 만족하시면서 결국 수업을 듣고 더욱 좋은 결과를 내셨습니다.

만약 실시간 추세가 [자료 1-1]처럼 가짜 추세도 있고 진짜 추세도 있다고 가정하겠습니다. 가짜 추세는 실시간 추세에서 추세를 만드는 마켓 메이커(Market Maker)가 추세를 추종하는 마켓 팔로어(Market Follower)를 따돌리려고 만듭니다.

그렇기 때문에 가짜 추세에서는 마켓 메이커가 한 추세에서 그들의 원하는 목표가격까지 상승 또는 하락추세를 흔드는 변동성(P2구간)이 심하게 나타납니다.

반대로 진짜 추세에서는 마켓 메이커가 마켓 팔로어보다 많은 수량으로, 마켓 팔로어의 원하는 추세의 방향과 관계없이 마켓 메이커가 원하는 목표가격까지 상승 또는 하락추세를 흔드는 변동성이 없이 강하게 진행하는 경향(P1구간 또는 P4구간)이 있습니다. 동의하시나요? 그러므로 가짜 추세에서는 거래하지 말고 관망하는 전략을 택해야 하고, 진짜 추세에서는 상품에 따라서 매수진입 또는 매도진입을 언제 해서 어떻게 보유하며 언제 베스트 청산을 해야 하는지는 찾아야 합니다.

그러면 실시간 추세에서 가짜 추세와 진짜 추세를 어떻게 구별할 수가 있을까요? 인터넷이나 서점에서 구매한 책에서 설명하는 일반적인 이론과 오픈된 일반 보조지표를 활용해서는 구별할 수가 없습니다. 과거 추세에서는 설명할 수 있을지도 모르지만, 여러분이 실전 거래하는 그 순간의 실시간 추세에서는 절대로 가능하지 못합니다. 그러나 제가 만든 PST이론과 PST지표를 활용한다면, 실시간 추세를 정확하게 분석해 여러분께 가짜 추세와 진짜 추세를 구별하게 해줘서 실전 거래에서 수익이 나도록 도움을 드릴 수 있습니다.

저는 숭실대학교 글로벌 미래교육원에서 2009년부터 현재까지 17년째 외환 전문가 과정과 주식 전문가 과정에서 현재까지 PST교육을 하고 있습니다. 외환 전문가 과정 이수 후 해외선물 거래를 통해서 매수진입과 매도진입의 양방향 거래를 통해서 수익을 낼 수 있는 것을 배우고, 주식 전문가 과정 이수 후 국내주식, 해외주식, 국내선물, 국내옵션 거래를 통해서 역시 매수진입과 매도진입의 양방향 거래를 통해서 수익을 낼 수 있는 것을 배웁니다. 물론 실전 거래를 할 때는 HTS에서 PST지표를 활용해서 실시간으로 추세를 분석한 후 가짜 추세는 관망하고 진짜 추세에서만 거래해 수익을 추구합니다. PST교육을 받은 수강생들이 100연승 이상 승률 100%인 결과는 다음 카페 'PST 숭실대 주식 외환 전문가 모임(https://cafe.daum.net/SSUFX)'을 통해서 확인하실 수 있습니다.

해외선물 거래는 넥스트증권 HTS에 PST지표가 탑재되어 있고, 주식 거래는 유진투자증권 HTS에 PST지표가 탑재되어 있습니다. 개인이 만든 보조지표가 증권회사나 선물회사 HTS에 신뢰성이 검증되어 탑재된 것은 제가 국내외에서 처음이라는 말을 들었을 때 마음속으로 기쁨의 눈물을 흘렸습니다.

추세를 만드는 마켓 메이커가 아닌 이상 실시간 추세를 단순히 흐름만 보고 거래하는 것은 매우 위험합니다. 저나 여러분은 추세를 추종하는 마켓 팔로어이기 때문에 실전 거래할 때는 반드시 추세를 분석하는 보조지표를 활용해야 합니다. 그런데 문제는 일반적으로 HTS에 탑재된 오픈된 보조지표들은 실시간 현재 추세를 분석하지 않고 과거 추세를 분석해서 왜곡된 정보를 통한 잘못된 진입시점과 청산시점을 여러분께 제공한다는 것입니다. 손실 보는 트레이더들은 잘못된 진입시점과 청산시점을 믿고 거래하면 손실을 당연히 봐야 합니다. 그런데 가끔 어설프게 조금 수익이 나면 사용된 일반적인 보조지표와 본인만의 잘못된 투자 방법이 맞는 줄 알고 더욱 많은 금액을 투자해서 더욱 큰 손실을 초래합니다.

저는 매달 숭실대학교 글로벌 미래교육원에서 무료 재테크 공개강좌를 할 때 오시는 분들에게 "저에게 PST교육을 받지 않아도 되니 제발 HTS에 탑재된 오픈된 보조지표를 참고로만 활용하시고, 절대적으로 맹신하지 마세요"라고 말씀드립니다.

그러면 저에게 "PST지표는 과거 추세를 분석하지 않나요?"라고 반문하는 분도 계시겠지요. 후행지표의 측면에서 보면 맞습니다만, 사실 PST지표는 과거 추세를 분석하는 게 아니라 실시간 추세를 분석하는 '현행지표(Current Index)'입니다. 그러므로 한 방향 거래인 주식 거래와 양방향 거래인 선물, 옵션 거래에서 100연승 이상이 가능합니다.

일반적인 오픈된 보조지표와 제가 만든 PST지표는 추세를 분석하는 후행지표이지 마켓 메이커가 아닌 이상 절대로 선행지표라고 표현할 수 없습니다. 차이점은 일반적인 오픈된 보조지표는 과거 추세를 분석하는 후행지표입니다. PST지표도 크게 보면 후행지표지만, 현재 실시간 추세에 가장 가깝게 분석하기 때문에 현행지표에 가깝습니다.

7번째로 출간하는 이번 책에서는 가급적 '실시간 추세 분석'에 관한 모든 것을 우선으로 정리하려고 합니다. PST지표가 왜 후행지표가 아니고, 현행지표로 실전 거래에서 100연승이 가능한지는 기존에 발간한 책을 참고하시길 바랍니다.

PST이론상 가짜 추세는 실시간 추세를 타임 프레임(Time Frame)으로 분석해 P2구간, P3구간, P4-2구간으로 생각할 수 있고, 진짜 추세는 실시간 추세를 타임 프레임으로 분석해 P1구간과 P4-1구간으로 생각할 수 있습니다. 타임 프레임은 제가 PST이론을 연구해 만들면서 만든 용어로 타임 프레임에 대한 설명은 다음에 하겠습니다. 양방향 거래에서 PST31지표 또는 PST32지표를 활용하면, 실시간 추세를 2차원적으로 분석할 수 있습니다. 양방향 거래에서 PST124지표 또는 PST125지표를 활용하면 실시간 추세를 3차원적으로 분석할 수 있습니다.

추세를 2차원적으로 분석한다는 것은 시간의 변동을 X축, 가격의 변동을 Y축으로 생각해 추세를 형상화해서 분석한다는 것입니다. 추세를 3차원적으로 분석한다는 것은 시간의 변동을 X축, 가격의 변동을 Y축, 반대세력의 변동을 Z축으로 분석한다는 것을 의미합니다. 실전 거래에서 실시간 추세를 2차원적으로 분석해도 수익을 기대할 수 있지만, 3차원적으로 분석하면 보다 정교하게 진입을 할 수 있습니다. 더욱 편안히 보유할 수 있으면서 보다 정확하게 청산까지 할 수 있는 장점이 있습니다.

PST이론은 손실 보는 트레이더가 실시간 추세를 잘못 분석하기 때문에 손실을 준다고 생각합니다. 그러면 이렇게 실시간 추세를 분석해야 실전 거래에서 손실이 아닌 수익을 기대할 수가 있을까요? 다음 장부터 하나씩 저와 같이 살펴보겠습니다.

# 차례

PART **01**

## 추세 이해 : 수익 나는 추세의 기초

PART **02**

## 추세 분석 : 수익 나는 추세의 해석

**PART 03**

# 추세 신호 : 수익 나는 추세의 비법

**PART 04**

# 추세에 관한 Q&A

**부록**

# 교육 후기

# 추세 이해
## 수익 나는 추세의 기초

# 추세 정의

여러분은 추세를 무엇이라고 정의(Definition)하시나요? 경제학자에게 물어보면 '경제변동 중에서 장기간에 걸친 성장, 정체, 후퇴 등 변동 경향을 나타내는 움직임'이라고 말합니다. 그리고 사전적인 의미는 '어떤 현상이 특정한 방향으로 진행하려고 하는 현상'이라고도 합니다. 트레이더에게 물어보면 '추세란 가격의 흐름'이라고도 말하는 분이 계시지요. 모두 옳은 정의입니다.

저도 처음에는 추세의 정의를 사전적인 의미부터 생각해봤지만 PST 이론을 연구하다 보니 추세의 정의를 다음과 같이 다르게 생각하게 되었습니다.

> 출간 2권 : 매수자와 매도자가 간의 체결 결과가 시간에 따라서 나타나는 현상
> 출간 6권 : 마켓 메이커와 마켓 팔로어 간의 체결 결과가 시간에 따라서 나타나는 현상
> 출간 7권 : 마켓 메이커의 매매 현상

저는 이번에 PST시리즈 책을 7번째로 출간하면서 추세란 '마켓 메이커(Market Maker)의 매매 현상'이라고 정의하겠습니다. 이렇게 정의를 해야 추세의 흐름도 정확히 보이고, 추세도 정확히 분석해서 실전 거래에서 수익을 기대할 수 있습니다. 이 방법을 찾는 데 24년이 걸렸네요.

추세를 만드는 참여자는 과연 누구일까요? 물론 거래상품마다 다르겠지만 일반적으로 여러분이 많이 들었던 외국인, 기관, 연기금, 개인 등이 있습니다. 저는 PST이론을 연구하면서 추세를 만드는 참여자는 마켓 메이커와 마켓 팔로어가 있다고 생각합니다.

마켓 메이커는 추세를 만드는 세력이고, 마켓 팔로어는 추세를 따라가는 저와 여러분 같은 트레이더입니다. 마켓 팔로어는 정보도 늦고 자금력도 많지 않아서 절대로 추세를 만드는 마켓 메이커가 될 수 없습니다. 이런 의미에서 보면 결국 추세란 추세를 만드는 마켓 메이커가 원하는 대로 만드는 현상이라고도 볼 수 있겠습니다.

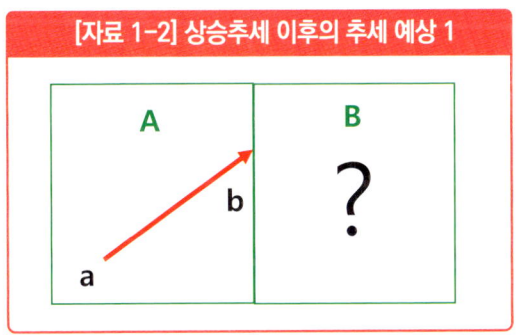

[자료 1-2] 상승추세 이후의 추세 예상 1

[자료 1-2]처럼 가격이 a에서 b까지 상승한다고 생각해보면 (a < b)인 조건에서 b 이후에는 가격이 상승할까요? 아니면 하락할까요? 여러분은 어떻게 분석해서 박스 B영역의 추세를 예상하시나요?

아마도 제 생각에는 박스 A영역에서 여러분이 좋아하시는 보조지표 중 이동평균선이 정배열을 보이거나 MACD가 골든크로스가 보이면 매수진입을 하실 것입니다. 또는 박스 A영역에서 가장 높은 가격을 기준으로 저항선을 그어 저항선을 우상향으로 통과하면 매수진입을 하시거나, 또는 박스 A영역에서 상승 삼각형 패턴이 나오면 매수진입을 하실 것입니다. 또한, 다른 전략이 있어서 매수진입을 한 후 b 이후 추세가 상승해서 수익을 본다면 여러분의 전략이 맞았다고 생각할 것입니다.

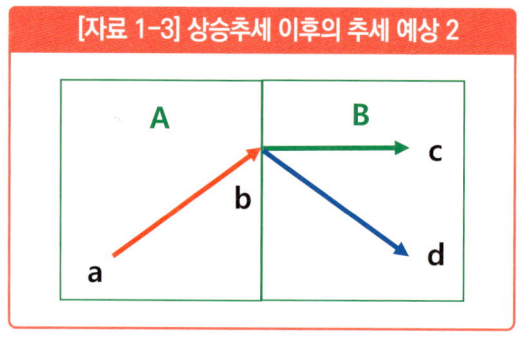

[자료 1-3] 상승추세 이후의 추세 예상 2

그러나 동일 전략으로 만약 b에서 추세가 계속 상승을 예상해서 매수진입을 했는데 추세가 c처럼 보합이나 추세가 d처럼 하락이면 어떻게 생각하시나요? 여러분의 전략에서 어떤 오류가 있었다고 생각하지 않으세요? 저는 여러분이 추세에 대한 기본적인 지식만 가지고 실전거래에 접근했다고 생각합니다.

PST이론과 PST지표를 활용하면 b 이후에 추세가 c가 될지 아니면 d가 될지는 너무 쉽게 설명할 수 있습니다. b 이후에 기준차트보다 큰 상위차트가 상승 사이클에서 P1구간, P4-1구간이고, 기준차트보다 아래인 하위차트에서 P1구간이 나오면 여러분이 원하는 추세가 상승으로 진행할 수 있습니다. 그러나 b 이후에 기준차트보다 큰 상위차트가

P4-2구간이면 추세는 c처럼 진행하고, 상위차트가 P2구간이면 추세는 d처럼 진행합니다. 현재 추세를 타임 프레임으로 분석해서 여러분이 진입시점에서 추세가 P1, P2-1, P2-2, P3, P4-1, P4-2구간인 곳을 알기 위해서는, 일반 오픈된 보조지표로는 알 수가 없고 오직 제가 만든 PST지표로만 분석이 가능합니다.

한 방향 거래상품인 주식 거래에서는 매수진입으로만 수익을 기대할 수 있기 때문에 여러분이 추세를 분석한 후 매수진입을 할 때는 반드시 기준차트보다 상위차트가 상승 사이클 내에서 P1구간 또는 P4-1구간 이어야 합니다.

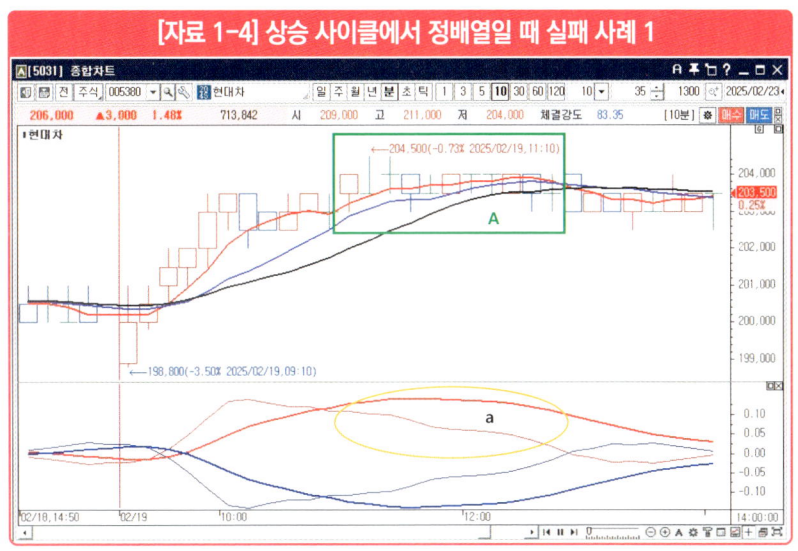

[자료 1-4]는 주식 거래에서 '현대차' 종목으로 10분차트이고 2025년 2월 18일 14시 50분부터 2월 19일 14시까지 추세 흐름입니다. 추세 위에는 이동평균선과 추세 아래에는 PST32지표를 불러봤습니다.

박스 A영역을 보면 이동평균선이 정배열되어 추세선을 그어 전고점보다 높을 때 매수진입하면 매수진입 후 추세가 상승이 나올 것으로, 손실 보는 트레이더는 예상합니다. 그러나 박스 A영역에 해당하는 a영역을 PST32지표로 타임 프레임을 분석하면 P4-2구간임을 한 번에 알 수 있습니다. PST32지표는 주식 거래에서 2차원적으로 추세 위치 분석을 쉽게 하는 PST지표입니다. 굵은 빨간색선이 굵은 파란색선 위에 위치하면 상승 사이클이고, 반대로 굵은 파란색선이 굵은 빨간색선 위에 위치하면 하락 사이클이라고 생각합니다. 그리고 가는 빨간색선이 굵은 빨간색선 아래에 위치하면 P4-2구간 또는 P2구간으로 추세는 더 이상 상승강화 구간은 나오기가 어렵습니다.

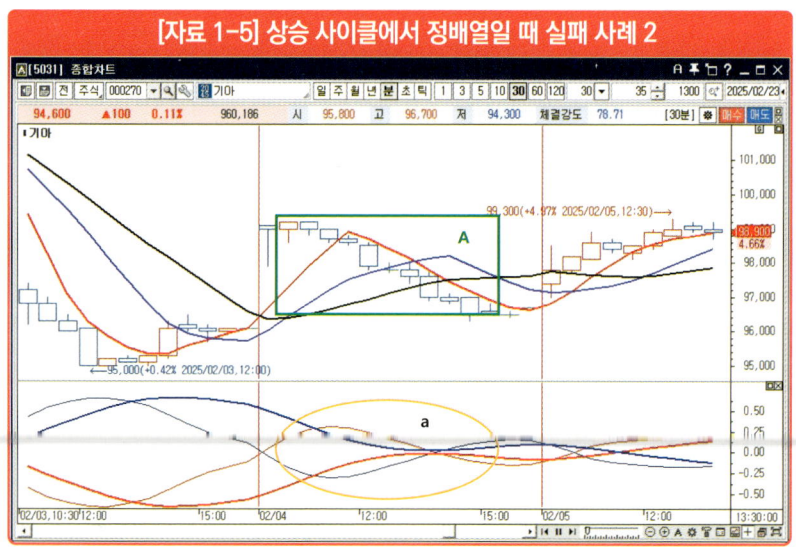

[자료 1-5] 상승 사이클에서 정배열일 때 실패 사례 2

[자료 1-5]는 주식 거래에서 '기아' 종목으로 30분차트이고 2025년 2월 3일 10시 30분부터 2월 5일 13시 30분까지 추세 흐름입니다. 추세 위에는 이동평균선과 추세 아래에는 PST32지표를 불러봤습니다.

박스 A영역을 보면 이동평균선이 정배열되어 추세선을 그어 전고점보다 높을 때 매수진입하면 매수진입 후 추세가 상승이 나올 것으로 손실 보는 트레이더는 예상합니다. 그러나 박스 A영역에 해당하는 a영역을 PST32지표로 타임 프레임을 분석하면 하락 사이클인 P2구간임을 한 번에 알 수 있습니다. P2구간은 현재 사이클 상태와 반대로 진입하는 구간입니다. 박스 A영역을 해당하는 a영역을 PST32지표로 확인해보니 굵은 파란색선이 굵은 빨간색선 위에 있어서 하락 사이클 구간임을 한 번에 알 수 있습니다. 하락 사이클 구간에서 역방향인 매수진입으로 수익을 내기는 어렵기 때문에 매수진입보다는 관망 전략을 택하는 것이 옳은 방법입니다.

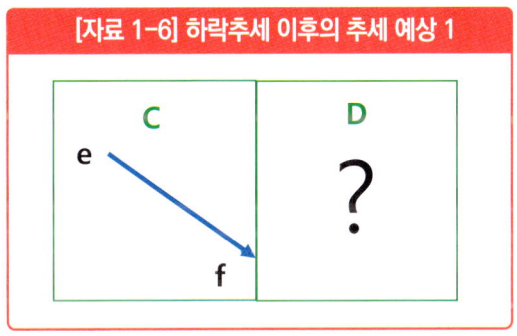

[자료 1-6] 하락추세 이후의 추세 예상 1

[자료 1-6]처럼 가격이 e에서 f까지 하락한다고 생각해보면 (e 〉f)인 조건에서 f 이후에는 가격이 하락할까요? 아니면 상승할까요? 여러분은 어떻게 분석해서 박스 D영역의 추세를 예상하시나요?

아마도 제 생각에는 박스 C영역에서 여러분이 좋아하시는 보조지표 중 이동평균선이 역배열을 보이거나 MACD가 데드크로스가 보이면 매도진입을 하실 것입니다. 또는 박스 C영역에서 가장 낮은 가격을 기준으로 저항선을 그어 저항선을 우하향으로 통과하면 매도진입을 하시거나, 또는 박스 C영역에서 하락 삼각형 패턴이 나오면 매도진입을 하실 것입니다. 또한, 다른 전략이 있어서 매도진입을 해서 f 이후의 추세가 하락해서 수익을 본다면 여러분의 전략이 맞았다고 생각할 것입니다.

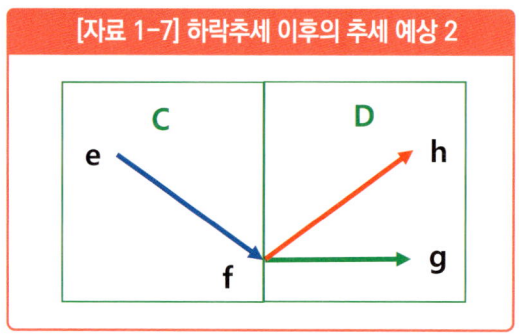

[자료 1-7] 하락추세 이후의 추세 예상 2

그러나 동일 전략으로 만약 f에서 추세가 계속 하락을 예상해서 매도 진입을 했는데, 추세가 g처럼 보합이나 h처럼 상승이면 어떻게 생각하시나요? 여러분의 전략에서 어떤 오류가 있었다고 생각하지 않으세요? 저는 여러분이 추세에 대한 기본적인 지식만 가지고 실전 거래에 접근했다고 생각합니다.

PST이론과 PST지표를 활용하면 f 이후에 추세가 g가 될지, 아니면 h가 될지는 너무 쉽게 설명을 할 수 있습니다. f 이후에 기준차트보다 큰 상위차트가 하락 사이클에서 P1구간, P4-1구간이고, 기준차트보다 아래인 하위차트에서 P1구간이 나오면 여러분이 원하는 추세가 하락으로 진행할 수 있습니다. 그러나 f 이후에 기준차트보다 큰 상위차트가 P4-2구간이면 추세는 g처럼 진행하고, 상위차트가 P2구간이면 추세는 h처럼 진행합니다. 현재 추세를 타임 프레임으로 분석해서 여러분이 진입시점에서 추세가 P1, P2-1, P2-2, P3, P4-1, P4-2구간을 알기 위해서는 일반 오픈된 보조지표는 알 수가 없고, 오직 제가 만든 PST지표로만 분석이 가능합니다.

양방향 거래상품인 선물, 옵션 거래에서는 매수진입과 매도진입으로
수익을 기대할 수 있기 때문에 여러분이 추세를 분석한 후 매수진입을
할 때는 반드시 기준차트보다 큰 상위차트가 상승 사이클 내에서 P1구
간 또는 P4-1구간이어야 하고, 매도진입을 할 때는 반드시 기준차트
보다 큰 상위차트가 하락 사이클 내에서 P1구간 또는 P4-1구간이어야
합니다.

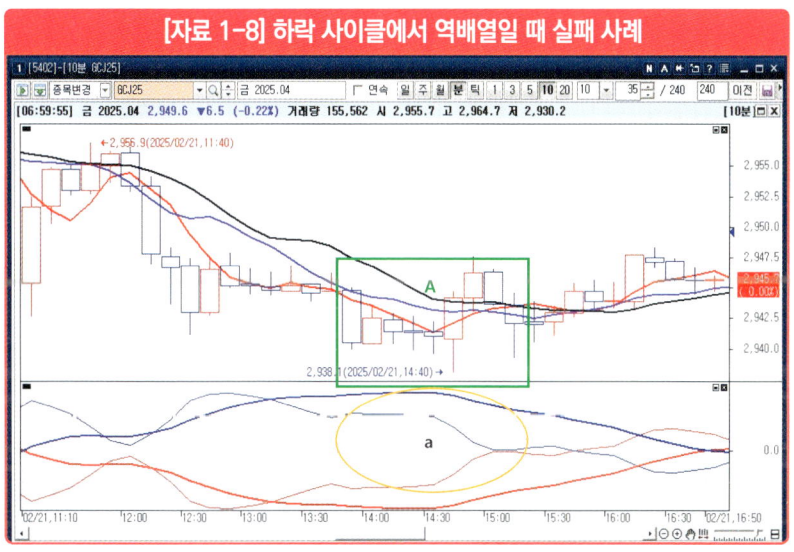

[자료 1-8]은 해외선물 거래에서 '금 2025년 4월물' 종목으로 10분
차트이고 2025년 2월 21일 11시 10분부터 16시 50분까지 추세 흐름
입니다. 추세 위에는 이동평균선과 추세 아래에는 PST31지표를 불러
봤습니다.

박스 A영역을 보면 이동평균선이 역배열되어 추세선을 그어 전고점
보다 낮을 때 매도진입하면, 매도진입 후 추세가 하락이 나올 것으로
손실 보는 트레이더는 예상합니다. 그러나 박스 A영역에 해당하는 a영

역을 PST31지표로 타임 프레임을 분석하면, P4-2구간임을 한 번에 알 수 있습니다. PST31지표는 해외선물 거래에서 2차원적으로 추세 위치 분석을 쉽게 하는 PST지표입니다. 굵은 파란색선이 굵은 빨간색선 위에 위치하면 하락 사이클이고, 반대로 굵은 빨간색선이 굵은 파란색선 위에 위치하면 상승 사이클이라고 생각합니다. 그리고 가는 파란색선이 굵은 파란색선 아래에 위치하면 P4-2구간 또는 P2구간으로 추세는 더 이상 하락강화 구간은 나오기가 어렵습니다.

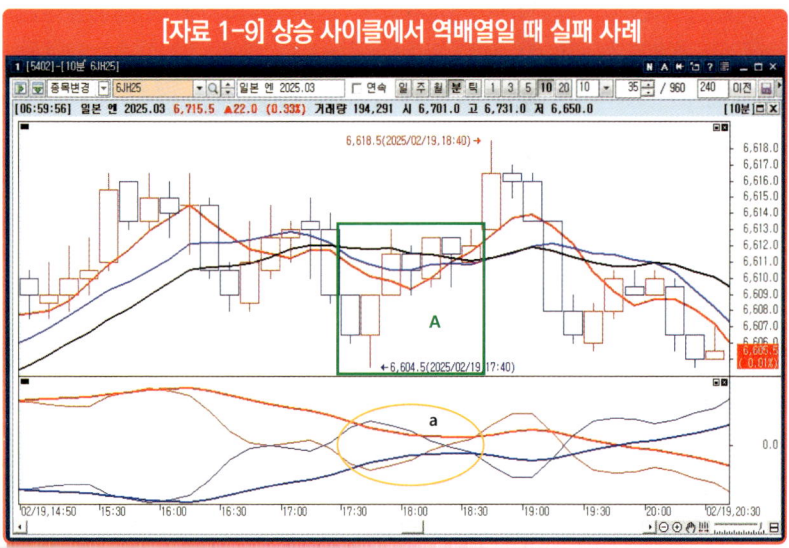

[자료 1-9]는 해외선물 거래에서 '일본 엔 2025년 3월물' 종목으로 10분차트이고 2025년 2월 19일 14시 50분부터 20시 30분까지 추세 흐름입니다. 추세 위에는 이동평균선과 추세 아래에는 PST31지표를 불러봤습니다.

박스 A영역을 보면 이동평균선이 역배열되어 추세선을 그어 전고점 보다 낮을 때 매도진입하면, 매도진입 후 추세가 하락이 나올 것으로 손실 보는 트레이더는 예상합니다. 그러나 박스 A영역에 해당하는 a영역을 PST31지표로 타임 프레임을 분석하면 상승 사이클인 P2구간임을 한 번에 알 수 있습니다. P2구간은 현재 사이클 상태와 반대로 진입하는 구간입니다. 박스 A영역을 해당하는 a영역을 PST32지표로 확인해보니 굵은 빨간색선이 굵은 파란색선 위에 있어서 상승 사이클 구간임을 한 번에 알 수 있습니다. 상승 사이클 구간에서 역방향인 매도진입으로 수익을 내기는 어렵기 때문에 매도진입보다는 관망 전략을 택하는 것이 옳은 방법입니다.

# 추세 구성

여러분은 추세의 구성(Composition)이 무엇이라고 생각하시나요? 인터넷 검색창에 '물의 구성'이라고 검색하면 물을 구성하는 원자는 산소 원자(O) 1개와 수소 원자(H) 2개로 구성되어 있다고 검색이 됩니다. 그러면 인터넷 검색창에 '추세의 구성'이라고 검색하면 어떻게 답이 나올까요? 안타깝지만 검색이 되지 않습니다. 이 말은 그 누구도 추세의 구성을 생각하지 않았다는 것을 의미하지요.

그러나 저는 양자역학 이론을 바탕으로 추세도 미시적인 세계가 있다고 생각하고 '추세도 우리가 현실 세계에서 설명할 수 없는 그 무언가가 있어서 구성되지 않았을까?'라고 생각했습니다.

$$T = P + S + Ch + I + Cy$$

T : Trend

P : Period

S : Strength

Ch : Change

I : Intensity

Cy : Cycle

PST이론을 연구하다가 추세는 주기, 힘, 변화, 강도, 사이클의 합으로 구성되어 있고, 이를 2차원적 또는 3차원적으로 보는 시각에 따라서 다르게 보인다는 것을 찾아냈습니다.

처음에는 추세(Trend)를 주기(Period)와 힘(Strength)의 합으로 이루어졌다고 생각하고 PST1, PST2지표를 개발했습니다. 과거에 배우신 한 수강생이 PST2지표가 '백만 불 가치가 있을 정도'라고 극찬하신 것이 기억나네요.

| T : P + S → PST1, PST2지표 |
| --- |

그리고 PST이론을 계속 연구하다 추세의 기울기(Gradient)가 추세의 속도(Velocity)에 비례하고, 이는 추세의 변화(Change)와 관계가 있다는 것을 발견했습니다.

| T : P + S + Ch → PST5, PST6지표 |
| --- |

또한, 추세의 강도(Intensity)에 따라 상승강화와 하락강화를 찾을 수 있고 보다 편한 거래를 할 수 있다는 것을 증명했습니다. PST13지표를 수강생이 '노벨상을 받을 만한 지표'라고 말씀하셔서서 저도 만든 보람을

느꼈습니다.

$$T : P + S + Ch + I \rightarrow PST7, PST13지표$$

이어서 하나의 추세는 하나의 같은 사이클 내에서만 존재한다는 것을 PST이론을 계속 연구하다 찾아냈습니다. 상승 사이클 내에서는 상승추세(상승보합, 상승강화)만 존재하고, 하락 사이클 내에서는 하락추세(하락보합, 하락강화)만 존재합니다. 상승 사이클 내에서 추세가 하락처럼 보여도 절대로 매도진입을 하면 안 되고, 반대로 하락 사이클 내에서 추세가 상승처럼 보여도 절대로 매수진입을 하면 안 됩니다. 추세의 사이클 개념은 PST지표를 한 단계 끌어올린 계기가 되었습니다.

$$T : P + S + Ch + I + Cy \rightarrow PST31지표$$

24년 동안 PST이론을 계속 연구한 저는 추세를 예비신호, 잠재신호, 양자신호, 메타신호까지 찾아냈고 추세를 2차원적 분석뿐만 아니라 3차원적 분석까지 해서 PST지표를 발전시켰습니다. 물론 PST31지표 이후에도 현재는 PST157지표까지 수많은 PST지표를 만들어서 수많은 수강생이 PST교육을 받고 실전 거래로 100연승이 나올 만큼 좋은 결과로 PST지표의 우수성을 증명해주시고 계십니다. PST지표의 설명은 이번 7번째 출간되는 책에서는 설명하지 않고 그전에 출간한 책을 참고하시길 바랍니다.

여러분은 추세를 분석할 때 무엇을 가장 우선으로 생각하시나요?

'현재 추세가 상승일까? 하락일까? 보합일까?'라고 본인만의 추세선을 그으면서 잘못된 분석을 계속하지는 않으시나요?

PST이론은 추세의 방향보다는 추세의 개념보다 큰 사이클의 개념으로 사이클의 시작과 끝을 찾아야 한다고 생각합니다. 이 말이 무척 어렵다는 것을 저도 압니다. 왜냐하면, 현재 오픈된 모든 이론과 모든 추세에 관한 정보들은 사이클의 시작과 끝은 전혀 고려하지 않기 때문에 고수들도 PST교육을 배우면서 처음 듣는다고 말씀하십니다. 그러나 사이클의 개념을 이해해야 그다음에 추세의 구성, 추세의 방향, 추세의 기울기, 추세의 속도, 추세의 변화 등을 이해할 수가 있습니다.

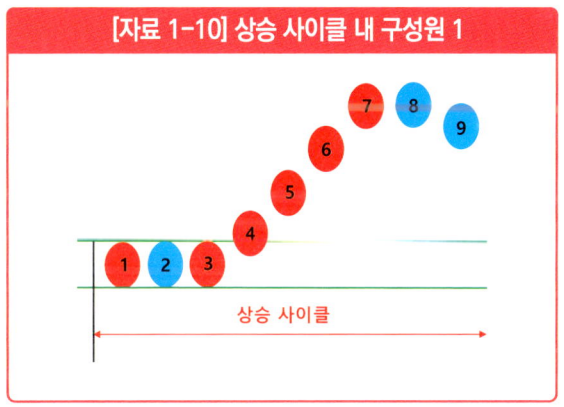

[자료 1-10] 상승 사이클 내 구성원 1

상승 사이클

[자료 1-10]은 상승 사이클 내 구성원을 보여줍니다. PST이론상 사이클은 상승 사이클과 하락 사이클이 반복되고, 사이클의 기준은 트레이더의 기준차트와 비례관계가 있습니다. 매수진입 시 기준차트가 클수록 사이클의 범위도 커지고, 기준차트가 작을수록 사이클의 범위도 작아집니다. 여러분 기준차트를 어떤 것으로 결정하시나요?

시중에 나온 책이나 유명하신 분이 TV에 나와서 설명하는 것을 보면 기준차트가 1시간차트, 4시간차트, 일봉차트, 주봉차트 등 다양합니다. 물론 본인만의 기준차트 설정이 중요하지만, 그 누구도 어떤 거래에서는 어떤 것을 기준차트라고 정확히 말하는 분을 아직까지 못 봤습니다.

그러나 PST이론을 연구한 저는 주식 거래에서는 기준차트를 60분으로 설정하고, 선물과 옵션 거래에서는 기준차트를 10분으로 설정하라고 말씀드립니다. 선물과 옵션 거래도 기준차트를 주식 거래처럼 60분으로 보면 많은 수익을 기대할 수 있습니다. 하지만 레버리지를 사용하는 파생상품에서는 기준차트를 높일수록 P2구간에 해당하는 변동성 구간을 실전 거래에서 보유하기가 쉽지 않기 때문에, 선물과 옵션 거래에서는 기준차트를 10분차트로 설정합니다. 물론 응용을 하면 해외선물 거래에서 종목 중 통화를 제외한 상품이나 지수 종목 등은 기준차트를 5분으로 해도 실전 거래에서는 PST지표를 활용해 좋은 수익을 기대할 수 있습니다.

PST지표를 활용하면 1번부터 9번 캔들까지는 모두 상승 사이클 내에 있는 것을 한 번에 알 수 있습니다. 1번 캔들은 상승 사이클의 시작을 알리고 2번 캔들부터 9번 캔들까지는 모두 상승 사이클 내에서 움직입니다. 이러한 캔들의 연속성을 추세라고 생각해보겠습니다. 상승 사이클 내에서 보이는 추세는 모두 마켓 메이커가 그들의 이익을 위해서 가격의 변동성을 보이고 이 모든 것들을 PST지표가 순간순간 찾아낼 수가 있습니다.

1번부터 9번까지 동그라미를 하나의 캔들로 생각해볼까요? 빨간색 동그라미는 상승 캔들, 파란색 동그라미는 하락 캔들로 생각해보십시오. 그러면 여러분은 어디서 매수진입을 하고, 어디서 매수청산을 하시

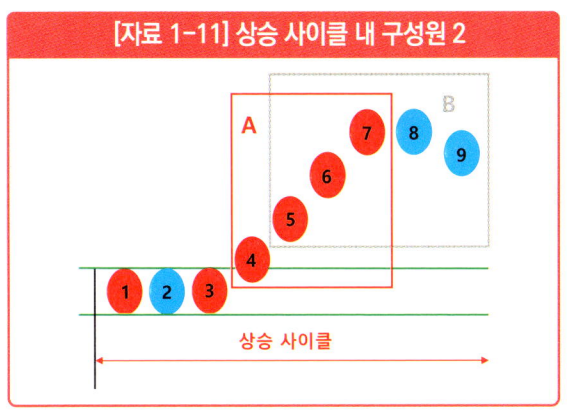

[자료 1-11] 상승 사이클 내 구성원 2

상승 사이클

겠습니까?

오픈된 일반적인 보조지표를 사용하면 5번에서 매수진입을 하고 9번에서 매수청산을 해 회색박스 B영역처럼 적은 수익을 기대할 수도 있습니다. 그러나 만약 9번에서 매수청산을 하지 않고 계속 보유하면서 많은 수익을 기대하는 욕심을 내면 큰 손실도 각오해야 합니다. 그러나 PST지표를 사용하면 1번부터 3번은 상승보합 구간이고 4번부터 7번까지가 상승강화 구간인 P1구간이며, 8번과 9번은 상승보합 구간인 P2구간임을 한 번에 알 수 있습니다. 그래서 P1구간이 시작하는 4번에서 매수진입을 한 후 P1구간이 끝나는 7번에서 매수청산을 하면 빨간 박스 A영역처럼 최대 수익을 기대할 수 있습니다.

어떠세요? 놀랍지 않으신가요? 마켓 메이커가 추세를 1번부터 9번까지 변동성을 만들지만, PST지표는 실시간으로 분석해서 여러분께 정확한 매수진입시점과 매수청산시점을 알려줘 수익을 극대화하는 데 도움을 드립니다.

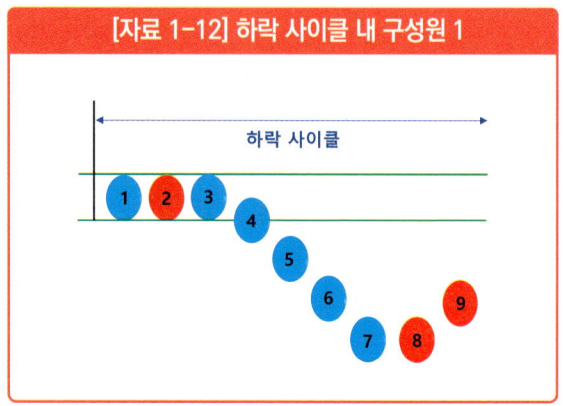

[자료 1-12] 하락 사이클 내 구성원 1

[자료 1-12]는 하락 사이클 내 구성원을 보여줍니다. PST이론상 사이클은 하락 사이클과 상승 사이클이 반복되고 사이클의 기준은 트레이더의 기준차트와 비례관계가 있습니다. 매도진입 시 기준차트가 클수록 사이클의 범위도 커지고, 기준차트가 작을수록 사이클의 범위도 작아집니다. 여러분은 기준차트를 어떤 것으로 결정하시나요?

PST지표를 활용하면 1번부터 9번 캔들까지는 모두 하락 사이클 내에 있는 것을 한 번에 알 수 있습니다. 1번 캔들은 하락 사이클의 시작을 알리고 2번 캔들부터 9번 캔들까지는 모두 하락 사이클 내에서 움직이며, 캔들의 연속성을 추세라고 생각하면 하락 사이클 내에서 보이는 추세는 모두 마켓 메이거가 그들의 이익을 위해서 가격의 변동성을 보입니다. 이 모든 것들을 PST지표가 순간순간 찾아낼 수가 있습니다.

1번부터 9번까지 동그라미를 하나의 캔들로 생각해볼까요? 파란색 동그라미는 하락 캔들, 빨간색 동그라미는 상승 캔들로 생각해보십시오. 그러면 여러분은 어디서 매도진입을 하고 어디서 매도청산을 하시겠습니까?

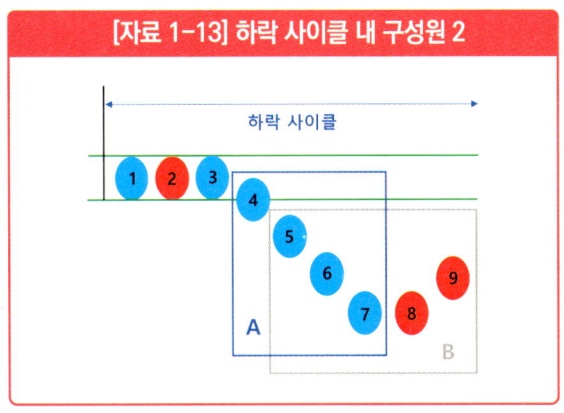

[자료 1-13] 하락 사이클 내 구성원 2

하락 사이클

A

B

　오픈된 일반적인 보조지표를 사용하면 5번에서 매도진입을 하고 9
번에서 매도청산을 해 회색박스 B영역처럼 적은 수익을 기대할 수도
있습니다. 그러나 만약 9번에서 매도청산을 하지 않고 계속 보유하면
서 많은 수익을 기대하는 욕심을 내면 큰 손실도 각오해야 합니다. 그
러나 PST지표를 사용하면 1번부터 3번은 하락보합 구간이고 4번부터
7번까지가 하락강화 구간인 P1구간이며, 8번과 9번은 하락보합 구간
인 P2구간임을 한 번에 알 수 있습니다. 그래서 P1구간이 시작하는 4
번에서 매도진입을 한 후 P1구간이 끝나는 7번에서 매도청산을 하면
파란 박스 A영역처럼 최대 수익을 기대할 수 있습니다.

　어떠세요? 놀랍지 않으신가요? 마켓 메이커가 추세를 1번부터 9번
까지 변동성을 만들지만, PST지표는 실시간으로 분석해서 여러분께 정
확한 매도진입시점과 매도청산시점을 알려줘 수익을 극대화하는 데 도
움을 드립니다.

| 주기 | 힘 | 추세(주기+힘) | | 추세 분석 | 백분율(%) |
|:---:|:---:|:---:|:---:|:---:|:---:|
| + | + | ++ | +++ | 상승강화 | 80~100 |
| | | + | ++ | 상승보합 | 60~80 |
| + | - | - | 0 | 횡보보합 | 40~60 |
| - | + | + | 0 | | |
| - | - | - | -- | 하락보합 | 20~40 |
| | | -- | --- | 하락강화 | 0~20 |

**[자료 1-14] 주기, 힘과 추세 상관관계**

　[자료 1-14]는 추세를 구성하는 주기(Period)와 힘(Strength)의 합산에 따라 추세와의 상관관계를 보여줍니다. 추세를 구성하는 주기와 힘을 각각 플러스(+)와 마이너스(-)가 있다고 생각하고, 주기와 힘의 합산에 따른 경우를 각각 살펴보겠습니다.

　PST이론상 주기가 플러스 1개(+)이고 힘은 플러스가 2개(++)인 경우는 추세가 플러스가 3개(+++)가 되어 이 구간을 '상승강화 구간'이라고 정의하고 백분율상으로는 80~100이 됩니다. 주기가 플러스 1개(+)이고 힘도 플러스가 1개(+)인 경우는 추세가 플러스 2개(++)가 되어 이 구간을 '상승보합 구간'이라고 정의하고 백분율상 60~80이 됩니다. 그리고 주기가 플러스 1개(+)이고 힘이 마이너스 1개(-)인 경우의 반대로 주기가 마이너스 1개(-)이고 힘이 플러스 1개(+)인 경우는 추세가 0이 되어 이 구간을 '횡보보합 구간'이라고 정의하고 백분율상으로는 40~60이 됩니다. 또한, 주기가 마이너스 1개(-)이고 힘이 마이너스 1개(-)인 경우는 추세가 마이너스 2개(--)가 되어 이 구간을 '하락보합 구간'이라고 정의하고 백분율상으로는 20~40이 됩니다. 마지막으로 주기가 마이너스 1개(-)이고 힘이 마이너스 2개(--)인 경우에는 추세가 마이너스 3개(---)가 되어 이 구간을 '하락강화 구간'라고 정의합니다. 이해가 되시나요?

어떻게 힘을 플러스 1개, 2개와 마이너스 1개, 2개로 나누는 것에 대한 자세한 설명은 기존에 출간한 책(《NEW PST주식 투자 비법》, 《NEW PST해외 선물 투자 비법》)을 참고하시길 바랍니다.

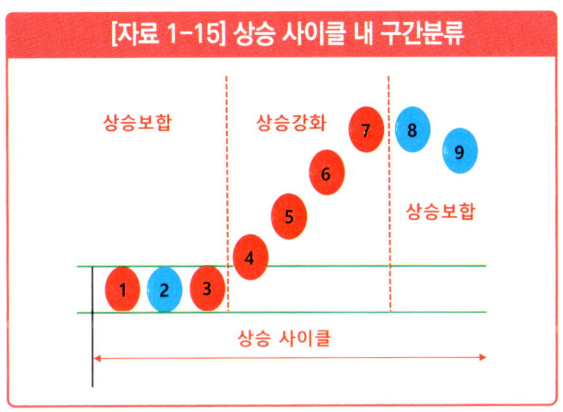

[자료 1-15]는 상승 사이클에서 주기와 힘의 합산에 따른 결과를 구간별로 보여주고 있습니다. 하락 사이클이 끝나고 상승 사이클로 바뀌면 일정 구간 상승보합 구간(1~3번)이 나오고 주기와 힘의 합산이 플러스 3개가 되어 추세가 저항선을 우상향으로 통과하면서 상승강화 구간(4~7번)이 나옵니다.

PST이론상 이 구간을 P1구간이라고 정의합니다. P1구간은 한 사이클에서 오직 한 번 나오고, 마켓 메이커가 상승 사이클에서 본격적으로 추세의 기울기를 보이면서 빠른 속도로 상승을 보입니다. 실전 거래에서는 상승 사이클 내 P1구간 시작지점에서 매수진입을 해야 수익을 극대화할 수 있기 때문에 가장 중요한 지점입니다.

상승강화 구간이 끝나고 추세가 하락 사이클로 전환하든지 또는 추세가 재상승 구간이 나올 때까지의 구간은 상승보합 구간(8번, 9번)이 됩니다. PST이론상 이 구간을 P2구간이라고 정의합니다.

상승 사이클에서는 P1구간, P2구간으로 끝이 날 수도 있고 P1구간, P2구간, P3구간, P4구간, P2구간으로 끝이 날 수도 있습니다. P3구간은 P2구간부터 재상승 구간인 P4구간 전까지를 말합니다. 상승 사이클에서 나오는 구간별 설명은 추후 해드리겠습니다.

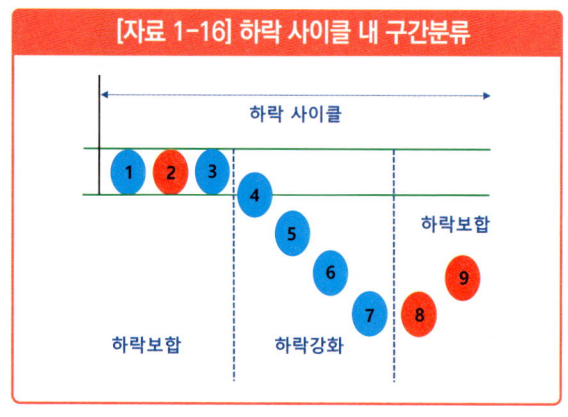

[자료 1-16]은 하락 사이클에서 주기와 힘의 합산에 따른 결과를 구간별로 보여주고 있습니다. 상승 사이클이 끝나고 하락 사이클로 바뀌면 일정 구간, 하락보합 구간(1~3번)이 나오고 주기와 힘의 합산이 마이너스 3개가 되어 추세가 저항선을 우하향으로 통과하면서 하락강화 구간(4~7번)이 나옵니다. PST이론상 이 구간을 P1구간이라고 정의합니다. P1구간은 한 사이클에서 오직 한 번 나오고, 마켓 메이커가 하락 사이클에서 본격적으로 추세의 기울기를 보이면서 빠른 속도로 하락을 보입니다. 실전 거래에서는 하락 사이클 내 P1구간 시작지점에서 매도진입을

해야 수익을 극대화할 수 있기 때문에 가장 중요한 지점입니다.

하락강화 구간이 끝나고 추세가 상승 사이클로 전환하든지 또는 추세가 재하락 구간이 나올 때까지의 구간을 하락보합 구간(8번, 9번)이 됩니다. PST이론상 이 구간을 P2구간이라고 정의합니다.

하락 사이클에서는 P1구간, P2구간으로 끝이 날 수도 있고 P1구간, P2구간, P3구간, P4구간, P2구간으로 끝이 날 수도 있습니다. P3구간은 P2구간부터 재하락 구간인 P4구간 전까지를 말합니다. 하락 사이클에서 나오는 구간별 설명은 추후 해드리겠습니다.

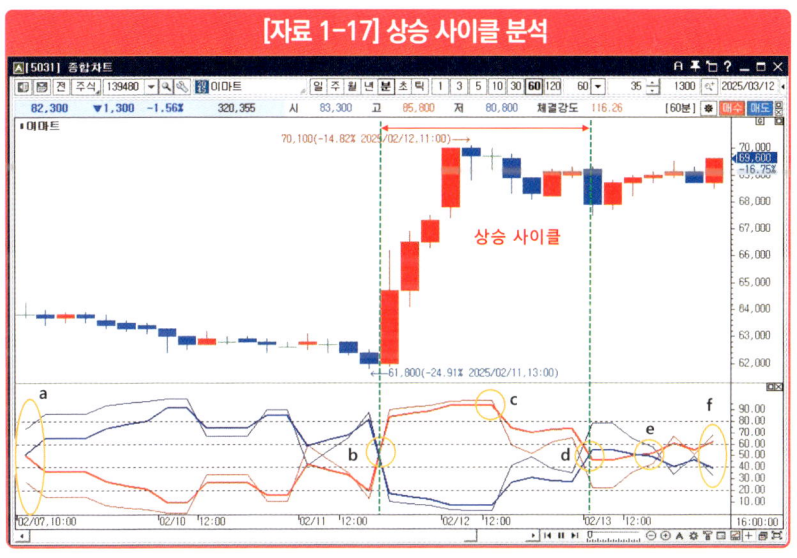

[자료 1-17] 상승 사이클 분석

[자료 1-17]은 주식 거래에서 '이마트' 종목으로 60분차트이고 2025년 2월 7일 10시부터 2월 13일 16시까지 추세 흐름입니다. 추세 아래에는 PST7지표를 불러봤습니다.

각 PST지표마다 사이클의 시작과 끝을 계산하는 것이 조금씩 다릅니다. 다른 이유는 추세의 구성요소를 어디까지 포함한 것과 몇 차원으로 분석하는가에 따라 다르게 보일 수 있습니다. PST7지표의 목적은 '추세의 의미 파악'으로 추세가 실시간으로 보일 때 주기(P)와 힘(S)의 합산을 백분율로 보여줘 상승강화, 상승보합, 횡보보합, 하락보합, 하락강화로 생각할 수 있습니다. PST7지표에 대한 자세한 내용은 기존에 출간한 책을 참고하시길 바랍니다.

PST7지표를 보면 a지점부터 b지점까지와 d지점부터 e지점까지는 굵은 파란색선이 굵은 빨간색선 위에 존재해 하락 사이클임을 알 수 있습니다. 하락 사이클에서는 하락추세만 존재해 매수진입은 절대로 하지 말고 관망해야 합니다. b지점부터 d지점과 e지점부터 f지점까지는 굵은 빨간색선이 굵은 파란색선 위에 존재해 상승 사이클임을 알 수 있습니다. 상승 사이클에서는 상승추세만 존재하기 때문에 매수진입을 고려할 수 있습니다. 그러면 언제 매수진입을 해야 할까요? 가는 빨간색선이 기준선 80 이상이고 굵은 빨간색선이 기준선 60 이상일 때 P1구간으로 매수진입을 합니다. 1번째 양봉부터 4번째 양봉까지가 P1구간이고 5번째 음봉이 나온 후 전고점을 통과하지 못하면 상승 사이클이 끝날 때까지 모두 P2구간으로 매수진입을 하지 않고 관망해야 합니다.

[사료 1-18]은 해외선물 거래에서 'WTI 4월물' 종복으로 10분차트이고 2025년 3월 12일 12시 20분부터 18시까지 추세 흐름입니다. 추세 아래에는 PST7지표를 불러봤습니다.

PST7지표를 보면 a지점부터 b지점까지와 d지점부터 e지점까지는 굵은 빨간색선이 굵은 파란색선 위에 존재해 상승 사이클임을 알 수 있습니다. 상승 사이클에서는 상승추세만 존재해 매도진입은 절대로 하지 말고 관망해야 합니다. b지점부터 d지점까지는 굵은 파란색선이 굵

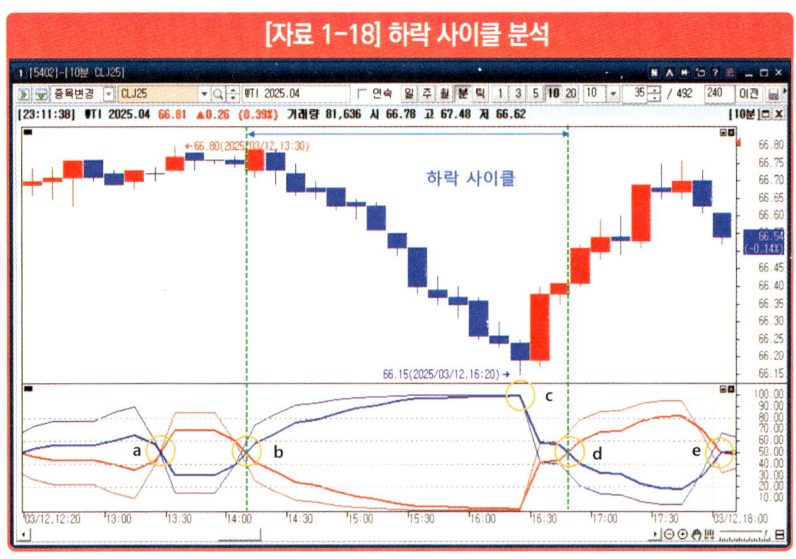

[자료 1-18] 하락 사이클 분석

은 빨간색선 위에 존재해 하락 사이클임을 알 수 있습니다. 하락 사이클에서는 하락추세만 존재하기 때문에 매도진입을 고려할 수 있습니다. 그러면 언제 매도진입을 해야 할까요? 가는 파란색선이 기준선 80 이상이고 굵은 파란색이 기준선 60 이상일 때 P1구간으로 매도진입을 합니다. 첫 번째 음봉부터 가는 파란색선이 굵은 파란색선을 우하향 통과하는 c지점까지 P1구간이 계속되고 빨간 양봉으로 전환해 d지점까지 P2구간만 존재하다 하락 사이클이 끝이 납니다.

한 사이클에는 P1 + P2 + P3 + P4 + P2구간과 같이 추세가 계속 사이클과 같은 방향으로 재상승 또는 재하락할 수도 있고 [자료 1-18]처럼 P1 + P2구간으로 추세가 P3 + P4구간 없이 끝이 나는 경우도 있습니다. 여기서 중요한 것은 사이클의 시작과 끝을 마켓 팔로어인 여러분이 만드는 것이 아니라 마켓 메이커만 만들기 때문에 사이클의 시작과 끝을 여러분이 임의로 생각하면 실전 거래에서 매우 위험하다는 것입니다.

# 추세 종류

여러분은 추세의 종류가 무엇이라고 생각하시나요? 요즘 시대는 AI(Artificial Intelligence)가 대세라서 저도 AI한테 '추세의 종류'를 질문해 봤더니 다음과 같이 답변을 주었습니다.

"추세의 종류는 상승추세(Bullish Trend), 횡보추세(Sideways Trend), 하락추세(Bearish Trend)가 있습니다. 상승추세는 가격이 지속해서 상승하는 경향을 보이고 일반적으로 고점과 저점이 계속해서 높아지는 패턴을 나타냅니다. 횡보추세는 가격이 일정한 범위 안에서 큰 변화 없이 움직이고 고점과 저점이 비슷한 수준에서 형성됩니다. 하락추세는 가격이 지속해서 하락하는 성향을 보이고 일반적으로 고점과 저점이 계속해서 낮아지는 패턴을 나타냅니다."

여러분은 어떠세요? 여러분이 생각한 추세의 종류와 AI가 답변한 추세의 종류가 거의 같다고 생각하실 것입니다. 저도 처음에는 추세의 종류를 여러분과 동일하게 상승, 보합, 하락으로 생각했습니다. PST이론이 개발되기 전까지는 그 누구도 추세의 종류를 다르게 생각한 사람이 없었기 때문에 트레이딩 교육에서도 발전이 없었습니다. 여러분은 상승

추세에서 매수진입하면 추세가 횡보 또는 하락할 때가 없었나요? 여러분은 하락추세에서 매도진입하면 추세가 횡보 또는 상승할 때가 없었나요? 이런 현상을 어떻게 설명할 수 있을까요? 교육받으러 오시는 분중에서 많은 고수가 이런 현상을 이해하는 방법을 못 찾다가 PST교육을 받으면서 명쾌하게 이해하셨습니다.

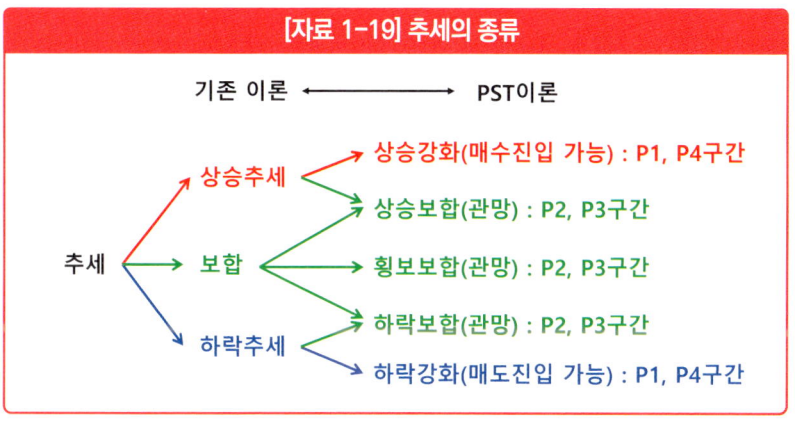

[자료 1-19] 추세의 종류

[자료 1-19]는 추세의 종류를 기존 이론과 PST이론을 비교해서 보여줍니다. 기존 이론에서 상승추세라고 정의한 것을 PST이론에서는 상승강화와 상승보합으로 분류합니다. 상승강화 때는 타임 프레임상 P1구간 또는 P4구간으로 매수진입이 가능하지만, 상승보합 때는 타임 프레임상 P2구간 또는 P3구간으로 매수진입을 하지 않고 관망해야 합니다. 손실 나는 트레이더들은 상승강화 구간과 상승보합 구간을 구별하지 않고, 그냥 본인만의 추세선을 그어 추세가 전고점을 우상향으로 통과할 때 매수진입을 하는 실수를 합니다. 항상 겪으면서도 그 이유는 여전히 알지 못합니다.

또한, 손실 나는 트레이더들은 하락강화 구간과 하락보합 구간을 구별하지 않고, 그냥 본인만의 추세선을 그어 추세가 전저점을 우하향으로 통과할 때 매도진입을 하는 실수를 합니다. 항상 겪으면서도 그 이유는 여전히 알지 못합니다. 왜 이유를 알지 못할까요? 추세의 종류를 상승, 보합, 하락 구간으로 3가지 경우만 생각했기 때문이지요. 그리고 오픈된 일반 보조지표 역시 추세를 왜곡된 계산법으로 여러분께 후행적 추세를 상승, 보합, 하락으로 보여주기 때문입니다.

그러나 제가 독창적으로 만든 PST이론은 추세의 종류를 상승강화, 상승보합, 횡보보합, 하락보합, 하락강화 구간인 5가지 경우로 더욱 세밀하게 분류를 했습니다.

상승강화 구간은 추세의 방향은 상승이 맞으나 실제 가격의 흐름이 하위차트에서 변동성(P2구간, P3구간)을 보이면서 계속 상승하기 때문에 실제 투자금이 큰 경우나 또는 레버리지가 큰 파생상품에서 보유가 쉽지 않습니다. 또한, 하락강화 구간도 추세의 방향은 하락이 맞으나 실제 가격의 흐름이 하위차트에서 변동성(P2구간, P3구간)을 보이면서 계속 하락하기 때문에 실제 투자금이 큰 경우나 또는 레버리지가 큰 파생상품에서 보유가 쉽지 않습니다.

동의하시나요? 이런 이유로 PST이론은 현재 추세가 상승보합, 횡보보합, 하락보합 구간일 경우는 추세의 방향과 관계없이 현재 시점이나 미래 시점이나 변동성이 심한 구간이기 때문에 관망 전략을 택합니다. 그러면 실전 거래에서 어떤 전략이 좋을까요?

주식 거래 경우는 한 방향 거래로 매수진입만 수익을 기대할 수 있으므로 상승강화 구간만 매수진입을 고려해야 합니다. 여기서 매수진입을 고려해야 한다는 것은 기준차트(60분)를 중심으로 하위차트인 1분, 3분, 5분, 10분, 30분차트에서 타임 프레임이 모두 P1과 P4-1구간만

매수진입이 가능하다는 의미입니다. 그러나 선물, 옵션 거래 경우는 양
방향 거래로 매수진입과 매도진입을 하면 수익을 기대할 수 있으므로
상승강화 구간과 하락강화 구간일 때 매수진입과 매도진입을 고려해야
합니다. 여기서도 기준차트(10분)를 중심으로 하위차트인 1분, 3분, 5분
차트에서 타임 프레임이 모두 P1구간과 P4-1구간만 매수진입과 매도
진입이 가능하다는 의미입니다.

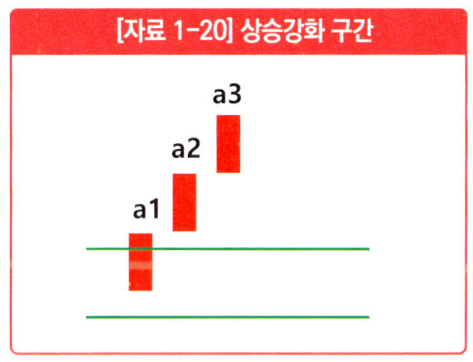

[자료 1-20]은 상승강화 구간을 보여줍니다. 양봉 a1이 상승보합 구
간에서 저항선을 우상향으로 통과할 때부터 상승강화 구간이 시작됩니
다. 상승강화 구간에 첫 봉인 a1은 마켓 메이커가 많은 자금을 사용해
추세의 강한 상승을 만들기 때문에 되돌림이 적습니다. PST이론상 매
수진입 후 되돌림이 적게 만들기 위해서는 반드시 기준차트를 포함해
하위차트에서 모두 타임 프레임이 P1구간과 P4-1구간을 맞추어야 합
니다.

양봉 a1 이후 나오는 캔들이 a2, a3처럼 모두 양봉이 출현하면 이 구
간은 모두 P1구간의 상승 진행이라고 생각하시면 됩니다. 주의할 점은
기준차트를 포함한 하위차트에서 매수진입은 반드시 a1처럼 첫 봉이

어야 합니다. 만약 a1이 아니라 a2 또는 a3에서 늦은 매수진입은 저항 선까지 P2구간을 손실 보면서 보유해야 하는 힘든 경험을 갖게 됩니다.

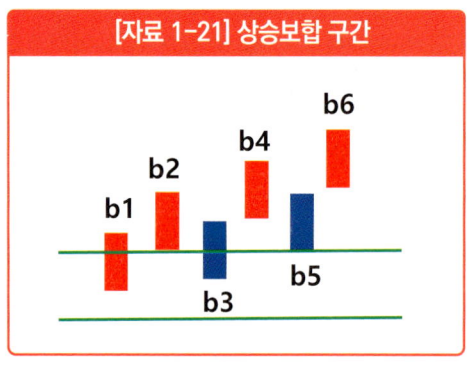

[자료 1-21]은 상승보합 구간을 보여줍니다. 양봉 b1이 상승보합 구간에서 저항선을 우상향으로 통과할 때부터 상승강화 구간이 시작됩니다. 양봉 b2가 출현할 때까지는 상승강화 구간이 맞지만, 음봉 b3이 출현하면 타임 프레임상 P2구간이 시작됩니다. 이후 양봉 b2보다 높은 양봉 b4가 출현하면 이때는 타임 프레임상 P4구간이 되지만 P4-1구간이 될 수도 있고 하락 다이버전스가 나타날 수 있는 P4-2구간이 될 수도 있습니다. 또 이후 음봉 b5와 다시 양봉 b4보다 높은 양봉 b6이 출현을 반복될 때 크게 보면 상승추세는 낮지만, 변동성이 큰 상승보합 구간으로 생각할 수 있습니다. 상승추세에서 변동성이 큰 상승보합 구간에서 매수진입은 파생상품거래에서 매수진입 후 보유가 쉽지 않으니 상승보합 구간은 매수진입을 하지 말고 관망하시길 권유해드립니다.

[자료 1-22]는 하락강화 구간을 보여줍니다. 음봉 c1이 하락보합 구간에서 저항선을 우하향으로 통과할 때부터 하락강화 구간이 시작됩니

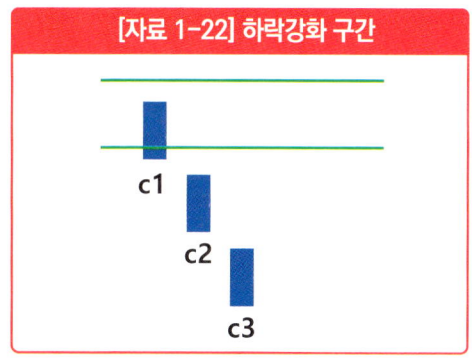

[자료 1-22] 하락강화 구간

c1
c2
c3

다. 하락강화 구간에 첫봉인 c1은 마켓 메이커가 많은 자금을 사용해 추세의 강한 하락을 만들기 때문에 되돌림이 적습니다. PST이론상 매도진입 후 되돌림이 적게 만들기 위해서는 반드시 기준차트를 포함해 하위차트에서 모두 타임 프레임이 P1구간과 P4-1구간을 맞추어야 합니다.

음봉 c1 이후 나오는 캔들이 c2, c3처럼 모두 음봉이 출현하면 이 구간은 모두 P1구간의 하락 진행이라고 생각하시면 됩니다. 주의할 점은 기준차트를 포함한 하위차트에서 매도진입은 반드시 c1처럼 첫 봉이어야 합니다. 만약 c1이 아니라 c2 또는 c3에서 늦은 매도진입은 저항선까지 P2구간을 손실 보면서 보유해야 하는 힘든 경험을 갖게 됩니다.

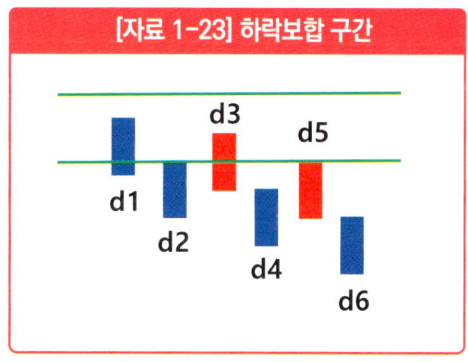

[자료 1-23] 하락보합 구간

d1
d2
d3
d4
d5
d6

[자료 1-23]은 하락보합 구간을 보여줍니다. 음봉 d1이 하락보합 구간에서 저항선을 우하향으로 통과할 때부터 하락강화 구간이 시작됩니다. 음봉 d2가 출현할 때까지는 하락강화 구간이 맞지만, 양봉 d3이 출현하면 타임 프레임상 P2구간이 시작됩니다. 이후 음봉 d2보다 낮은 음봉 d4가 출현하면 이때는 타임 프레임상 P4구간이 되지만 P4-1구간이 될 수도 있고 상승 다이버전스가 나타날 수 있는 P4-2구간이 될 수도 있습니다. 또 이후 양봉 d5와 다시 음봉 d4보다 낮은 음봉 d6이 출현을 반복할 때 크게 보면 하락추세는 맞지만, 변동성이 큰 하락보합 구간으로 생각할 수 있습니다. 하락추세에서 변동성이 큰 하락보합 구간에서 매도진입은 파생상품거래에서 매도진입 후 보유가 쉽지 않으니 하락보합 구간은 매도진입을 하지 말고 관망하시길 권유해드립니다.

[자료 1-24]는 횡보보합 구간을 보여줍니다. 보합 구간을 크게 나누면 상승보합, 횡보보합, 하락보합 구간으로 분류할 수 있습니다. 이들 보합 구간의 공통점은 시간이 e1에서 e5까지 지나가도 t1에서 밴드 폭과 t5에서 밴드 폭이 동일하다는 것입니다. 그리고 이들 보합 구간의 차이점은 상승보합 구간은 추세의 방향이 상승이고 횡보보합 구간은 추세의 방향이 보합이고 하락보합 구간은 추세의 방향이 하락이라는

것입니다. 이해가 되시지요? PST이론상 강화 구간이 아닌 보합 구간은 추세의 방향성과 관계없이 거래하지 않고 관망 전략을 택합니다. 여러 가지 이유가 있겠지만 동일 보유시간 대비 편안한 보유와 큰 수익 기대는 보합 구간 진입보다는 강화 구간에서 진입이 더욱 효율적인 거래방법이기 때문입니다.

[자료 1-24]처럼 흐름이 추세를 2차원적으로 생각했을 때 Y축의 범위가 40~60%에서 출현을 의미합니다. 만약 이런 횡보보합 구간이 Y축의 범위가 60~80%에서 출현하면 횡보보합 구간이 아니라 상승보합 구간으로 생각해야 합니다.

[자료 1-25] 횡보보합 구간 2

f1  f2  f3  f4  f5

[자료 1-25]도 횡보보합 구간을 보여줍니다. 보합 구간을 크게 나누면 상승보합, 횡보보합, 하락보합 구간으로 분류할 수 있습니다. 이들 보합 구간의 공통점은 시간이 f1에서 f5까지 지나가도 t1에서 밴드 폭과 t5에서 밴드 폭이 동일하다는 것입니다.

또한 [자료 1-25]처럼 추세의 흐름이 추세를 2차원적으로 생각했을 때 Y축의 범위가 40~60%에서 출현을 의미합니다. 만약 이런 횡보보합 구간이 Y축의 범위가 20~40%에서 출현하면 횡보보합 구간이 아니라 하락보합 구간으로 생각해야 합니다.

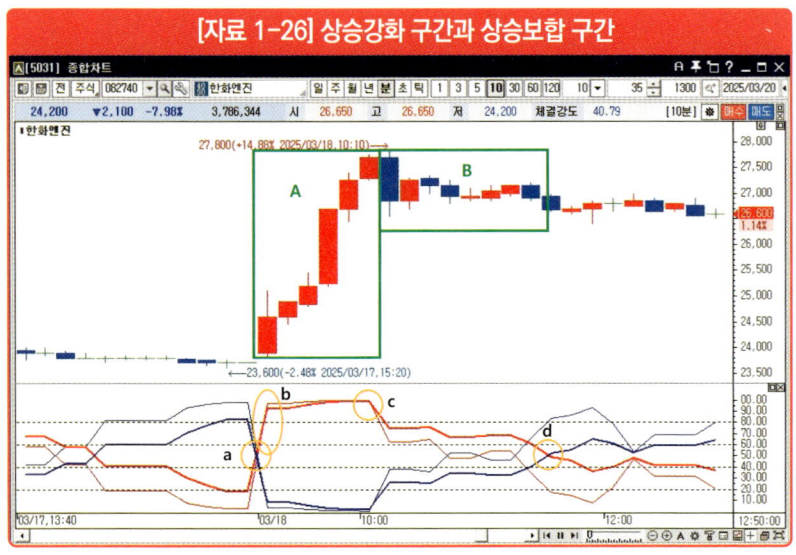

[자료 1-26] 상승강화 구간과 상승보합 구간

　　[자료 1-26]은 주식 거래에서 '한화엔진' 종목으로 10분차트이고 2025년 3월 17일 13시 40분부터 12시 50분까지 추세 흐름입니다. 추세 아래에는 PST7지표를 불러봤습니다.

　　a지점에서 굵은 빨간색선이 굵은 파란색선을 우상향으로 통과하기 때문에 상승 사이클이 시작되고 d지점에서 굵은 빨간색선이 굵은 파란색선을 우하향으로 통과하기 때문에 상승 사이클이 끝이 나는 것을 쉽게 알 수 있습니다. 상승 사이클이 이전과 상승 사이클 이후에 사이클은 모두 하락 사이클로 생각하셔야 합니다.

　　b지점에서 굵은 빨간색선이 기준선 60 이상으로 우상향으로 통과한 후 가는 빨간색선이 기준선 80 이상으로 우상향으로 통과하는 b지점처럼 완벽한 P1구간이 나올 때 매수진입을 합니다. 만약 가는 빨간색선이 기준선 80을 먼저 통과할 때 굵은 빨간색선이 기준선 60보다 낮은 50 이하이면 그때 구간은 P1구간이 아니라 P2구간이 되니 매수진입보

다는 관망해야 하니 주의하시길 바랍니다.

b지점에서 매수진입 후 양봉이 계속해서 출현해 c지점에서 가는 빨간색선이 굵은 빨간색선을 우하향으로 통과할 때 매수청산을 하면 녹색박스 A영역만큼 수익을 기대할 수 있습니다. 여기서 녹색박스 A영역은 모두 상승강화 구간이 P1구간입니다.

그러면 녹색박스 B영역은 무슨 구간인가요? c지점부터 d지점까지도 상승 사이클이 유효한 구간인데, 추세는 A영역에서 가장 높은 가격보다 낮은 가격으로 옆으로 횡보하기 때문에 모두 P2구간으로 상승보합 구간입니다. 상승보합 구간도 역시 매수진입을 하지 말고 관망 전략을 택하셔야겠지요?

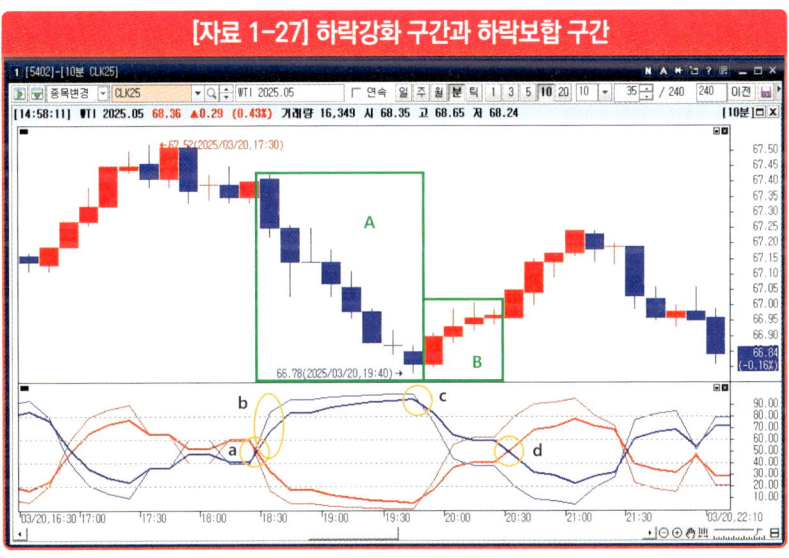

[자료 1-27] 하락강화 구간과 하락보합 구간

[자료 1-27]은 해외선물 거래에서 'WTI 5월물' 종목으로 10분차트이고 2025년 3월 20일 16시 30분부터 22시 10분까지 추세 흐름입니다. 추세 아래에는 PST7지표를 불러봤습니다.

a지점에서 굵은 파란색선이 굵은 빨간색선을 우상향으로 통과하기 때문에 하락 사이클이 시작되고 d지점에서 굵은 파란색선이 굵은 빨간색선을 우하향으로 통과하기 때문에 하락 사이클이 끝이 나는 것을 쉽게 알 수 있습니다. 하락 사이클이 이전과 하락 사이클 이후에 사이클은 모두 상승 사이클로 생각하셔야 합니다.

b지점에서 굵은 파란색선이 기준선 60 이상으로 우상향으로 통과한 후 가는 파란색선이 기준선 80 이상으로 우상향으로 통과하는 b지점처럼 완벽한 P1구간이 나올 때 매도진입을 합니다. 만약 가는 파란색선이 기준선 80을 먼저 통과할 때 굵은 파란색선이 기준선 60보다 낮은 50 이하이면 그때 구간은 P1구간이 아니라 P2구간이 됩니다. 매도진입보다는 관망해야 하니 주의하시길 바랍니다.

b지점에서 매도진입 후 음봉이 계속해서 출현해 c지점에서 가는 파란색선이 굵은 파란색선을 우하향으로 통과할 때 매도청산을 하면 녹색박스 A영역만큼 수익을 기대할 수 있습니다. 여기서 녹색박스 A영역은 모두 하락강화 구간이 P1구간입니다.

그러면 녹색박스 B영역은 무슨 구간인가요? c지점부터 d지점까지도 하락 사이클이 유효한 구간인데, 추세는 A영역에서 가장 낮은 가격보다 높은 가격으로 옆으로 횡보하기 때문에 모두 P2구간으로 하락보합 구간입니다. 하락보합 구간도 역시 하락진입을 하지 말고 관망 전략을 택하셔야 합니다.

# 04

# 추세 속도

여러분은 만약 1% 수익률을 얻는 데 정기예금처럼 1년이 걸리는 경우와 1개월이 걸리는 경우와 1일이 걸리는 경우가 있다면 어느 경우에 투자하시겠습니까? 당연히 1일에 투자하실 것입니다. 그리고 하루 중에도 24시간, 12시간, 1시간 3가지 경우에 투자가 있다면 어느 경우에 투자하시겠습니까? 역시 당연히 1시간에 투자하실 것입니다. 저는 PST이론을 만들면서 적은 보유시간 동안 최대 수익이 나는 방법을 연구하면서 해답을 찾았습니다. 그것도 손실률이 거의 0%에 가깝다면 더욱 놀랍겠지요?

저는 2016년부터 카카오톡을 사용해 실시간 주식 방송을 현재까지 계속하고 있습니다. 주식 방송은 수강생들과 교육자료로만 사용하고 절대로 투자 관련 유도매매는 하지 않습니다. PST이론은 하루에 1% 수익이 목표입니다. 초창기에는 장 시작인 오전 9시부터 장 마감인 오후 3시 30분까지 주식 방송을 했습니다. PST이론을 연구하다 추세의 속도를 찾아서 조금 더 빨리 목표 수익 1%를 달성했더니 오전 9시부터 정오까지만 주식 방송을 해도 충분히 결과를 실시간으로 보여드릴 수 있었습니다. 그러다가 추세의 속도 개념을 완전히 정립한 PST지표를 활용한 결과 오전 9시부터 오전 10시까지 딱 1시간이면 수익 1%를 얻는 결과를 실시간으로 보여드릴 수 있습니다.

| 날짜 | 종목 | 매수진입가격 | 매수청산가격 | 수익률 | 주식 방송시간 |
|---|---|---|---|---|---|
| 2025/03/10 | S-oil | 58,600 | 60,800 | 3.54% | 오전 9:14 |
| 2025/03/12 | 삼성중공업 | 14,800 | 15,320 | 3.00% | 오전 9:23 |
| 2025/03/17 | 삼성전자 | 55,600 | 57,400 | 3.04% | 오전 9:45 |
| 2025/03/24 | 현대차 | 208,000 | 214,000 | 2.68% | 오전 9:19 |
| 2025/03/25 | 한국전력 | 22,500 | 22,850 | 1.36% | 오전 9:07 |

[자료 1-28] 실시간 주식 방송 결과

[자료 1-28]은 최근 실전 거래하면서 수강생들에게 교육 차원으로 보낸 주식 방송 결과('PST 숭실대 주식 외환 전문가 모임(https://cafe.daum.net/SSUFX' 다음 카페 게재)입니다. 어떠신가요? 저는 오전 9시부터 오전 10시까지 딱 한 시간만 거래해서 목표수익률 1%만 달성하면 거래를 그만하고 나머지 시간은 행복을 느끼는 다른 일을 하는 것이 좋다고 생각합니다. PST교육을 배우시는 분들께도 이렇게 가르치고 있습니다. 손실 보는 트레이더들은 "한 시간만 거래하지 말고 하루 종일 거래하면 더 많은 수익을 내지 않나요?"라고 질문을 할 수 있습니다만, 그러면 저는 그분께 "행복의 기준이 무엇이라고 생각하시나요?"라고 반문합니다. 여러분은 하루 순수익 1%에 만족하지 않으시나요? 하루에 1%이면 한 달에 20일 거래라고 생각하면 20%이고 1년이면 240%입니다. 이것도 복리 계산법이 아니라 욕심 안 내고 원금만 투자하는 단리 계산법으로

말입니다.

그러면 어떻게 하면 이렇게 될지 궁금하시지요? 정답은 추세의 속도를 알고 거래하기 때문입니다. 물론 추세의 속도는 마켓 메이커가 많은 거래량을 수반하면서 특정 시간에 거래해 상승추세 속도 또는 하락추세 속도를 증가시킬 수 있습니다. PST이론은 마켓 메이커의 특성을 파악해 PST지표를 만들고, 여러분이 어떤 PST지표를 어떻게 활용하느냐에 따라서 추세의 속도가 결정됩니다.

먼저 저와 같이 물리학에서 말하는 일반적인 속도를 공부해볼까요? 단위 시간 동안의 물체 변위가 A지점에서 B지점으로 상승한다고 생각해보겠습니다. 이때 상승평균속도(v)는 시각 t1인 순간에 s1의 위치에 있던 물체가 시각 t2인 순간에 s2의 위치로 상승이동했다면 상승평균속도는 다음과 같습니다.

$$상승평균속도(v) = \frac{상승이동거리}{경과시간} = \frac{s2 - s1}{t2 - t1}$$

그러면 A지점에서의 순간상승속도(v1)는 A지점에서의 접선의 기울기로 생각할 수 있으므로 $v1 = \lim_{\Delta t \to 0} \frac{s2 - s1}{t2 - t1}$ 이 됩니다.

[자료 1-29]는 상승추세에서 속도와 기울기의 상관관계를 보여줍니다. 결국, 매수진입 시 상승추세에서 순간상승속도는 빠를수록 기울기는 커지고, 순간상승속도가 늦을수록 기울기가 작아진다는 비례관계를

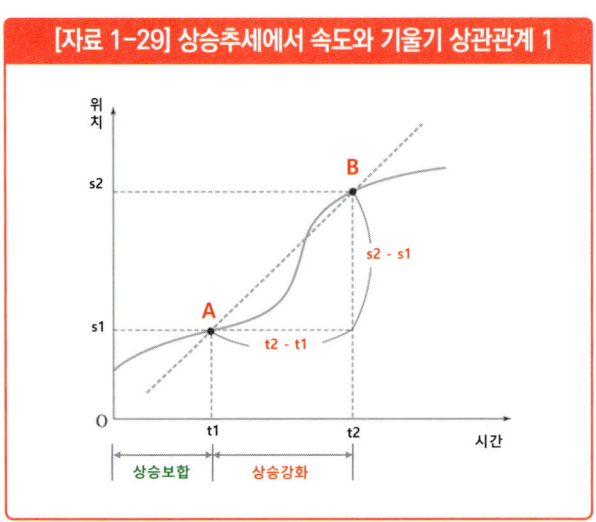

[자료 1-29] 상승추세에서 속도와 기울기 상관관계 1

알 수 있습니다.

이런 상관관계를 이용해서 상승추세에서 타임 프레임을 적용하면 매수진입 시 매우 유용합니다. A지점 전까지를 상승 사이클 구간에서 상승보합 구간이라고 생각하고, A지점부터 B지점까지를 상승 사이클 구간에서 상승강화 구간(P1 또는 P4구간)이라고 생각하겠습니다. 여러분이 실전 거래에서 P1구간 또는 P4구간에서 매수진입할 때 기울기를 설정해서 진입하면 어떨까요? 일반 오픈된 보조지표는 기울기를 설정할 수 없지만, 제가 만든 PST지표는 PST지표 번호에 따라서 기울기 설정을 여러분 마음대로 선택할 수 있습니다.

매수진입 시 추세의 속도는 다음 4가지 경우로 분류가 됩니다.

Stage 1 : tan30도 ≤ 추세의 기울기($\theta$) < tan90도
Stage 2 : tan45도 ≤ 추세의 기울기($\theta$) < tan90도
Stage 3 : tan60도 ≤ 추세의 기울기($\theta$) < tan90도
Stage 4 : tan0도 ≤ 추세의 기울기($\theta$) ≤ tan90도

Stage 1보다 Stage 2가 매수진입 시 기울기가 크고, Stage 2보다 Stage 3이 매수진입 시 기울기가 더욱 큽니다. 물론 Stage 단계를 높일수록 기울기가 커져서 빠른 속도를 기대해 짧은 보유시간 동안 많은 수익을 기대할 수가 있습니다. 매수진입 시 주의할 점은 상승보합 구간에서 상승강화 구간으로 바뀌면서 가격이나 환율이 상승할 때 여러분이 손실을 감당할 수 없을 만큼 상승하면 매수진입하지 말고 관망하셔야 합니다. 해외선물 거래처럼 24시간 거래 데이터가 발생하는 상품은 Stage 1, 2, 3, 4 경우를 모두 사용할 수 있지만, 주식 거래처럼 24시간 거래 데이터가 발생하지 않고 오후장에 장이 끝나는 상품은 Stage 1, 2, 3 경우만 사용해야 합니다.

## [자료 1-30] 상승추세에서 각 Stage에 대한 PST지표

| 구분 | 한 방향 거래상품 | | 양방향 거래상품 | |
|---|---|---|---|---|
| | 2차원 PST지표 | 3차원 PST지표 | 2차원 PST지표 | 3차원 PST지표 |
| Stage 1 | PST6 | x | PST6 | x |
| Stage 2 | PST14 | x | PST13 | x |
| Stage 3 | PST56 | PST100 | PST55 | PST99 |
| Stage 4 | x | x | PST35 | x |

[자료 1-30]은 상승추세에서 각 Stage에서 사용할 PST지표를 보여줍니다. 한 방향 거래상품은 국내주식이나 해외주식인 경우이고 양방

향 거래상품은 국내선물, 국내옵션, 해외선물, 해외옵션 등인 경우라고 생각하면 됩니다. PST99지표 미만은 2차원 PST지표이고, PST99지표 이상은 3차원 PST지표입니다. 3차원 PST지표는 2차원 PST지표보다 차원이 높은 거래방법을 여러분께 제시해줍니다. 거래상품과 각 Stage 에 사용하는 PST지표에 대한 자세한 설명은 기존에 출간한 책을 참고 하시길 바랍니다.

이번에는 단위 시간 동안의 물체 변위가 C지점에서 D지점으로 하락 한다고 생각해보겠습니다. 이때 하락평균속도(v)는 시각 t3인 순간에 s3의 위치에 있던 물체가 시각 t4인 순간에 s4의 위치로 하락이동했다 면 하락평균속도는 다음과 같습니다.

$$하락평균속도(v) = \frac{하락이동거리}{경과시간} = \frac{s4 - s3}{t4 - t3}$$

그러면 C지점에서의 순간하락속도(v1)는 C지점에서의 접선의 기울 기로 생각할 수 있으므로 $v1 = \lim_{\Delta t \to 0} \frac{s4 - s3}{t4 - t3}$ 이 됩니다.

[자료 1-31]은 하락추세에서 속도와 기울기의 상관관계를 보여줍니 다. 결국, 매도진입 시 하락추세에서 순간하락속도는 빠를수록 기울기 는 커지고, 순간하락속도가 늦을수록 기울기가 작아진다는 비례관계를 알 수 있습니다.

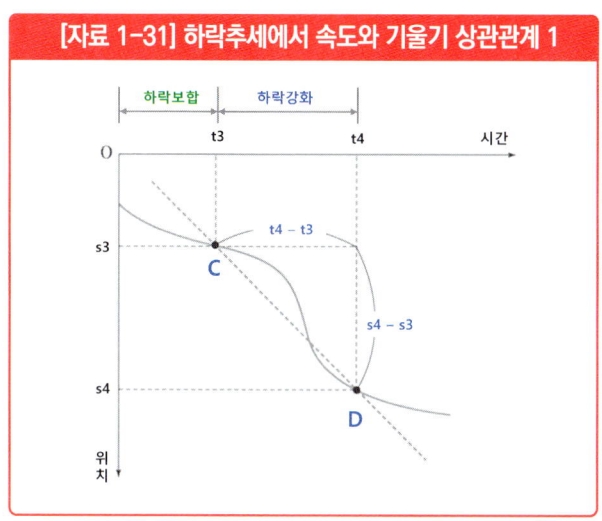

[자료 1-31] 하락추세에서 속도와 기울기 상관관계 1

순간하락속도 ∝ 하락추세의 기울기

　이런 상관관계를 이용해서 하락추세에서 타임 프레임을 적용하면 매도진입 시 매우 유용합니다. C지점 전까지를 하락 사이클 구간에서 하락보합 구간이라고 생각하고, C지점부터 D지점까지를 하락 사이클 구간에서 하락강화 구간(P1 또는 P4구간)이라고 생각하겠습니다. 여러분이 실전 거래에서 P1구간 또는 P4구간에서 매도진입할 때 기울기를 설정해서 진입하면 어떨까요? 일반 오픈된 보조지표는 기울기를 설정할 수 없지만, 제가 만든 PST지표는 PST지표 번호에 따라서 기울기 설정을 여러분 마음대로 선택할 수 있습니다.

　매도진입 시 추세의 속도는 다음 4가지 경우로 분류가 됩니다.

Stage 1 : arctan30도 ≤ 추세의 기울기($\theta$) < arctan90도
Stage 2 : arctan45도 ≤ 추세의 기울기($\theta$) < arctan90도
Stage 3 : arctan60도 ≤ 추세의 기울기($\theta$) < arctan90도
Stage 4 : arctan0도 ≤ 추세의 기울기($\theta$) ≤ arctan90도

Stage 1보다 Stage 2가 매도진입 시 기울기가 크고, Stage 2보다 Stage 3이 매도진입 시 기울기가 더욱 큽니다. 물론 Stage 단계를 높일수록 기울기가 커져서 빠른 속도를 기대해 짧은 보유시간 동안 많은 수익을 기대할 수가 있습니다. 매도진입 시 주의할 점은 하락보합 구간에서 하락강화 구간으로 바뀌면서 가격이나 환율이 하락할 때, 여러분이 손실을 감당할 수 없을 만큼 하락하면 매도진입하지 말고 관망하셔야 합니다. 해외선물 거래처럼 24시간 거래 데이터가 발생하는 상품은 Stage 1, 2, 3, 4 경우를 모두 사용할 수 있지만, 주식 거래는 매도진입으로 수익을 낼 수 없으므로 관망해야 합니다.

**[자료 1-32] 하락추세에서 각 Stage에 대한 PST지표**

| 구분 | 한 방향 거래상품 | | 양방향 거래상품 | |
|---|---|---|---|---|
| | 2차원 PST지표 | 3차원 PST지표 | 2차원 PST지표 | 3차원 PST지표 |
| Stage 1 | PST6 | x | PST6 | x |
| Stage 2 | PST14 | x | PST13 | x |
| Stage 3 | PST56 | PST100 | PST55 | PST99 |
| Stage 4 | x | x | PST35 | x |

[자료 1-32]는 하락추세에서 각 Stage에서 사용할 PST지표를 보여줍니다. 양방향 거래상품은 국내선물, 국내옵션, 해외선물, 해외옵션 등인 경우라고 생각하면 됩니다. PST99지표 미만은 2차원 PST지표이

고, PST99지표 이상은 3차원 PST지표입니다. 3차원 PST지표는 2차원 PST지표보다 차원이 높은 거래방법을 여러분께 제시해줍니다. 거래상품과 각 Stage에 사용하는 PST지표에 대한 자세한 설명은 기존에 출간한 책을 참고하시길 바랍니다.

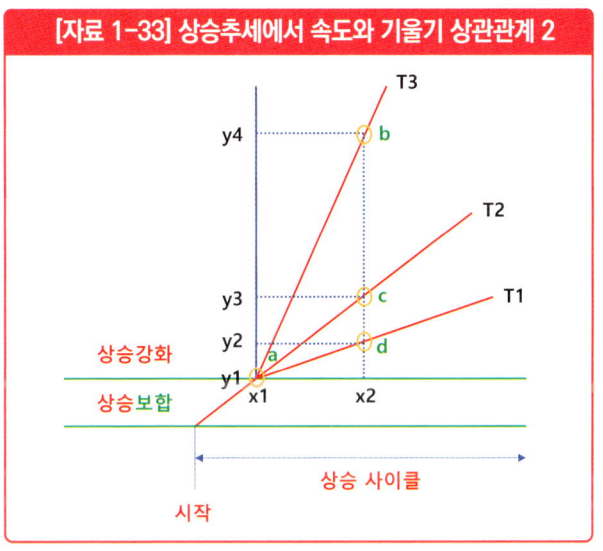

[자료 1-33] 상승추세에서 속도와 기울기 상관관계 2

[자료 1-33]은 상승추세에서 속도와 기울기의 상관관계를 보여주고 있습니다. 상승 사이클이 시작되어 어느 기간에 상승보합 구간을 거치고 a지점에서 상승강화 구간으로 변환된다고 생각해보겠습니다. a지점에서 매수진입은 상승 사이클이 시작된 후 처음으로 진입하면 P1구간에서 매수진입을 하는 것입니다. P1구간이 지난 후 가격이 하락했다가 다시 재상승하는 구간에서 매수진입은 P4구간에서 매수진입을 하는 것입니다. a지점에서 매수진입을 할 때 시각은 x1에 해당하고 일정 시간이 흐른 후 x2에서 매수청산을 하면 가격의 위치는 각각 y2, y3, y4가 됩니다. 그러면 여기서 질문을 하나 드리겠습니다. 만약 여러분이

실전 거래를 한다면 어느 가격에서 매수청산을 하시겠습니까? 당연히 y4가 되겠지요.

PST이론상 추세의 속도는 추세의 기울기에 비례한다고 말씀드렸습니다. 그러면 각각의 기울기를 구해볼까요?

$$T1 = \frac{y_2 - y_1}{x_2 - x_1} = \text{기울기 30도 (a지점에서 매수진입 후 d지점에서 매수청산)}$$

$$T2 = \frac{y_3 - y_1}{x_2 - x_1} = \text{기울기 45도 (a지점에서 매수진입 후 c지점에서 매수청산)}$$

$$T3 = \frac{y_4 - y_1}{x_2 - x_1} = \text{기울기 60도 (a지점에서 매수진입 후 b지점에서 매수청산)}$$

PST지표는 이런 추세의 기울기를 저항선을 통과할 때 바로 순간적으로 계산해서 보여집니다.

$$\text{상승추세 순간기울기} = \lim_{\Delta x \to 0} \frac{\Delta y}{\Delta x} = \frac{dy}{dx} \propto \text{상승추세 순간 속도}$$

그래서 PST이론상 실전 거래에서는 a지점에서 매수진입 시 이미 추세가 출현할 T1, T2, T3 추세 중 어느 것으로 진행이 될지 알 수 있습니다. [자료 1-33]에서 가장 효과적인 거래는 PST55, 56, 99, 100지표를 활용해 a지점에서 매수진입 후 추세가 T3이 될 것을 예측하고 X축에서 x2시간까지만 거래해 수익이 Y축에서 y4에서 매수청산을 하는 b지점까지만 하는 것입니다. PST지표를 활용하면 매수진입 시 추세선의 기울기를 설정할 수 있을 뿐만 아니라 최고점도 예측해 최고점 전에 서 매수청산을 할 수가 있습니다.

이러한 방법으로 한 방향 거래인 주식 거래인 경우 오전 9시부터 오전 10시까지 1시간만 거래를 하더라도 목표 수익 1%는 무난히 달성할 수 있습니다.

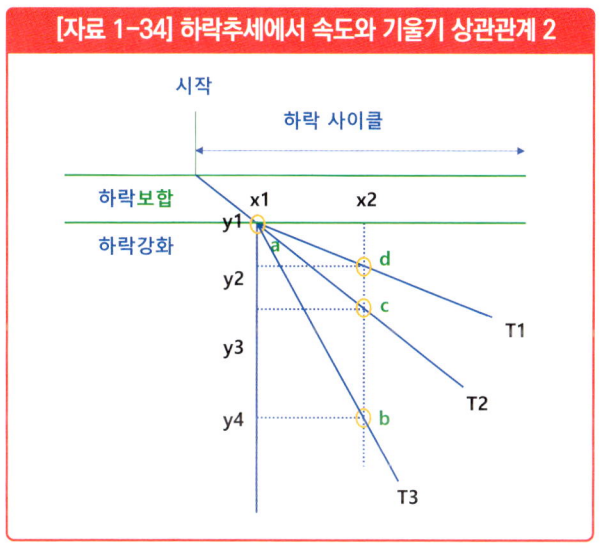

[자료 1-34] 하락추세에서 속도와 기울기 상관관계 2

[자료 1-34]는 하락추세에서 속도와 기울기의 상관관계를 보여주고 있습니다. 하락 사이클이 시작되어 어느 기간에 하락보합 구간을 거치고 a지점에서 하락강화 구간으로 변환된다고 생각해보겠습니다. a지점에서 매도진입은 하락 사이클이 시작된 후 처음으로 진입하면 P1구간에서 매도진입을 하는 것이고, P1구간이 지난 후 가격이 상승했다가 다시 재하락하는 구간에서 매도진입은 P4구간에서 매도진입을 하는 것입니다. a지점에서 매도진입을 할 때 시각은 x1에 해당하고 일정 시간이 흐른 후 x2에서 매도청산을 하면 가격의 위치는 각각 y2, y3, y4가

됩니다. 그러면 여기서 질문을 하나 드리겠습니다. 만약 여러분이 실전 거래를 한다면 어느 가격에서 매도청산을 하시겠습니까? 당연히 y4가 되겠지요.

PST이론상 추세의 속도는 추세의 기울기에 비례한다고 말씀드렸습니다. 그러면 각각의 기울기를 구해볼까요?

$$T1 = \frac{y_2 - y_1}{x_2 - x_1} = \text{기울기 30도 (a지점에서 매수진입 후 d지점에서 매수청산)}$$

$$T2 = \frac{y_3 - y_1}{x_2 - x_1} = \text{기울기 45도 (a지점에서 매수진입 후 c지점에서 매수청산)}$$

$$T3 = \frac{y_4 - y_1}{x_2 - x_1} = \text{기울기 60도 (a지점에서 매수진입 후 b지점에서 매수청산)}$$

PST지표는 이런 추세의 기울기를 저항선을 통과할 때 바로 순간적으로 계산해서 보여줍니다.

$$\text{하락 추세 순간기울기} = \lim_{\Delta x \to 0} \frac{\Delta y}{\Delta x} = \frac{dy}{dx} \propto \text{하락추세 순간 속도}$$

그래서 PST이론상 실전 거래에서는 a지점에서 매도진입 시 이미 추세가 출현할 T1, T2, T3 추세 중 어느 것으로 진행이 될지 알 수 있습니다. [자료 1-34]에서 가장 효과적인 거래는 PST55, 99지표를 사용해 a지점에서 매도진입 후 추세가 T3이 될 것을 예측하고 X축에서 x2 시간까지만 거래해 수익이 Y축에서 y4에서 매도청산을 하는 b지점까지만 하는 것입니다. PST지표를 활용하면 매도진입 시 추세선의 기울기를 설정할 수 있을 뿐만 아니라 최저점도 예측해 최저점 전에서 매도청산을 할 수가 있습니다. 이러한 방법으로 양방향 거래인 해외선물 등 거래에서도 짧은 보유시간에 수익을 기대할 수 있습니다.

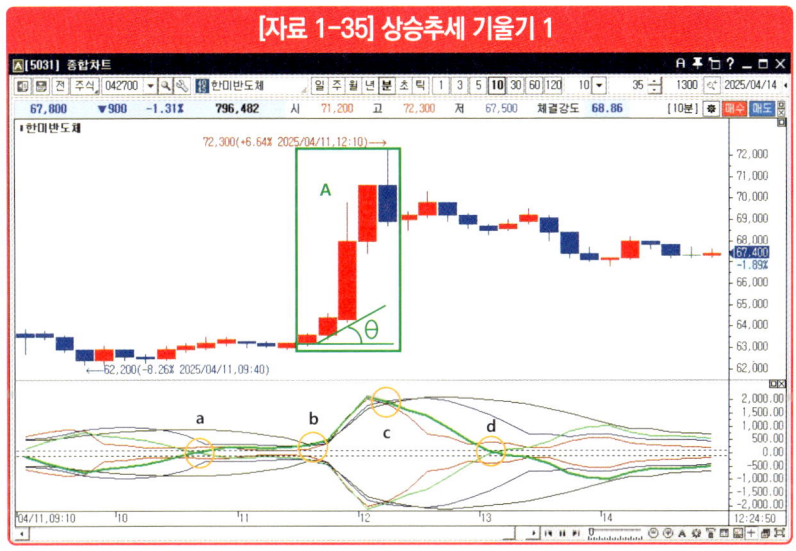

[자료 1-35] 상승추세 기울기 1

[자료 1-35]는 주식 거래에서 '한미반도체' 종목으로 10분차트이고 2025년 4월 11일 9시 10분부터 14시 50분까지 추세 흐름입니다. 추세 아래에는 PST6지표를 불러봤습니다.

PST6지표는 주식 거래에서 매수진입 시 기울기를 탄젠트 30도 이상부터 탄젠트 90도 미만까지 설정할 수가 있습니다. 상승보합 구간에서 상승강화 구간으로 바뀌는 구간에서 기울기가 일정 크기 이상으로 존재한다는 것은 매수진입 시 타임 프레임만 맞추면 밀림이 없다는 것을 의미합니다.

PST6지표는 주기의 변화량과 추세의 변화량을 응용해 기울기를 계산합니다. 녹색선이 주기의 변화량을 의미하는데 a지점부터 d지점까지는 굵은 녹색선이 가는 녹색선 위에 존재하므로 매수주기를 알 수 있습니다. PST이론상 주기가 플러스(+) 상태에서는 힘이 플러스(+)이면 추세가 상승강화 구간이고, 힘이 마이너스(-)이면 추세가 하락보합 구간임을 미리 알 수가 있습니다. 절대로 추세가 상승보합 구간이나 하락강화 구간은 나올 수가 없습니다.

 b지점을 보면 굵은 녹색선이 빨간색선, 파란색선, 검정색선 위에 존재하면서 우상향임이 보입니다. 여기서부터 매수진입을 타임 프레임과 맞추어서 하면 매수진입 후 출현하는 추세의 기울기는 탄젠트 30도 이상부터 탄젠트 90도 미만을 예측할 수 있습니다. 매수청산지점은 굵은 녹색선이 검정색선을 우하향 통과하는 c지점에서 하면 녹색박스 A영역만큼 수익을 기대할 수 있습니다.

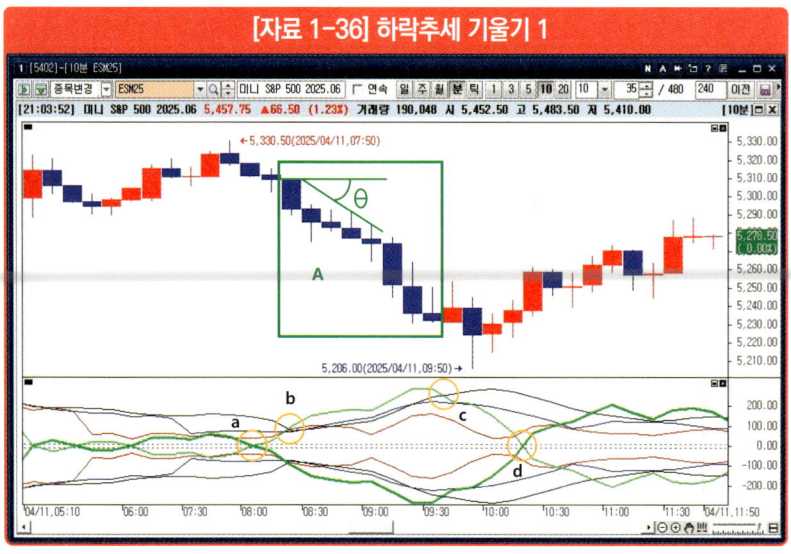

[자료 1-36] 하락추세 기울기 1

[자료 1-36]은 해외선물 거래에서 '미니 S&P 500 6월물' 종목으로 10분차트이고 2025년 4월 11일 5시 10분부터 11시 50분까지 추세 흐름입니다. 추세 아래에는 PST6지표를 불러봤습니다.

PST6지표는 해외선물 거래에서 매도진입 시 기울기를 아크탄젠트 30도 이상부터 탄젠트 90도 미만까지 설정할 수가 있습니다. 하락보합 구간에서 하락강화 구간으로 바뀌는 구간에서 기울기가 일정 크기 이상으로 존재한다는 것은 매도진입 시 타임 프레임만 맞추면 밀림이 없다는 것을 의미합니다.

PST6지표는 주기의 변화량과 추세의 변화량을 응용해 기울기를 계산합니다. 녹색선이 주기의 변화량을 의미하는데 a지점부터 d지점까지는 가는 녹색선이 굵은 녹색선 위에 존재하므로 마이너스(-) 상태를 알 수 있습니다. PST이론상 주기가 마이너스(-) 상태에서는 힘이 마이너스(-)이면 추세가 하락강화 구간이고, 힘이 플러스(+)이면 추세가 상승보합 구간임을 미리 알 수 있습니다. 절대로 추세가 하락보합 구간이나 상승강화 구간은 나올 수가 없습니다.

b지점을 보면 가는 녹색선이 빨간색선, 파란색선, 검정색선 위에 존재하면서 우상향인 것이 보이는데 여기서부터 매도진입을 타임 프레임에 맞추어서 하면 매도진입 후 출현하는 추세의 기울기는 아크탄젠트 30도 이상부터 아크탄젠트 90도 미만을 예측할 수 있습니다. 매도청산 지점은 가는 녹색선이 검정색선을 우하향 통과하는 c지점에서 하면 녹색박스 A영역만큼 수익을 기대할 수 있습니다.

[자료 1-37]은 주식 거래에서 '두산로보틱스' 종목으로 10분차트이고 2025년 4월 2일 14시 40분부터 4월 3일 13시 50분까지 추세 흐름

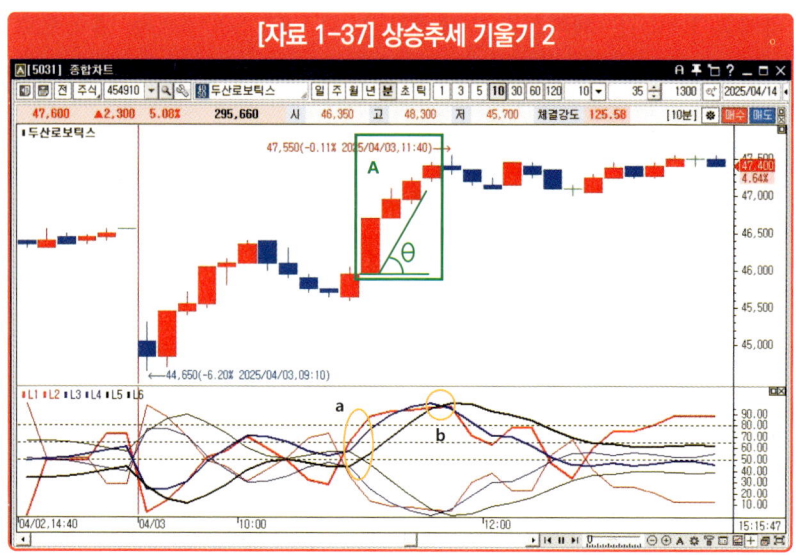

[자료 1-37] 상승추세 기울기 2

입니다. 추세 아래에는 PST14지표를 불러봤습니다.

PST14지표는 주식 거래에서 매수진입 시 기울기를 탄젠트 45도 이상부터 탄젠트 90도 미만까지 설정할 수가 있습니다. PST14지표는 수강생들이 노벨상감이라고 극찬을 받은 지표로 여러 장점이 있습니다. 매수진입 시 기울기가 커지기 때문에 상승추세 속도가 빨라집니다. 여기서 늦은 매수진입은 소용이 없으므로 진입시점을 정확히 알려줍니다. 매수진입 후 출현하는 캔들의 색깔은 1차 매수청산까지는 동일하게 양봉이 나타나고 최고점을 예측할 수 있습니다.

사이클의 시작과 끝은 검정색선으로 파악합니다. a지점 이후 굵은 검정색선이 가는 검정색선 위에 존재하기 때문에 a지점부터는 상승 사이클의 연속으로 생각해야 합니다.

매수진입은 상승 사이클 구간 내에서 굵은 빨간색선이 첫 번째 기준선을 우상향으로 통과하고, 굵은 파란색선이 두 번째 기준선을 우상향

으로 통과하는 a지점입니다. a지점에서 매수진입을 할 때는 기준차트
인 60분차트를 포함한 하위차트에서 모두 타임 프레임이 맞아야 합니
다. 그리고 가급적이면 60분차트보다 상위차트인 120분차트와 일 차
트까지 타임 프레임이 맞으면 보다 강한 상승추세를 기대할 수 있습니
다. 굵은 파란색선이 굵은 검정색선을 우하향으로 통과하는 1차 매수
청산시점보다 굵은 빨간색선이 굵은 검정색선을 우하향으로 통과하는
2차 매수청산시점이 먼저 나왔기 때문에 b지점에서 매수청산을 하면
녹색박스 A영역만큼 수익을 기대할 수 있습니다.

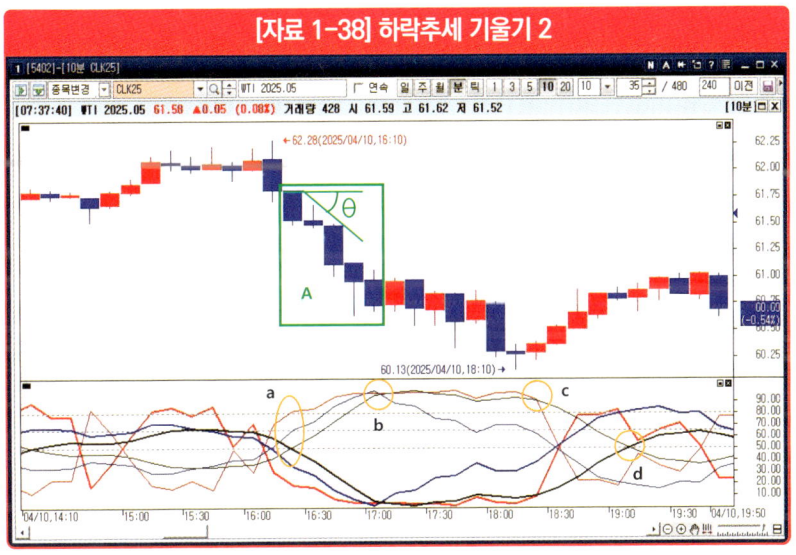

[자료 1-38]은 해외선물 거래에서 'WTI 5월물' 종목으로 10분차트
이고 2025년 4월 10일 14시 10분부터 19시 50분까지 추세 흐름입니
다. 추세 아래에는 PST13지표를 불러봤습니다.

PST13지표는 매수진입과 매도진입을 해 수익을 낼 수 있기 때문에
양방향 거래상품에 적용할 수 있습니다. 빨간색선, 파란색선, 검정색선

이 대칭으로 가는 선과 굵은 선으로 표시되어 있는데, 가는 검정색선이 굵은 검정색선 위에 있으면 하락 사이클 구간이기 때문에 매도진입만 고려해야 합니다. 그러므로 굵은 검정색선만 보면 a지점부터 d지점까지는 하락 사이클임을 한꺼번에 알 수가 있습니다. 그러면 매도진입은 어디서 할까요? 가는 빨간색선이 첫 번째 기준선을 우상향으로 통과하고 가는 파란색선이 두 번째 기준선을 우상향으로 통과하는 a지점에서 타임 프레임을 맞추어 매도진입을 해야 합니다. 많은 분이 PST13지표를 배우면서 진입 후 동일 추세방향으로 1차 청산시점까지 같은 색깔의 캔들이 출현한다는 것에 매우 놀라셨습니다. 매도진입 후 약속한 듯이 추세의 기울기는 아크탄젠트 45도 이상부터 아크탄젠트 90도 미만의 속도로 음봉만 1차 매도청산인 b지점까지 출현했습니다.

2차 매도청산은 가는 빨간색선, 가는 검정색선을 우하향으로 통과하는 c지점인데 만약 b지점에서 매도청산을 하지 않고 c지점까지 보유하면서 c지점에서 매도청산하는 전략은 좋지 않습니다. 레버리지가 큰 파생상품은 b지점부터 c지점까지의 캔들 변동처럼 하락보합 구간을 보유하기가 쉽지 않기 때문입니다.

[자료 1-39]는 주식 거래에서 '두산로보틱스' 종목으로 10분차트이고 2025년 4월 2일 14시 10분부터 4월 3일 13시 20분까지 추세 흐름입니다. 추세 위에는 PST56지표와 추세 아래에는 PST32지표를 불러봤습니다.

PST56지표는 주식 거래에서 매수진입 시 기울기를 탄젠트 60도 이상부터 탄젠트 90도 미만까지 설정할 수가 있습니다. 추세의 기울기를 탄젠트 30도, 45도가 아닌 60도 이상으로 설정해서 거래한다는 의미

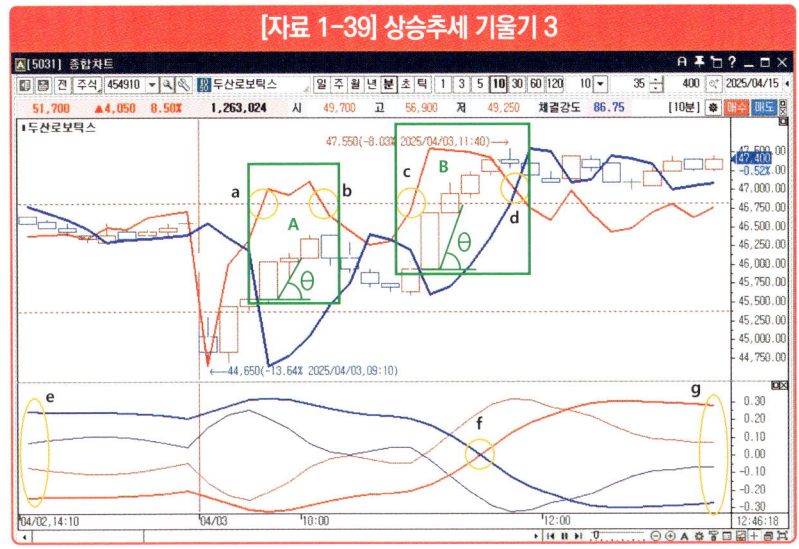

[자료 1-39] 상승추세 기울기 3

는 더욱 짧은 보유시간 동안 많은 수익을 얻겠다는 전략입니다. PST32 지표는 현재 추세가 상승 사이클 구간인지 아니면 하락 사이클 구간인지를 한꺼번에 알 수 있는 매우 중요한 지표입니다.

우선 PST32지표를 사용해서 어떤 사이클인지를 파악해볼까요? e지점부터 f지점까지는 굵은 파란색선이 굵은 빨간색선 위에 존재하므로 하락 사이클 구간임을 알 수 있고, f지점부터 g지점까지는 반대로 굵은 빨간색선이 굵은 파란색선 위에 존재하므로 상승 사이클 구간임을 알 수가 있습니다. PST이론상 상승 사이클 구간에서는 매수진입만 고려하고, 하락 사이클 구간에서는 매도진입만 고려하는 것이 원칙이었으나 PST56지표는 모든 구간에서 매수진입이 가능한 지표이기 때문에 매우 놀라실 것입니다.

빨간색선이 ALU(상향가속선)를 우상향으로 통과하는 a지점과 c지점에서 매수진입을 한 후 다시 빨간색선이 ALU를 우하향으로 통과하는 b

지점과 d지점에서 매수청산을 하면 녹색박스 A영역과 B영역처럼 수익을 기대할 수 있습니다. 매수진입한 a지점과 c지점에 해당하는 위치를 PST32지표를 사용해서 보면 하락 사이클임을 알 수가 있습니다. 이번 경우는 하락 사이클에서 매수진입해서 수익이 난 경우입니다.

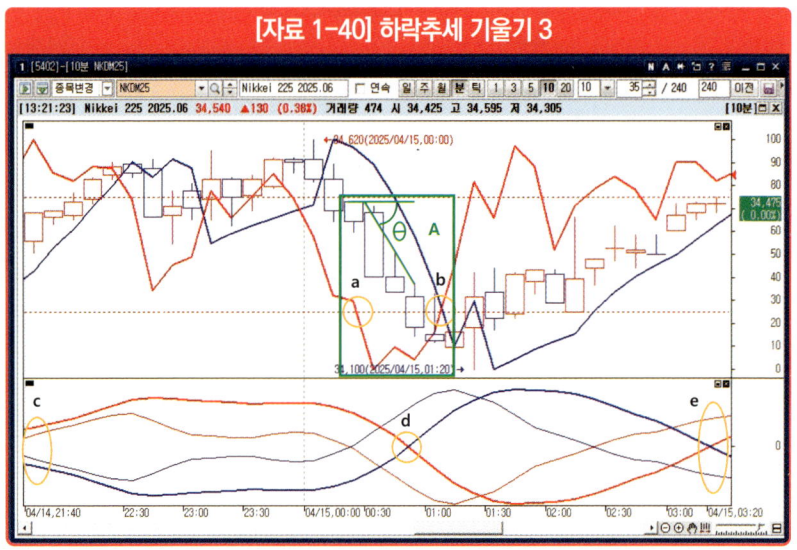

[자료 1-40]은 해외선물 거래에서 'Nikkei 255 6월물' 종목으로 10분차트이고 2025년 4월 14일 21시 40분부터 4월 15일 3시 20분까지 추세 흐름입니다. 추세 위에는 PST55지표와 추세 아래에는 PST31지표를 불러봤습니다.

PST55지표는 해외선물 거래에서 매수진입 시 기울기를 탄젠트 60도 이상부터 탄젠트 90도 미만까지 설정할 수가 있고 매도진입 시 기울기를 아크탄젠트 60도 이상부터 아크탄젠트 90도 미만까지 설정할 수가 있습니다. PST31지표는 추세의 위치를 파악하는 2차원적 지표로서 현재 추세가 상승 사이클 구간인지 아니면 하락 사이클 구간인지를 한꺼번에 알 수 있는 매우 중요한 지표입니다.

PST31지표를 활용해 사이클의 상태부터 먼저 파악해야 합니다. 물론 PST55지표는 사이클의 상태와 관계없이 모든 구간에서 진입해서 수익을 기대할 수 있습니다만, 사이클과 동일한 추세 방향으로 진입하는 것과 사이클과 반대인 추세 방향으로 진입하는 것에 따라서 청산의 전략이 다를 수가 있습니다. c지점부터 d지점까지는 굵은 빨간색선이 굵은 파란색선 위에 존재하므로 상승 사이클 구간이고 d지점부터 e지점까지는 굵은 파란색선이 굵은 빨간색선 위에 존재하므로 하락 사이클 구간입니다.

그러면 a지점에서 매도진입하는 것은 상승 사이클 구간에서 발생하므로 역방향인 P2구간에 하는 것입니다. PST55지표를 활용해서 빨간색선이 ALD(하향가속선)를 우하향으로 통과하는 a지점에서 매도진입한 후 다시 빨간색선이 ALD을 우상향으로 통과하는 b지점에서 매도청산을 하면 녹색박스 A영역만큼 수익을 기대할 수 있습니다.

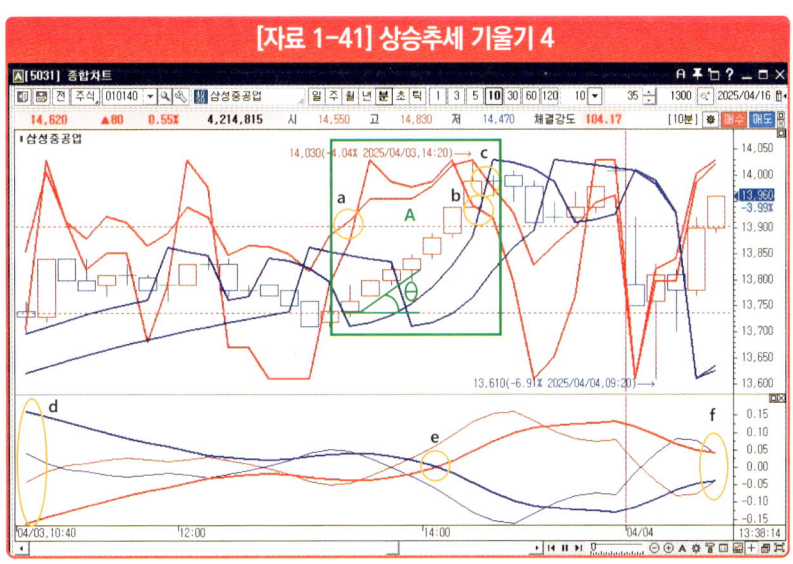

[자료 1-41] 상승추세 기울기 4

[자료 1-41]은 주식 거래에서 '삼성중공업' 종목으로 10분차트이고 2025년 4월 3일 10시 40분부터 4월 4일 9시 50분까지 추세 흐름입니다. 추세 위에는 PST100지표와 추세 아래에는 PST32지표를 불러봤습니다.

PST100지표는 주식 거래에서 매수진입 시 기울기를 탄젠트 60도 이상부터 탄젠트 90도 미만까지 설정할 수가 있습니다. PST56지표와 차이점은 PST56지표는 추세를 2차원적으로 분석하고 PST100지표는 추세를 3차원적으로 분석합니다. PST56지표는 추세를 X축(시간)과 Y축(가격)에 대한 적분을 한 번만 계산하지만, PST100지표는 추세를 X축과 Y축, X축과 Z축(반대세력)에 대한 적분을 두 번 계산해 더욱 정교한 진입과 편안한 보유와 베스트 청산을 할 수 있습니다.

PST100지표도 현재 추세의 상태와 관계없이 매수진입 조건일 때는 수익을 기대할 수 있습니다. PST32지표를 활용하면 d지점부터 e지점까지는 굵은 파란색선 굵은 빨간색선 위에 존재하므로 하락 사이클 구간이고, e지점부터 f지점까지는 굵은 빨간색선이 굵은 파란색선 위에 존재하므로 상승 사이클 구간임을 쉽게 파악할 수 있습니다. 그러면 a지점에서 매수진입한다는 것은 하락 사이클에서 매수진입하는 것이기 때문에 P2구간에서 진입하는 것입니다. a지점에서 2개의 빨간색선이 ALU를 우상향으로 통과할 때 타임 프레임 맞추어 매수진입을 합니다. 매수청산은 b지점에서 추세선과 파란색 TT선과 만나는 지점에서 1차 매수청산을 하고, c지점에서 동일한 방법으로 추세선과 파란색 TT선과 만나는 지점에서 2차 매수청산을 하면 녹색박스 A영역만큼 수익을 기대할 수 있습니다.

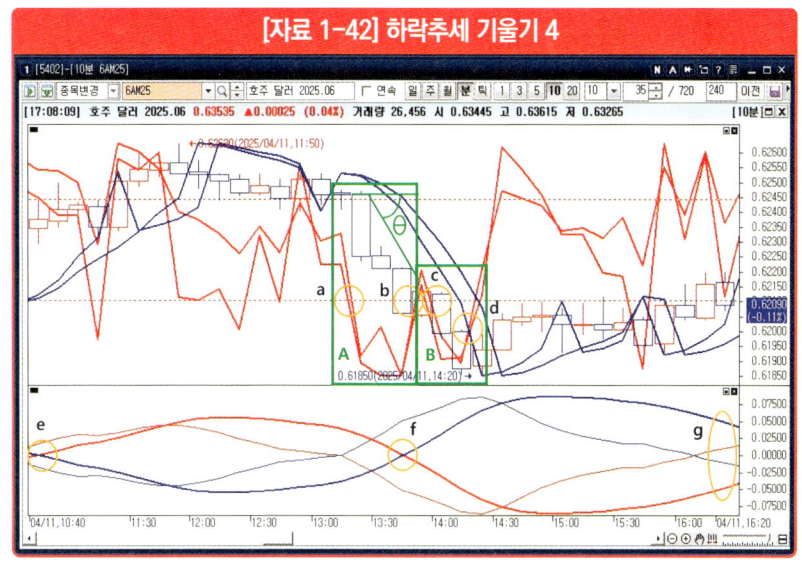

[자료 1-42] 하락추세 기울기 4

[자료 1-42]는 해외선물 거래에서 '호주달러 6월물' 종목으로 10분 차트이고 2025년 4월 11일 10시 40분부터 16시 20분까지 추세 흐름입니다. 추세 위에는 PST99지표와 추세 아래에는 PST31지표를 불러봤습니다.

PST99지표는 해외선물 거래에서 매수진입 시 기울기를 탄젠트 60도 이상부터 탄젠트 90도 미만까지 설정할 수가 있고 매도진입 시 기울기를 아크탄젠트 60도 이상부터 아크탄젠트 90도 미만까지 설정할 수가 있습니다.

PST99지표를 활용해서 매도진입은 추세선을 빨간색선 2개가 모두 ALD를 우하향으로 통과할 때입니다. a지점에서 매도진입을 할 때 PST31지표를 보면 e지점부터 f지점까지 굵은 빨간색선이 굵은 파란색선 위에 존재하므로 상승 사이클에서 하는 것을 알 수 있습니다. 일반적으로 현재 사이클 상태와 역방향으로 진입하는 것은 P2구간에서 진입하는 것으로 많은 수익을 기대할 수 없지만, PST99지표는 추세의 기울기를 아크탄젠트 60도 이상으로 설정하기 때문에 많은 수익을 기대할 수 있습니다. 또한 a지점처럼 추세선 2개가 시차를 두어 ALD를 우하향으로 통과하는 것이 아니라 2개가 모두 한 번에 ALD를 우하향으로 통과하기 때문에 사이클의 형태와 관계없이 매우 강한 하락추세를 예상할 수 있습니다. a지점에서 매도진입 후 매도청산은 b지점에서 추세선 2개가 모두 한 번에 ALD를 우상향으로 통과하기 때문에 부분청산이 아닌 전체청산이 맞습니다. c지점에서도 동일한 방법으로 매도진입한 후 매도청산은 추세선이 TT선을 우상향으로 통과하는 d지점에서 하면 녹색박스 B영역만큼 수익을 기대할 수 있습니다.

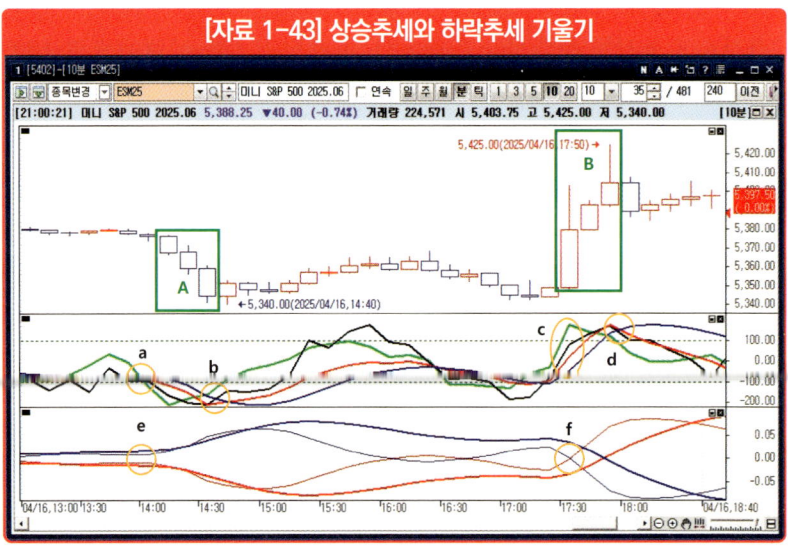

[자료 1-43]은 해외선물 거래에서 '미니 S&P 500 6월물' 종목으로 10분차트이고 2025년 4월 16일 13시부터 18시 40분까지 추세 흐름입니다. 추세 아래에는 PST35지표와 PST31지표를 불러봤습니다.

PST35지표는 해외선물 거래에서 매수진입 시 기울기를 탄젠트 0도 이상부터 탄젠트 90도 이하까지 설정할 수가 있고 매도진입 시 기울기를 아크탄젠트 0도 이상부터 아크탄젠트 90도 이하까지 설정할 수가 있습니다. PST35지표의 자세한 설명은 반드시 기존에 출간한《NEW PST해외선물 투자 비법》책을 참고하시길 바랍니다.

PST35지표는 추세의 연속성이 존재하는 상품에 적합하기 때문에 주식 거래에서는 활용하지 못하고 선물이나 옵션 같은 상품에서 유용하게 활용할 수 있습니다. 추세의 기울기가 일정 각도가 존재하지 않고 0도 이상이라는 것은 진입 후 밀림이 있다는 것을 인정해야 합니다. 그런데 진입 후 밀림이 너무 많으면 보유하기 쉽지 않습니다. 이런 이유로 반드시 진입 시 진입 전제조건을 먼저 고려해야 합니다. 매수진입 시에는 가중치 합이 '3점'이고 매도진입 시에는 가중치 합이 '-3점'이 되어야 전제조건에 합당합니다. 가중치 계산은 PST31지표에서 가는 빨간색선이 가는 파란색선 위에 존재하면 2점이 되고 가는 파란색선이 가는 빨간색선 위에 있으면 -2점이 됩니다. 그리고 PST35지표에서 빨간색선이 파란색선 위에 존재하면 1점이 되고 파란색선이 빨간색선 위에 존재하면 -1점이 됩니다.

매도진입은 전제조건이 -3점이 되는 a지점에서 기준선을 검정색선과 녹색선이 순서와 관계없이 기준선 아래를 모두 우하향 될 때 하고 매도청산은 빨간색선이 파란색선 위를 우상향으로 통과해 가중치 합이 -1점으로 바뀌는 b지점에서 하면 녹색박스 A영역만큼 수익을 기대할 수 있습니다. 반대로 매수진입은 전제조건이 3점이 되는 c지점에서 기준선을 검정색선과 녹색선이 순서와 관계없이 기준선 위를 모두 우상향 될 때 하고, 매수청산은 빨간색선이 파란색선 위를 우하향으로 통과해 가중치 합이 1점으로 바뀌는 d지점에서 하면 녹색박스 B영역만큼 수익을 기대할 수 있습니다.

# 추세 위치

여러분은 추세 위치(Position)를 무엇이라고 생각하시나요? 인공지능 (AI)에게 "차트에서 추세의 위치가 무엇이냐?"고 물어봤더니 "현재 가격이 추세선 위 또는 아래에 위치에 따라서 상승추세 또는 하락추세"라고 답변을 했습니다. 그런데 문제는 현재 가격이 추세선 위에 있는지 아래에 있는지 어떻게 구별할까요? 저는 과거부터 추세에 관한 책을 읽으면서 모든 지식을 얻어보려고 노력했지만 명확하게 답을 얻지 못했습니다. 그래서 저는 PST이론을 끝없이 연구하면서 추세의 위치에 대한 해답을 찾았습니다.

24년 동안 수많은 수강생이 PST교육을 배우러 오셨습니다. 수강생 중에서 저에게 "교수님, AI와 PST가 대결하면 누가 이길까요?"라고 질문을 하셨습니다. 그러면 저는 "언제가는 AI가 이길 수도 있겠지만 현재까지는 PST가 이깁니다"라고 답변했습니다.

첫 번째 이유는 PST를 제가 만들었고 PST지표를 만든 소스는 저만 알고, AI는 알지 못하며 현재 오픈된 정보만 가지고 추세를 분석하기 때문입니다.

두 번째 이유는 저에게 PST교육을 받은 수강생들 중에서 실전 거래로 100연승 이상 나온 결과가 있지만, AI가 실전 거래로 100연승 이상 나온 결과는 아직 보지 못했습니다.

참고로 유진투자증권과 넥스트증권에 탑재된 PST지표는 유료 서비스로 수년째 제공되고 있지만, 각 증권에 제공되었던 인공지능 유료 서비스는 구독자들이 사용 후 효과를 보지 못하면 결국 폐기되고 사라졌습니다. 이는 PST지표 효과에 대한 신뢰성 검증은 모두 만족했다고 생각할 수도 있습니다.

추세의 위치를 이해하지 않고 거래를 해 수익을 내겠다는 욕심을 버리시길 바랍니다. 왜 여러분들이 "매수진입하면 추세는 하락하고 반대로 매도진입하면 추세는 상승할까?"라는 어리석은 질문은 그만하시길 바랍니다. 또한 추세의 위치를 이해하지 않고 뉴스를 보고 듣고, 기업을 분석해 거래한 뒤 손실 보는 일반적인 매매는 이제 그만 하시길 바랍니다. 그러면 이번 장에서는 저와 같이 추세의 위치를 공부해볼까요?

PST이론 중 가장 중요한 것을 선택하라고 하면 저는 주저 없이 '추세의 위치 파악'이라고 말씀드립니다. 현재 여러분이 어떤 시점에서 매수진입 또는 매도진입을 해서 수익을 기대하려면 반드시 현재 추세에서 위치 파악을 해야 합니다. 추세의 위치 파악을 저는 기존에 출간한 책에서는 같은 의미로 '타임 프레임(Time Frame)'으로 표현했으니 참고하시길 바랍니다. 현재 추세를 PST지표를 활용하면 실시간으로 타임 프레임으로 분석해서 추세의 위치를 P1, P2-1, P2-2, P3, P4-1, P4-2 구간으로 분류할 수 있습니다. 안타깝지만 현존 오픈된 일반 보조지표로는 추세의 위치를 파악할 수 없고, 오직 제가 만든 PST지표로만 추세의 위치를 파악할 수 있습니다. 그러므로 추세의 위치를 파악하기 위해서는 PST지표를 활용하는 PST교육을 반드시 받으셔야 합니다.

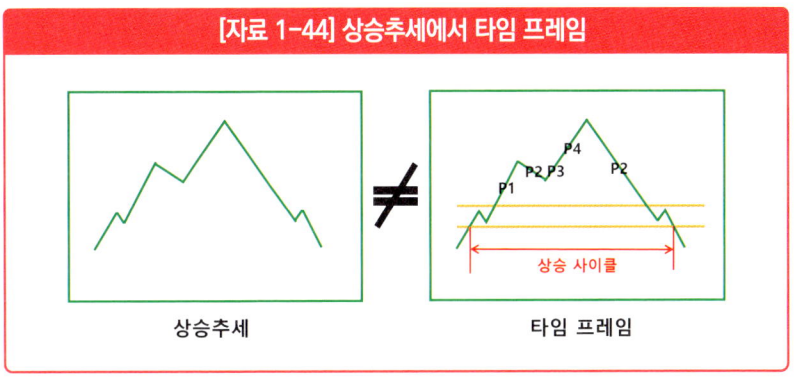

[자료 1-44]는 상승추세와 타임 프레임을 비교한 것입니다. 좌측 그림은 여러분이 보고 있는 상승추세입니다. 여러분은 상승추세를 보면서 어느 지점에서 매수진입을 하고, 어느 지점에서 매수청산을 하시겠어요? 운이 좋으면 수익이 날 것이고, 운이 나쁘면 손실을 본다고 생각하세요? 아니면 당연히 수익이 날 것이라고 생각하시나요?

여러분의 거래 규칙이 맞으면 10번이면 10번, 100번이면 100번 수익이 나야 하지만, 실전 거래에서는 쉽지 않다는 것을 인정하시나요? 그러나 PST지표를 활용해서 좌측 그림의 추세를 우측 그림처럼 타임 프레임으로 추세의 위치를 파악하고 거래하면 100% 승률의 결과를 기대할 수 있습니다.

타임 프레임으로 추세의 위치를 찾아보면 상승 사이클에는 일반적으로 P1, P2, P3, P4로 구성이 되어 있습니다. P1구간은 상승 사이클이 시작된 후 저항선을 통과하면서 일정한 추세의 기울기를 가지고 상승하는 구간을 말합니다. P2구간은 P1구간이 출현한 후 반대 방향으로 추세가 하락하는 구간을 말합니다. 여기서 중요한 것은 P2구간은 하락추세가 아니라 상승보합으로 상승 크기가 줄어드는 구간으로 해석해 매수진입과 매도진입을 해서는 안 되고 관망해야 합니다. P3구간은 P1, P2, P4구간이 존재해야 하며 P1구간과 같은 방향으로 추세가 상승하지만 P1구간의 전고점을 못 넘은 구간까지를 말합니다. 만약 재상승을 뜻하는 P4구간이 출현하지 않으면 P3구간은 P2구간으로 연속으로 상승보합이 유지되고 있어 계속 관망해야 하지요. P4구간은 P1, P2, P3구간이 출현 후 P3구간에서 P1구간의 전고점보다 높으면서 재상승하는 구간을 말합니다. 일반적으로 P1구간과 P4구간은 상승강화 구간으로 하위차트와 타임 프레임을 맞추어 매수진입하면 수익을 기대할 수 있습니다. P4구간에 이어서 P2구간이 출현해 다시 P2, P3, P4구간으로 상승추세가 이어서 진행할 수도 있고, 상승 사이클이 끝나서 하락 사이클로 전환되기 직전 P2구간도 존재합니다.

상승추세를 타임 프레임으로 분석할 때 추세의 위치를 찾는 것보다 중요한 것은 상승 사이클의 시작과 끝을 찾는 것입니다. 이유는 상승 사이클의 시작과 끝을 잘못 찾으면 추세의 위치도 잘못 찾아서 매수진입과 매수청산을 잘못할 수 있는 오류를 범할 수도 있기 때문입니다. 흔히 보는 트레이더들은 우측 그림처럼 상승추세를 타임 프레임으로 추세의 위치를 파악하지 않고, 좌측 그림처럼 단순하게 지지선과 저항선, 추세선을 본인만의 주관적으로 생각해서 양봉이 저항선을 우상향으로 통과할 때 매수진입을 해서 수익을 기대한다는 것입니다. 항상 말씀드렸듯이 여러분은 절대로 상승추세를 만드는 마켓 메이커가 아니므로 상승추세의 진행이 여러분 뜻대로 되지 않는다는 것을 항상 기억해야 합니다. 여러분이 보고 있는 실시간 추세가 상승추세라고 생각한 것이 상승 사이클에서 상승강화 구간 또는 상승보합 구간에서 보일 수 있고, 하락 사이클에서 하락보합 구간에서도 보일 수 있습니다. 이렇듯이 상승 사이클에서 타임 프레임으로 추세의 위치를 잘못 분석하면 실전 거래에서 손실을 볼 확률을 갖고 가는 셈이 됩니다.

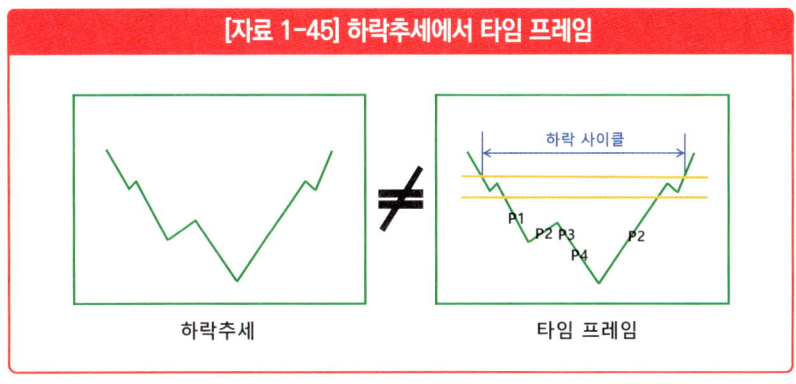

[자료 1-45]는 하락추세와 타임 프레임을 비교한 것입니다. 좌측 그림은 여러분이 보고 있는 하락추세입니다. 여러분은 하락추세를 보면서 어느 지점에서 매도진입을 하고, 어느 지점에서 매도청산을 하시겠어요? 운이 좋으면 수익이 날 것이고, 운이 나쁘면 손실을 본다고 생각하세요? 아니면 당연히 수익이 날 것이라고 생각하시나요? 여러분의 거래 규칙이 맞으면 10번이면 10번, 100번이면 100번 수익이 나야 하지만, 실전 거래에서는 쉽지 않다는 것을 인정하시나요? 그러나 PST지표를 활용해서 좌측 그림의 추세를 우측 그림처럼 타임 프레임으로 추세의 위치를 파악하고 거래하면 100% 승률의 결과를 기대할 수 있습니다. 타임 프레임으로 추세의 위치를 찾아보면 하락 사이클에는 일반적으로 P1, P2, P3, P4로 구성이 되어 있습니다. P1구간은 하락 사이클이 시작된 후 저항선을 통과하면서 일정한 추세의 기울기를 가지고 하

락하는 구간을 말합니다. P2구간은 P1구간이 출현한 후 반대 방향으로 추세가 상승하는 구간을 말합니다. 여기서 중요한 것은 P2구간은 상승추세가 아니라 하락 보합으로 상승 크기가 줄어드는 구간으로 해석해 매도진입과 매수진입을 해서는 안 되고 관망해야 합니다. P3구간은 P1, P2, P4구간이 존재해야 하며 P1구간과 같은 방향으로 추세가 하락하지만 P1구간의 전저점을 못 넘은 구간까지를 말합니다. 만약 재하락 뜻하는 P4구간이 출현하지 않으면 P3구간은 P2구간으로 연속으로 하락보합이 유지되고 있어 계속 관망해야 하지요. P4구간은 P1, P2, P3구간이 출현 후 P3구간에서 P1구간의 전저점보다 낮으면서 재하락하는 구간을 말합니다. 일반적으로 P1구간과 P4구간은 하락강화 구간으로 하위차트와 타임 프레임을 맞추어 매도진입하면 수익을 기대할 수 있습니다. P4구간에 이어서 P2구간이 출현해 다시 P2, P3, P4구간으로 하락추세가 이어서 진행할 수도 있고, 하락 사이클이 끝나서 상승 사이클로 전환되기 직전 P2구간도 존재합니다.

하락추세를 타임 프레임으로 분석할 때 추세의 위치를 찾는 것보다 중요한 것은 하락 사이클의 시작과 끝을 찾는 것입니다. 이유는 하락 사이클의 시작과 끝을 잘못 찾으면 추세의 위치도 잘못 찾아서 매도진입과 매도청산을 잘못할 수 있는 오류를 범할 수도 있기 때문입니다. 손실 보는 트레이더들은 우측 그림처럼 하락추세를 타임 프레임으로 추세의 위치를 파악하지 않고, 좌측 그림처럼 단순하게 지지선과 저항선, 추세선을 본인만의 주관적으로 생각해서 음봉이 저항선을 우하향으로 통과할 때 매도진입을 해서 수익을 기대한다는 것이지요.

항상 말씀드렸듯이 여러분은 절대로 하락추세를 만드는 마켓 메이커가 아니므로 하락추세의 진행이 여러분 뜻대로 되지 않는다는 것을 항상 기억해야 합니다. 여러분이 보고 있는 실시간 추세가 하락추세라고 생각한 것이 하락 사이클에서 하락강화 구간 또는 하락보합 구간에서 보일 수 있고, 상승 사이클에서 상승보합 구간에서도 보일 수 있습니다. 이렇듯이 하락 사이클에서 타임 프레임으로 추세의 위치를 잘못 분석하면 실전 거래에서 손실을 볼 확률을 갖고 가는 셈이 됩니다.

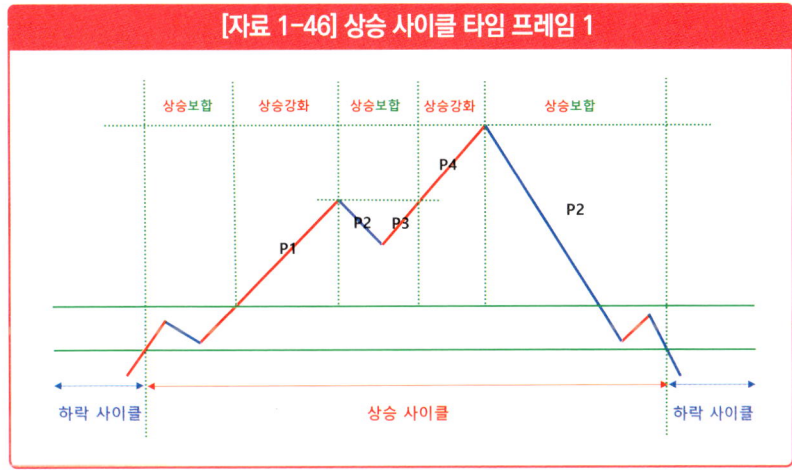

[자료 1-46]은 상승 사이클 내에서 추세를 타임 프레임으로 분석해서 P1, P2, P3, P4구간으로 나누어서 보여줍니다. 하나의 상승 사이클에서 P1, P2구간으로 짧게 끝이 날 수도 있고 P1, P2, P3, P4, P2, P3, P4 +….+ P2구간처럼 반복되면서 길게 끝이 날 수도 있습니다. 이는 여러분이 기준차트를 어느 것으로 결정하느냐의 따라 달라집니다. 일반적으로 주식 거래는 기준차트를 60분차트로 설정하고, 선물과 옵션 거래는 기준차트를 10분차트로 설정하는 것을 추천해드립니다. 레버리지가 높은 파생상품일 경우 상승 사이클에서 P2구간의 되돌림을 견디면서 보유하기가 쉽지 않기 때문입니다.

[자료 1-46]처럼 하락 사이클이 끝난 지점에서 상승 사이클이 시작되고, 상승 사이클이 끝난 지점에서 하락 사이클이 시작되면서 사이클은 계속 반복하면서 한 단계 위의 상위차트의 사이클을 추종합니다. 상승추세는 상승 사이클 내에서 시간이 X축으로 진행되면서 가격변화가 Y축으로 단위 시간 캔들로 표시되면서 하나의 상승 사이클이 완성됩니다. 물론 상승 사이클의 시작과 끝과 그 안에서의 타임 프레임의 결과는 저와 여러분이 만들지 못하고, 오직 마켓 메이커만이 만들 수 있다는 것을 잊지 말아야 합니다. P1구간 이후에 나오는 P2구간은 상승 사이클이 끝나는 P2구간도 될지 있지만 일반적으로 재상승을 위한 상승 보합 구간이고, 마지막 P4구간 이후에 나오는 P2구간은 상승 사이클에서 하락 사이클로 전환되기 위한 P2구간입니다. 상승 사이클에서 매수 진입한 후 P2구간을 만났을 때 재상승을 위한 P2구간이면 손실 보지 않는 범위에서 보유하면 되고, 하락 사이클로 전환되기 위한 P2구간이면 매수청산을 하면 됩니다. 이해가 되시나요? 이제부터 상승 사이클 내에서 타임 프레임으로 추세의 위치를 하나씩 공부해보겠습니다.

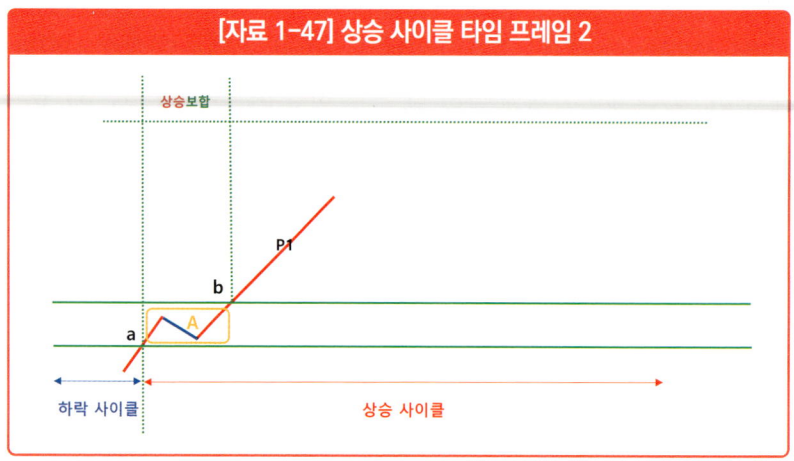

[자료 1-47] 상승 사이클 타임 프레임 2

[자료 1-47]은 상승 사이클 내에서 상승보합 구간을 보여줍니다. 하락 사이클에서 상승 사이클로 전환된 후 노란색박스인 A영역은 상승보합 구간으로 관망해야 합니다. 여기서 상승보합 구간은 P1구간이 나오기 이전에서 나오는 구간으로 시간이 짧게도 걸릴 수 있고 오래도 걸릴 수 있습니다. 이는 기준차트 설정과 P1의 추세의 기울기 설정에 따라서 결정이 됩니다. 상승보합 구간이 오래 걸린다는 상위차트에서도 계속 상승보합이 나온다는 뜻입니다. 이때 실전 거래에서 적용할 수 있는 전략은 2가지가 있습니다.

첫 번째는 기준차트를 한 단계 상위차트로 바꿔서 적용하는 것입니다. 예로 기준차트가 5분이면 상위차트인 10분으로 보고, 기준차트가 60분이면 상위차트인 120분으로 적용하면 됩니다. 두 번째는 목표 수익률을 낮추는 방법입니다. 두 번째 방법은 주식 거래인 경우는 적용하지 마시고, 레버리지가 높은 파생상품인 선물이나 옵션 거래 경우에 적용할 수 있습니다.

a지점에서 추세가 지지선에서 상승하는 것처럼 보여도 저항선을 통과하지 못했습니다. 상승보합 구간에서 상승강화 구간인 P1구간이 나오기 위해서는 가짜 저항선과 진짜 저항선을 구별해야 합니다. PST이론에서는 진짜 저항선을 찾기는 너무 쉽고, 진짜 저항선을 상향 돌파선(BLU, Breakout Line Up)으로 정의합니다.

[자료 1-48]은 상승 사이클 내에서 상승강화 구간인 P1구간을 보여줍니다. P1구간은 상승 사이클 내에서 수익을 내기 위한 가장 쉬운 구간입니다. 문제는 저항선을 우상향으로 통과하는 양봉에서 어느 양봉이 P1구간의 첫 시작인지를 찾는 것이지요. 물론 PST지표를 활용하면

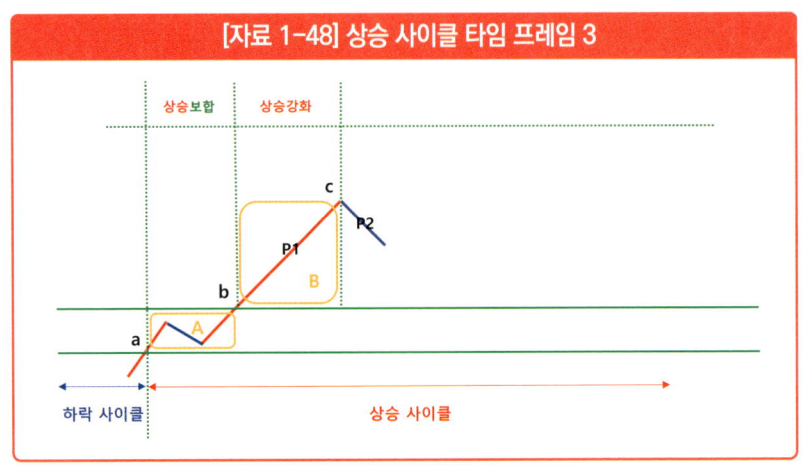

[자료 1-48] 상승 사이클 타임 프레임 3

쉽게 찾을 수 있으나 일반 오픈된 보조지표로는 절대로 찾을 수가 없습니다.

P1구간은 상승 사이클이 시작된 후 일정 기간 노란색박스인 A영역만큼 상승보합 구간이 존재한 후 양봉이 저항선을 되돌림 없이 우상향으로 통과하는 b지점에서 양봉이 계속 나오다가 음봉이 출현해 P2구간이 시작되기 전까지인 노란색박스인 B영역을 뜻합니다. 하나의 상승 사이클 내에서 P1구간은 오직 한 번만 출현하기 때문에 기준차트에서 첫 번째 양봉에서 매수진입을 고려하되 매수진입 가격이 여러분이 정한 손실 폭 이상 진입가격에서 이미 상승했으면 매수진입을 하지 말고 관망해야 합니다. 너무 늦은 진입으로 수익을 기대하면 욕심입니다. 기준차트는 첫 번째 양봉이지만 하위차트에서 첫 번째 양봉이 아닌 중간에 진입하는 전략은 좋지 않은 전략입니다.

상승 사이클에서 주식 거래에서는 기준차트를 60분차트로 설정하기 때문에 반드시 60분차트에서 가장 먼저 P1구간이 나온 후 하위차트인 30분, 10분, 5분, 3분, 1분차트 순서대로 P1구간 또는 P4-1구간이 나올 때 매수진입해야 수익을 기대할 수 있습니다.

또한, 상승 사이클에서 선물이나 옵션 거래 경우에는 기준차트를 10분차트로 설정하기 때문에 반드시 10분차트에서 가장 먼저 P1구간이 나온 후 하위차트인 5분, 3분, 1분차트 순서대로 P1구간 또는 P4-1구간이 나올 때 매수진입해야 수익을 기대할 수 있습니다.

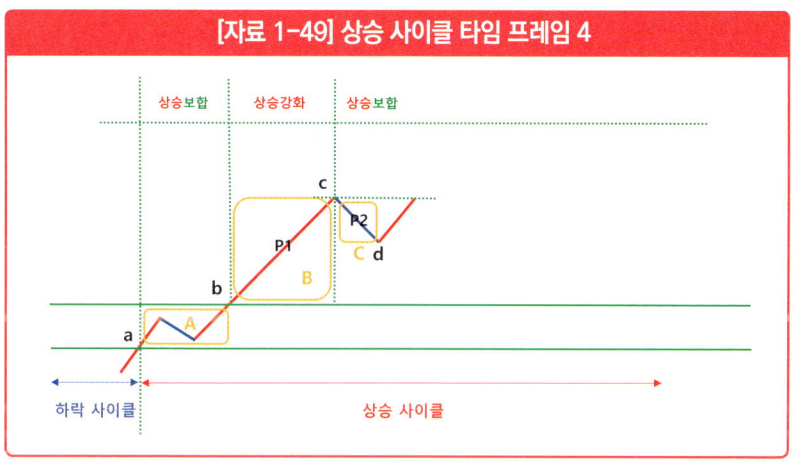

[자료 1-49]는 상승 사이클 내에서 상승보합 구간인 P2구간을 보여줍니다. 손실 보는 트레이더의 공통점 중의 하나가 상승 사이클 내에서 P2구간을 확인하지 못하고, 추세가 조금이라도 내려올 때 매도진입을 한다는 것입니다. 상승 사이클 구간에서 일반적인 P2구간은 상승 사이클과 반대 방향으로 추세가 진행되어 음봉이 출현하지요. P2구간을 살펴보겠습니다.

상승 사이클이 시작되어 처음으로 보이는 P2구간은 반드시 P1구간이 존재해야 합니다. P2구간은 c지점부터 d지점까지 노란색박스인 C영역으로 상승 사이클과 반대 방향인 하락으로 추세가 진행되고 브이(V)자 형태로 나타납니다.

P2구간은 크게 2가지가 있는데 하나는 P1구간이 출현한 후 상승 사이클이 끝날 때까지 하락하는 P2구간이 있고, 또 하나는 P1구간이 출현한 후 P2, P3, P4가 나올 때 중간에 있어 재상승을 하기 위해 전고점보다 내려온 상태의 P2구간이 있습니다. [자료 1-49]에서 P2구간은 후자인 경우입니다.

P1구간에서 b지점에서 매수진입 후 P2구간이 출현해 d지점까지 가격이 내려올 때 어떤 전략이 좋을까요? 주식 거래는 레버리지가 작기 때문에 매수진입 후 손실만 보지 않는다면 저는 보유전략이 좋다고 생각합니다. 그러나 선물이나 옵션 거래처럼 레버리지가 큰 상품들은 스탑가격을 조금씩 올리면서 부분청산하는 전략도 추천해드립니다.

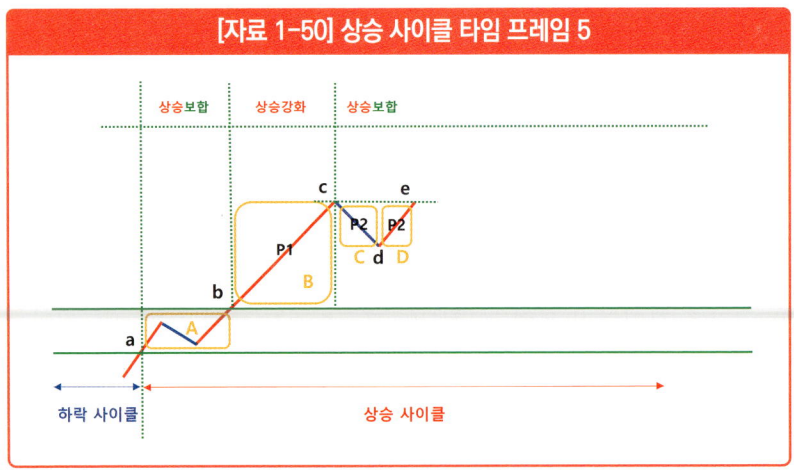

[자료 1-50] 상승 사이클 타임 프레임 5

[자료 1-50]은 상승 사이클 내에서 또 다른 상승보합 구간인 P2구간을 보여줍니다. 상승 사이클 구간에서 P1구간 이후 P2구간이 출현하고 P2구간과 반대 방향으로 추세가 d지점부터 e지점까지 브이(V) 형태

로 다시 반전해 상승하는 노란색박스인 D영역이 타임 프레임상 P2구간에 해당합니다. PST교육시간에 "D영역이 타임 프레임상 어떤 구간인가요?"라고 질문을 하면 많은 분이 "P3구간입니다"라고 대답을 하시는데 P2구간과 P3구간을 구별을 반드시 해야 합니다.

P3구간은 반드시 P1, P2, P4구간이 존재해야 합니다. 상승 사이클에서 P4구간이 나왔다는 의미는 현재 가격이 재상승을 해 P1구간에서 제일 높은 가격보다 더 높은 가격이 나왔다는 것을 의미합니다. 그러나 현재 출현한 캔들의 최고가인 c지점보다 낮은 지점이기 때문에 P2구간입니다. 만약 캔들이 전고점인 c지점과 이은 e지점보다 높아서 재상승 지점이 나오면 P4구간이 출현하는데, 이때 노란색 영역인 D영역은 P2구간이 아니라 P3구간으로 변경됩니다.

PST이론상 결국 P2구간과 P3구간은 상승보합 구간으로 거래하지 않고 관망 전략을 선택하면 됩니다. 물론 상위차트가 P1구간에서도 하위차트로 보면 P1, P2, P3, P4구간이 계속 반복되는 것을 알 수 있습니다. PST이론상 상승 사이클에서 어떤 차트로 기준차트를 본 후 그 기준차트가 타임 프레임상 어떤 구간임을 알고 매수진입하는 것과 어떤 차트로 매수청산을 하는 것이 정해지기 때문에 하위차트에서 반복되는 추세의 위치는 크게 걱정하지 말고 편안히 보유하시면 됩니다.

[자료 1-51]은 상승 사이클 내에서 또 다른 상승보합 구간인 P3구간을 보여줍니다. 한 번 더 질문해보겠습니다. "P3구간의 전제조건은 무엇일까요?" 정답은 "P1, P2, P4구간이 존재해야 합니다"입니다. 손실 보는 트레이더 중에서 본인이 저항선을 c지점과 e지점을 그렸는데도 불구하고 노란색박스인 D영역에서 매수진입을 하는 것을 종종 찾

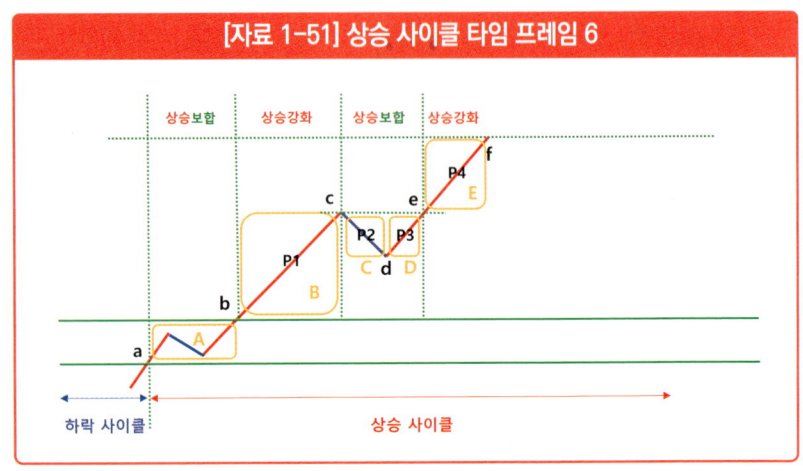

[자료 1-51] 상승 사이클 타임 프레임 6

을 수 있습니다. 제가 "상승추세라고 생각하면 e지점을 통과하니까 e 지점에서 매수진입이 맞지 않나요?"라고 질문하면 "상승추세로 진행 할 것이니까 P3구간에서 매수진입을 먼저 하면 조금이라도 이익 볼 것 같아서요"라고 대답합니다. 그러나 실전 거래에서는 쉽게 이익을 주지 않는 것을 볼 수 있습니다.

이유가 무엇일까요? 첫 번째는 여러분이 추세를 만드는 마켓 메이커 가 아니라는 것이지요. P3구간에서 P4구간으로 진행할지 안 할지를 여 러분이 어떻게 아시나요? 두 번째는 만약 P3구간에서 P4구간으로 진 행을 하더라도 P3구간은 상승보합 구간으로 가격이 많은 변동성을 보 이기 때문에 투자금이 큰 경우나 레버리지가 큰 파생상품을 거래하는 경우 P4구간까지 마음 편안히 보유하기가 쉽지 않습니다. 그런데 만약 P3구간이 끝나고 밀리지 않고 변동성이 거의 없는 상승강화 구간인 P4 구간이 나온다면 여기서 매수진입을 하는 것이 맞는 전략입니다.

만약 e지점 이후 추세가 다시 하락으로 전환되었다면 D영역은 P3구 간이 아니라 P2구간으로 생각해야 합니다. 이는 상승 사이클에서 P1구

간 이후 P2, P2, P2구간으로 계속 P1구간의 전고점을 못 뚫고 계속 상
승보합 구간으로만 진행하다가 상승 사이클이 끝나는 경우입니다. 이
해가 되시나요? P4구간이 나와서 P3구간이 존재해도 상승 사이클 내
에서 P3구간은 상승보합 구간이기 때문에 P2구간처럼 매수진입하지
않고 실전 거래에서는 계속 관망 전략을 택하는 것을 추천해드립니다.

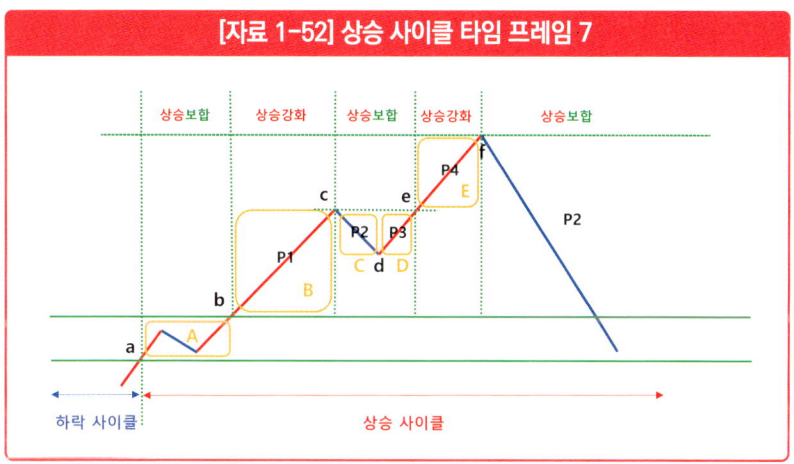

[자료 1-52]는 상승 사이클 내에서 또 다른 상승강화 구간인 P4구
간을 보여줍니다. 손실 보는 트레이더들이 가장 많이 하는 거래방법이
재상승 구간에서 저항선을 그은 다음 양봉이 우상향으로 통과할 때 매
수진입을 하는 것입니다. 물론 수익이 날 때도 있고 손실이 날 때도 있
습니다. 문제는 본인이 매수진입할 때 수익이 날지 손실이 나는지 모르
고 운에 맡기면서 거래한다는 것입니다. 그러나 PST이론과 PST지표를
활용하면 확실히 구별할 수 있습니다.

PST이론상 P4구간은 P4-1구간과 P4-2구간으로 분류합니다. P4-1
구간은 하락 다이버전스가 나오지 않는 안전한 구간으로 매수진입이

가능하지만, P4-2구간은 하락 다이버전스가 나오는 위험한 구간으로 매수진입을 하지 않고 관망 전략을 택하는 것이 좋습니다. 상승 사이클 내에서 추세가 재상승을 할 때 P4-1구간과 P4-2구간을 구별하기 위해서는 추세의 현재 가격이 P1구간의 전고점보다 높아야 하고, 사용하는 보조지표에서도 동일하게 P1구간의 전고점보다 높아야 P4-1구간으로 생각할 수 있고, 사용하는 보조지표에서는 P1구간의 전고점과 같거나 낮으면 P4-2구간으로 생각해야 합니다.

PST지표를 활용하면 상승 사이클 내에서 출현하는 P4구간이 P4-1구간인지 또는 P4-2구간인지를 미리 알 수 있어서 여러분이 실전 거래하는 데 많이 도움이 되실 것입니다. P4구간의 전제조건은 상승 사이클이 시작된 후 P1, P2, P3구간이 존재한 상태에서 P1구간과 같은 방향으로 추세가 진행하고 P1구간의 전고점인 e지점부터 f지점까지의 노란색박스인 E영역입니다. 기준차트가 P4-1구간에서 매수진입을 해서 수익을 내기 위해서는 반드시 하위차트에서도 타임 프레임이 P1구간 또는 P4-1구간이어야 합니다.

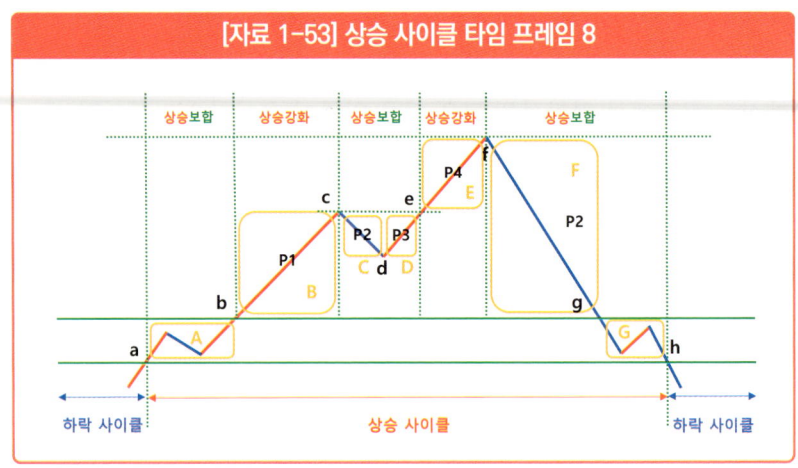

[자료 1-53] 상승 사이클 타임 프레임 8

[자료 1-53]은 상승 사이클 내에서 또 다른 상승보합 구간인 P2구간을 보여줍니다. 일반적으로 P2구간은 현재 사이클과 반대 방향으로 추세가 진행됩니다. 즉, 상승 사이클 내에서 P2구간은 추세가 상승하지 않고 하락하는 것처럼 보입니다. 노란색박스인 F영역은 상승 사이클 내에서 최고점인 f지점을 찍고 g지점까지 내려오는 구간으로 상승 사이클에서 하락 사이클로 전환이 이루어집니다.

그러면 P2구간인 C영역과 F영역의 차이점이 무엇일까요? PST이론상 C영역은 이후에 나올 P3, P4구간의 재상승을 위한 구간으로 매수세력이 매도세력보다 큰 경우입니다. F영역은 하락 사이클의 전환을 위한 구간으로 매수세력보다 매도세력이 큰 경우로 생각해야 합니다. 물론 P1구간에서 매수진입 후 P2구간인 C영역 이후 P3, P4구간이 나오면 좋겠지만 P3, P4구간이 나오지 않고 C영역의 P2구간이 F영역처럼 하락추세의 전환을 위한 P2구간이면 손실을 보지 않는 범위에서 매수청산을 해야 합니다. 실전 거래에서 이와 같은 현상은 기준차트보다 큰 상위차트가 상승강화 구간이나 상승보합 구간이 아닌 하락보합 구간이 하락강화 구간이면 나올 수 있습니다.

P2구간인 F영역은 크게 보면 상승보합 구간이지만 한편으로는 매수세력이 이익을 보고 매수청산하는 상승이익실현 구간으로도 생각할 수 있습니다. 그렇기 때문에 추세가 상승강화 구간이 이어지지 않고 상승보합 구간으로 전환하게 되지요.

그리고 캔들이 처음에 생각한 저항선보다 내려오는 g지점부터 지지선인 h지점까지의 노란색박스인 G영역도 상승보합 구간으로 관망해야 합니다.

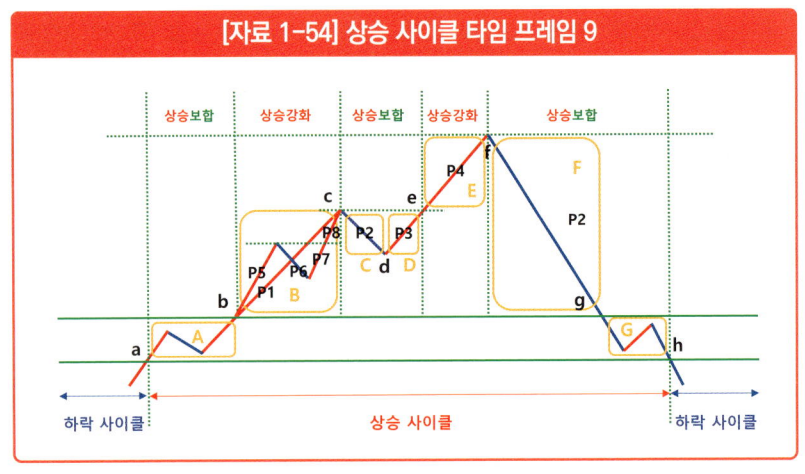

[자료 1-54] 상승 사이클 타임 프레임 9

[자료 1-54]는 상승 사이클 내에서 P1구간인 B영역을 다시 하위 타임 프레임으로 생각해봤습니다. 상승 사이클에서 한 방향으로 수익을 낼 수 있는 주식 거래는 기준차트를 60분으로 생각하고 양방향으로 수익을 낼 수 있는 선물과 옵션 거래는 기준차트를 10분으로 생각하면 됩니다. 물론 여러분이 본인 성격에 맞게 변경할 수 있습니다만, 기준차트를 낮출수록 진입하는 경우는 많아지나 상위차트의 진행을 모르기 때문에 많은 수익을 기대할 수 없습니다. 반대로 기준차트를 높이면 많은 수익은 기대할 수 있지만 모든 차트에서 타임 프레임으로 맞는 경우가 많지 않고 P2구간의 변동성을 견디면서 계속 보유하기가 쉽지 않은 단점도 있습니다.

해외선물 거래를 예로 들어보겠습니다. 기준차트를 10분차트로 생각하면 B영역에서는 10분짜리 양봉이 계속 상승하면서 추세를 만들지만 10분차트보다 낮은 하위 타임 프레임인 1분, 3분, 5분으로 보면 P5, P6, P7, P8구간으로 다시 분류할 수 있습니다. 그러면 P1 = P5 + P6 + P7 + P8으로 생각할 수 있겠지요. 물론 실전 거래에서는 하위 타임 프레임이 몇 분으로 보는 것에 따라 P5, P6, P7, P8구간은 한 번만 나올 수도 있고 여러 번 출현할 수도 있습니다.

그러면 질문을 하나 해보겠습니다. "10분차트 타임 프레임을 보고 P1구간에서 매수진입을 했습니다. 그런데 하위 타임 프레임에서 P5구간까지는 양봉으로 추세를 만들어서 보유가 쉬웠는데 P6구간이 시작되면 추세는 하락하는데 청산을 해야 할까요? 아니면 계속 보유를 해야 할까요?" 정답은 하위 타임 프레임에서 P6구간을 만나도 진입가격까지 내려오지 않으면 계속 보유해야 합니다.

이유는 P1구간 안에 있는 P6구간도 결국 상승강화 구간에서 상승추세의 크기가 잠시 줄어든 후 재상승을 위한 P2구간이기 때문입니다. 그러므로 실전 거래에서 수익을 기대하기 위해서는 10분차트에서 상승강화 구간인 P1구간과 하락 다이버전스가 발생하지 않는 P4-1구간이 나온 상태에서 1분, 3분, 5분 하위 타임 프레임에서도 P1구간과 P4-1구간이 동시에 나올 때입니다.

[자료 1-55] 하락 사이클 타임 프레임 1

[자료 1-55]는 하락 사이클 내에서 추세를 타임 프레임으로 분석해서 P1, P2, P3, P4구간으로 나누어서 보여줍니다. 하나의 하락 사이클에서 P1, P2구간으로 짧게 끝이 날 수도 있고 P1, P2, P3, P4, P2, P3, P4 +⋯+ P2구간처럼 반복되면서 길게 끝이 날 수도 있습니다. 이는 여러분이 기준차트를 어느 것으로 결정하느냐의 따라 달라집니다. 일반적으로 주식 거래는 기준차트를 60분차트로 설정하고, 선물과 옵션 거래는 기준차트를 10분차트로 설정하는 것을 추천해드립니다. 레버리지가 높은 파생상품일 경우 하락 사이클에서 P2구간의 되돌림을 견디면서 보유하기가 쉽지 않기 때문입니다.

[자료 1-55]처럼 상승 사이클이 끝난 지점에서 하락 사이클이 시작되고, 하락 사이클이 끝난 지점에서 상승 사이클이 시작되면서 사이클은 계속 반복하면서 한 단계 위의 상위차트 사이클을 추종합니다. 하락추세는 상승 사이클 내에서 시간이 X축으로 진행되면서 가격변화가 Y축으로 단위 시간 캔들로 표시되면서 하나의 하락 사이클이 완성됩니다. 물론 하락 사이클의 시작과 끝, 그 안에서의 타임 프레임의 결과는 저와 여러분이 만들지 못하고 오직 마켓 메이커만이 만들 수 있다는 것을 잊지 말아야 합니다. P1구간 이후에 나오는 P2구간은 하락 사이클이 끝나는 P2구간도 될지 있지만 일반적으로 재하락을 위한 하락보합구간이고, 마지막 P4구간 이후에 나오는 P2구간은 하락 사이클에서 상승 사이클로 전환되기 위한 P2구간입니다. 하락 사이클에서 매도진입한 후 P2구간을 만났을 때 재하락을 위한 P2구간이면 손실 보지 않는 범위에서 보유하면 되고, 상승 사이클로 전환되기 위한 P2구간이면 매도청산을 하면 됩니다. 이해가 되시나요? 이제부터 하락 사이클 내에서 타임 프레임으로 추세의 위치를 하나씩 공부해보겠습니다.

[자료 1-56] 하락 사이클 타임 프레임 2

상승 사이클 / 하락 사이클 / a / A / b / P1 / 하락보합

[자료 1-56]은 하락 사이클 내에서 하락보합 구간을 보여줍니다. 상승 사이클에서 하락 사이클로 전환된 후 노란색박스인 A영역은 하락보합 구간으로 관망해야 합니다. 여기서 하락보합 구간은 P1구간이 나오기 이전에서 나오는 구간으로 시간이 짧게도 걸릴 수 있고 오래도 걸릴 수 있습니다. 이는 기준차트 설정과 P1의 추세의 기울기 설정에 따라서 결정이 됩니다. 하락보합 구간이 오래 걸린다는 상위차트에서도 계속 하락보합 구간이 나온다는 뜻입니다.

이때 실전 거래에서 적용할 수 있는 전략은 2가지가 있습니다. 첫 번째는 기준차트를 한 단계 상위차트로 바꿔서 적용하는 것입니다. 예를 들어, 기준차트가 5분이면 상위차트인 10분으로 보고, 기준차트가 60분이면 상위차트인 120분으로 적용하면 됩니다. 두 번째는 목표 수익률을 낮추는 방법입니다. 두 번째 방법은 주식 거래인 경우는 적용하지 마시고, 레버리지가 높은 파생상품인 선물이나 옵션 거래 경우에 적용할 수 있습니다.

a지점에서 추세가 지지선에서 하락하는 것처럼 보여도 저항선을 통

과하지 못했습니다. 하락보합 구간에서 하락강화 구간인 P1구간이 나오기 위해서는 가짜 저항선과 진짜 저항선을 구별해야 합니다. PST이론에서는 진짜 저항선을 찾기는 너무 쉽고, 진짜 저항선을 하향 돌파선(BLD, Breakout Line Down)으로 정의합니다.

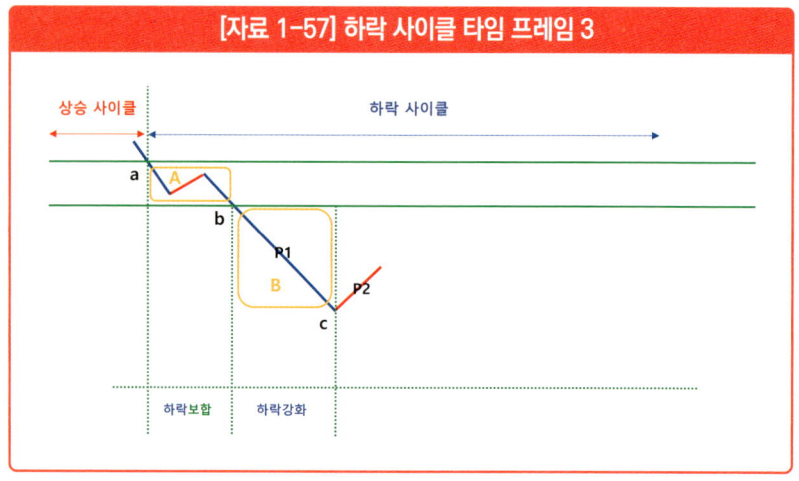

[자료 1-57] 하락 사이클 타임 프레임 3

[자료 1-57]은 하락 사이클 내에서 하락강화 구간인 P1구간을 보여줍니다. P1구간은 하락 사이클 내에서 수익을 내기 위한 가장 쉬운 구간입니다. 문제는 저항선을 우하향으로 통과하는 음봉에서 어느 음봉이 P1구간의 첫 시작을 찾는 것이지요. 물론 PST지표를 활용하면 쉽게 찾을 수 있으나 일반 오픈된 보조지표로는 절대로 찾을 수가 없습니다.

P1구간은 하락 사이클이 시작된 후 일정 기간 노란색박스인 A영역만큼 하락보합 구간이 존재한 후 음봉이 저항선을 되돌림 없이 우하향으로 통과하는 b지점에서 음봉이 계속 나오다가 양봉이 출현해 P2구간이 시작되기 전까지인 노란색박스인 B영역을 뜻합니다. 하나의 하락 사이클 내에서 P1구간은 오직 한 번만 출현하기 때문에 기준차트에

서 첫 번째 음봉에서 매도진입을 고려하되 진입가격이 여러분이 정한 손실 폭 이상 진입가격에서 이미 하락했으면 매도진입을 하지 말고 관망해야 합니다. 너무 늦은 진입으로 수익을 기대하면 욕심입니다. 기준 차트는 첫 번째 음봉이지만, 하위차트에서 첫 번째 음봉이 아닌 중간에 진입하는 전략은 좋지 않은 전략입니다.

하락 사이클에서 일반 주식 거래는 매도진입으로 수익을 내지 못해서 관망해야 하지만, 선물이나 옵션 거래 경우에는 기준차트를 10분차트로 설정하기 때문에 반드시 10분차트에서 가장 먼저 P1구간이 나온후 하위차트인 5분, 3분, 1분차트 순서대로 P1구간 또는 P4-1구간이 나올 때 매도진입을 해야 수익을 기대할 수 있습니다.

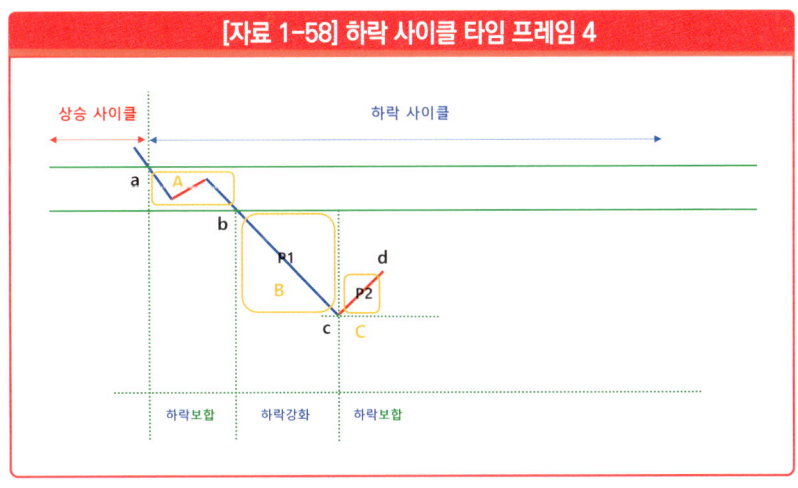

[자료 1-58]은 하락 사이클 내에서 하락보합 구간인 P2구간을 보여줍니다. 손실 보는 트레이더의 공통점 중의 하나가 하락 사이클 내에서 P2구간을 확인하지 못하고 추세가 조금이라도 올라올 때 매수진입을 한다는 것입니다. 하락 사이클 구간에서 일반적인 P2구간은 하락 사이

클과 반대 방향으로 추세가 진행되어 양봉이 출현하지요. P2구간을 살펴보겠습니다.

하락 사이클이 시작되어 처음으로 보이는 P2구간은 반드시 P1구간이 존재해야 합니다. P2구간은 c지점부터 d지점까지 노란색박스인 C영역으로 하락 사이클과 반대 방향인 상승으로 추세가 진행되고 브이(V)자 형태로 나타납니다. P2구간은 크게 2가지가 있는데 하나는 P1구간이 출현한 후 하락 사이클이 끝날 때까지 상승하는 P2구간이 있고, 또 하나는 P1구간이 출현한 후 P2, P3, P4가 나올 때 중간에 있어 재하락을 하기 위해 전저점보다 올라온 상태의 P2구간이 있습니다. [자료 1-58]에서 P2구간은 후자인 경우입니다.

P1구간에서 b지점에서 매도진입을 한 후 P2구간이 출현해 d지점까지 가격이 올라올 때 어떤 전략이 좋을까요? 주식 거래는 매도진입으로 수익을 내지 못하지만, 선물이나 옵션 거래처럼 레버리지가 큰 상품들은 스탑(Stop)을 조금씩 내리면서 부분청산하는 전략도 추천해드립니다.

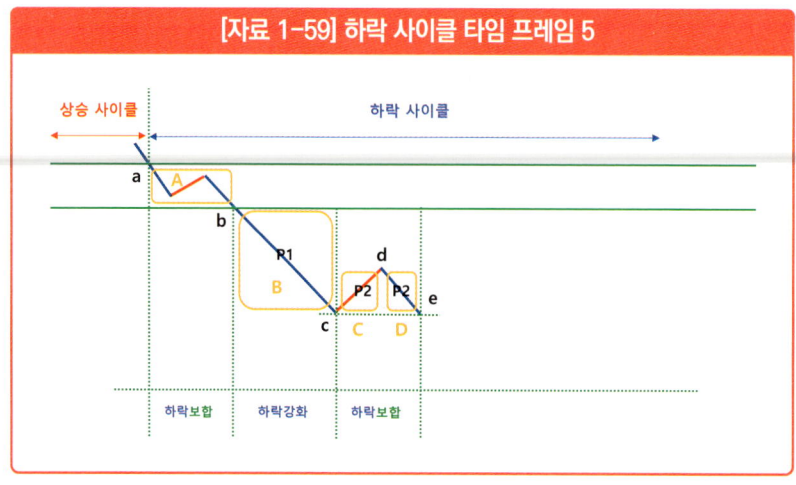

[자료 1-59] 하락 사이클 타임 프레임 5

[자료 1-59]는 하락 사이클 내에서 또 다른 하락보합 구간인 P2구간을 보여줍니다. 하락 사이클 구간에서 P1구간 이후 P2구간이 출현하고 P2구간과 반대 방향으로 추세가 d지점부터 e지점까지 브이(V) 형태로 다시 반전해 하락하는 노란색박스인 D영역은 타임 프레임상 P2구간에 해당합니다. PST교육시간에 "D영역이 타임 프레임상 어떤 구간인가요?"라고 질문을 하면 많은 분이 "P3구간입니다"라고 대답을 하시는데 P2구간과 P3구간을 구별을 반드시 해야 합니다.

P3구간은 반드시 P1, P2, P4구간이 존재해야 합니다. 하락 사이클에서 P4구간이 나왔다는 의미는 현재 가격이 재하락을 해 P1구간에서 제일 낮은 가격보다 더 낮은 가격이 나왔다는 것을 의미합니다. 그러나 현재 출현한 캔들의 최저가인 c지점보다 높은 지점이기 때문에 P2구간입니다. 만약 캔들이 전저점인 c지점과 이은 e지점보다 낮아서 재하락 지점이 나오면 P4구간이 출현하는데 이때 노란색 영역인 D영역은 P2구간이 아니라 P3구간으로 변경됩니다. PST이론상 결국 P2구간과 P3구간은 하락보합 구간으로 거래하지 않고 관망 전략을 선택하면 됩니다. 물론 상위차트가 P1구간에서도 하위차트로 보면 P1, P2, P3, P4구간이 계속 반복되는 것을 알 수 있습니다. PST이론상 하락 사이클에서 어떤 차트로 기준차트를 본 후 그 기준차트가 타임 프레임상 어떤 구간임을 알고 매도진입하면 어떤 차트로 매도청산을 하는 것이 정해지기 때문에 하위차트에서 반복되는 추세의 위치는 크게 걱정하지 말고 편안히 보유하시면 됩니다.

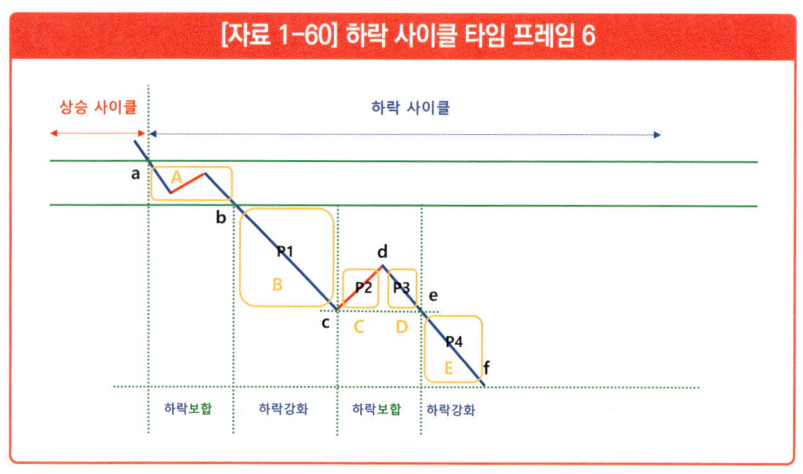

[자료 1-60] 하락 사이클 타임 프레임 6

[자료 1-60]은 하락 사이클 내에서 또 다른 상승보합 구간인 P3구 간을 보여줍니다. 한 번 더 질문해보겠습니다. "P3구간의 전제조건은 무엇일까요?" 정답은 "P1, P2, P4구간이 존재해야 합니다"입니다. 손 실 보는 트레이더 중에서 본인이 저항선을 c지점과 e지점에 그었는데 도 불구하고 노란색박스인 D영역에서 매도진입을 하는 것을 종종 찾 을 수 있습니다. 제가 "하락추세라고 생각하면 e지점을 통과하니까 e 지점에서 매도진입이 맞지 않나요?"라고 질문하면 "하락추세로 진행 할 것이니까 P3구간에서 매도진입을 먼저 하면 조금이라도 이익을 볼 것 같아서요"라고 대답합니다. 그러나 실전 거래에서는 쉽게 이익을 주 지 않는 것을 볼 수 있습니다.

이유가 무엇일까요? 첫 번째는 여러분이 추세를 만드는 마켓 메이커 가 아니라는 것이지요. P3구간에서 P4구간으로 진행할지 안 할지를 여 러분이 어떻게 아시나요? 두 번째는 만약 P3구간에서 P4구간으로 진 행을 하더라도 P3구간은 하락보합 구간으로 가격이 많은 변동성을 보 이기 때문에 투자금이 큰 경우나 레버리지가 큰 파생상품을 거래하는 경우 P4구간까지 마음 편안히 보유하기가 쉽지 않습니다. 그런데 만약 P3구간이 끝나고 밀리지 않고 변동성이 거의 없는 하락강화 구간인 P4 구간이 나온다면 여기서 매도진입을 하는 것이 맞는 전략입니다.

만약 e지점 이후 추세가 다시 상승으로 전환되었다면 D영역은 P3구 간이 아니라 P2구간으로 생각해야 합니다. 이는 하락 사이클에서 P1구 간 이후 P2, P2, P2구간으로 계속 P1구간의 전저점은 못 뚫고 계속 하 락보합 구간으로만 진행하다가 하락 사이클이 끝나는 경우입니다. 이 해가 되시나요? P4구간이 나와서 P3구간이 존재해도 하락 사이클 내 에서 P3구간은 하락보합 구간이기 때문에 P2구간처럼 매도진입하지 않고 실전 거래에서는 계속 관망 전략을 택하는 것을 추천해드립니다.

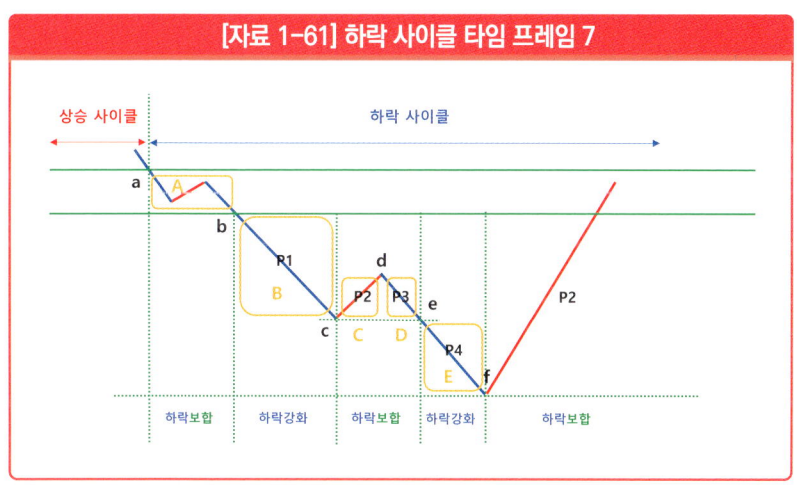

[자료 1-61]은 하락 사이클 내에서 또 다른 하락강화 구간인 P4구 간을 보여줍니다. 손실 보는 트레이더들이 가장 많이 하는 거래방법이 재하락 구간에서 저항선을 그은 다음 음봉이 우하향으로 통과할 때 매 도진입을 하는 것입니다. 물론 수익이 날 때도 있고 손실이 날 때도 있

습니다. 문제는 본인이 매도진입할 때 수익이 날지 손실이 나는지 모르고 운에 맡기면서 거래한다는 것입니다. 그러나 PST이론과 PST지표를 활용하면 확실히 구별할 수 있습니다.

PST이론상 P4구간은 P4-1구간과 P4-2구간으로 분류합니다. P4-1 구간은 상승 다이버전스가 나오지 않는 안전한 구간으로 매도진입이 가능하지만, P4-2구간은 상승 다이버전스가 나오는 위험한 구간으로 매도진입을 하지 않고 관망 전략을 택하는 것이 좋습니다. 하락 사이클 내에서 추세가 재하락을 할 때 P4-1구간과 P4-2구간을 구별하기 위해서는 추세의 현재 가격이 P1구간의 전저점보다 낮아야 하고 사용하는 보조지표에서도 동일하게 P1구간의 전고점보다 낮아야 P4-1구간으로 생각할 수 있고, 활용하는 보조지표에서는 P1구간의 전저점과 같거나 높으면 P4-2구간으로 생각해야 합니다.

PST지표를 활용하면 하락 사이클 내에서 출현하는 P4구간이 P4-1 구간인지 또는 P4-2구간인지를 미리 알 수 있어서 여러분이 실전 거래하는 데 많이 도움이 되실 것입니다.

P4구간의 전제조건은 하락 사이클이 시작된 후 P1, P2, P3구간이 존재한 상태에서 P1구간과 같은 방향으로 추세가 진행하고 P1구간의 전저점인 e지점부터 f지점까지의 노란색박스인 E영역입니다. 기준차트가 P4-1구간에서 매도진입을 해서 수익을 내기 위해서는 반드시 하위차트에서도 타임 프레임이 P1구간 또는 P4-1구간이어야 합니다.

[자료 1-62]는 하락 사이클 내에서 또 다른 하락보합 구간인 P2구간을 보여줍니다. 일반적으로 P2구간은 현재 사이클과 반대 방향으로 추세가 진행됩니다. 즉, 하락 사이클 내에서 P2구간은 추세가 하락하지

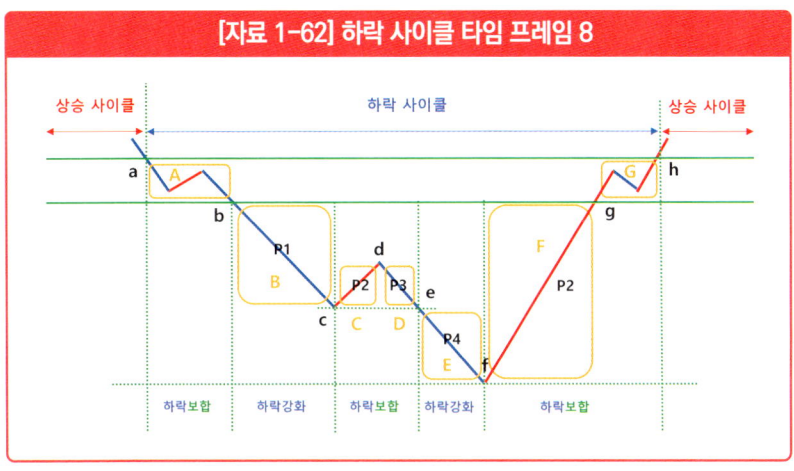

[자료 1-62] 하락 사이클 타임 프레임 8

않고 상승하는 것처럼 보입니다. 노란색박스인 F영역은 하락 사이클 내에서 최저점인 f지점을 찍고 g지점까지 올라오는 구간으로 하락 사이클 구간에서 상승 사이클 구간으로 전환이 이루어집니다.

그러면 P2구간인 C영역과 F영역의 차이점이 무엇일까요? PST이론상 C영역은 이후에 나올 P3, P4구간의 재하락을 위한 구간으로 매도세력이 매수세력보다 큰 경우입니다. F영역은 상승 사이클 구간의 전환을 위한 구간으로 매도세력보다 매수세력이 큰 경우로 생각해야 합니다. 물론 P1구간에서 매도진입 후 P2구간인 C영역 이후 P3, P4구간이 나오면 좋겠지만 P3, P4구간이 나오지 않고 C영역의 P2구간이 F영역처럼 상승추세의 전환을 위한 P2구간이면 손실을 보지 않는 범위에서 매도청산을 해야 합니다. 실전 거래에서 이와 같은 현상은 기준차트보다 큰 상위차트가 하락강화 구간이나 하락보합 구간이 아닌 상승보합 구간이나 상승강화 구간이면 나올 수 있습니다.

P2구간인 F영역은 크게 보면 하락보합 구간이지만, 한편으로는 매도세력이 이익을 보고 매도청산하는 하락이익실현 구간으로도 생각할 수

있습니다. 그렇기 때문에 추세가 하락강화가 이어지지 않고 하락보합
으로 전환하게 되지요.

그리고 캔들이 처음에 생각한 저항선보다 내려오는 g지점부터 지지
선인 h지점까지의 노란색박스인 G영역도 하락보합 구간으로 관망해
야 합니다.

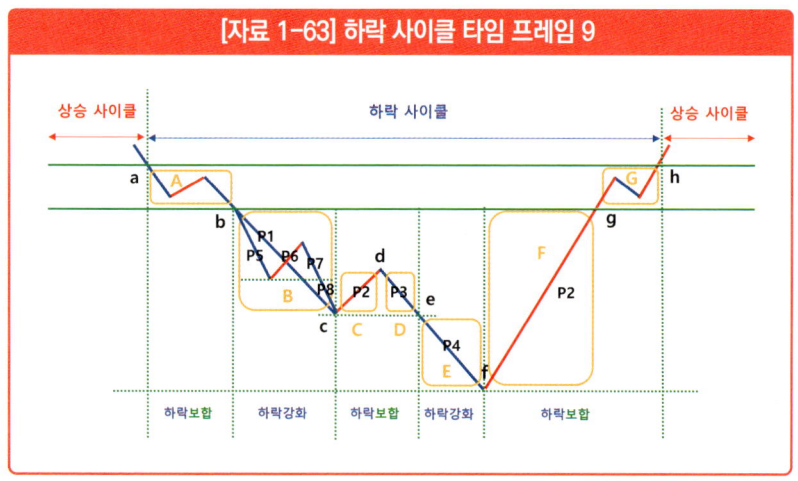

[자료 1-63]은 하락 사이클 구간 내에서 P1구간인 B영역을 다시 하
위 타임 프레임으로 생각해봤습니다. 하락 사이클에서 양방향으로 수
익을 낼 수 있는 선물과 옵션 거래는 기준차트를 10분으로 생각하면
됩니다. 물론 여러분이 본인 성격에 맞게 변경할 수 있습니다만, 기준
차트를 낮출수록 진입하는 경우는 많아지나 상위차트의 진행을 모르기
때문에 많은 수익을 기대할 수 없습니다. 반대로 기준차트를 높이면 많
은 수익은 기대할 수 있지만 모든 차트에서 타임 프레임으로 맞는 경우
가 많지 않고, P2구간의 변동성을 견디면서 계속 보유하기가 쉽지 않
은 단점도 있습니다.

해외선물 거래를 예로 들어보겠습니다. 기준차트를 10분차트로 생각하면 B영역에서는 10분짜리 음봉이 계속 하락하면서 추세를 만들지만 10분차트보다 낮은 하위 타임 프레임인 1분, 3분, 5분으로 보면 P5, P6, P7, P8구간으로 다시 분류할 수 있습니다. 그러면 P1 = P5 + P6 + P7 + P8 로 생각할 수 있겠지요. 물론 실전 거래에서는 하위 타임 프레임이 몇 분으로 보는 것에 따라 P5, P6, P7, P8구간은 한 번만 나올 수도 있고 여러 번 출현할 수도 있습니다.

그러면 질문을 하나 해보겠습니다. "10분차트 타임 프레임을 보고 P1구간에서 매도진입을 했습니다. 그런데 하위 타임 프레임에서 P5구간까지는 음봉으로 추세를 만들어서 보유가 쉬웠는데 P6구간이 시작되면 추세는 상승하는데 청산을 해야 할까요? 아니면 계속 보유를 해야 할까요?" 정답은 하위 타임 프레임에서 P6구간을 만나도 진입가격까지 상승하지 않으면 계속 보유해야 합니다.

이유는 P1구간 안에 있는 P6구간도 결국 하락강화 구간에서 하락추세의 크기가 잠시 줄어든 후 재하락을 위한 P2구간이기 때문입니다. 그러므로 실전 거래에서 수익을 기대하기 위해서는 10분차트에서 하락강화 구간인 P1구간과 상승 다이버전스가 발생하지 않는 P4-1구간이 나온 상태에서 1분, 3분, 5분 하위 타임 프레임에서도 P1구간과 P4-1구간이 동시에 나올 때입니다.

[자료 1-64]는 주식 거래에서 '한화솔루션' 종목으로 60분차트이고 2025년 4월 15일 14시부터 4월 22일 13시까지 추세 흐름입니다. 추세 아래에는 PST32지표와 PST14지표를 불러봤습니다.

PST32지표는 추세를 2차원적으로 분석해서 타임 프레임을 쉽게 파

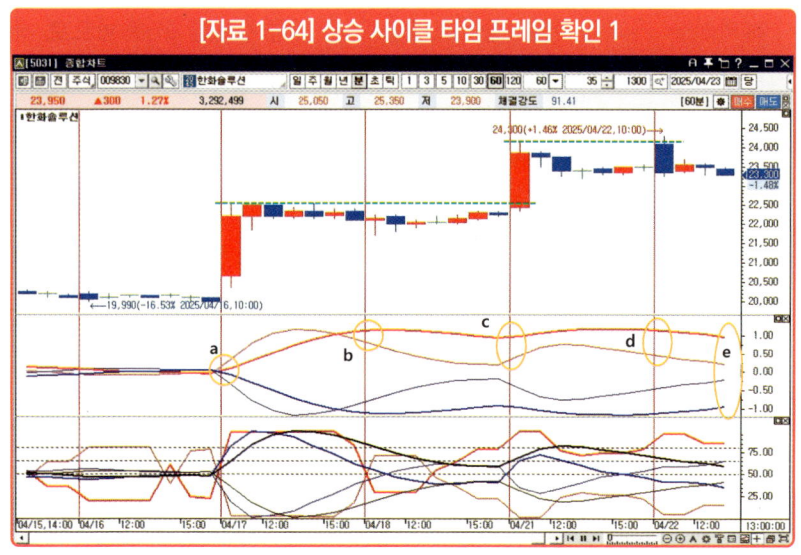

[자료 1-64] 상승 사이클 타임 프레임 확인 1

악할 수 있고, PST14지표는 매수진입시점을 정확하게 여러분께 알려 줍니다. 실전 거래에서 가장 먼저 파악해야 하는 것은 현재 사이클의 분석입니다. 사이클의 시작과 끝을 파악해야 타임 프레임을 분석할 수 있기 때문이지요.

PST32지표를 보시면 a지점부터 e지점까지 굵은 빨간색선이 굵은 파란색선 위에 존재하므로 이 구간은 상승 사이클로 한 번에 알 수 있습니다. 그리고 a지점 이후 상승강화 구간인 P1구간은 PST14지표를 활용하면 알 수 있습니다. a지점에 해당하는 곳에서 PST14지표를 보면 굵은 빨간색선은 첫 번째 기준선을, 굵은 파란색선은 두 번째 기준선을, 굵은 검정색선은 세 번째 기준선을 우상향으로 통과할 때 매수진입하면 정확하게 P1구간의 첫 번째 양봉에서 진입하는 것입니다.

b지점은 상승 사이클 내에서 전고점보다 낮은 가격을 보이니까 P2 구간이므로 관망해야 합니다. c지점은 상승 사이클 내에서 전고점보다

높은 가격을 보이지만, 가는 빨간색선이 굵은 빨간색선 아래에 존재해 P4-2구간으로 역시 관망해야 합니다. d지점 역시 4월 22일 시초가에서 양봉으로 상승할 때 상승 사이클 내에서 전고점보다 높은 가격을 보이지만, PST31지표를 보니 역시 P4-2구간임을 알 수 있으므로 매수진입하지 말고 관망 전략을 택하셔야 합니다.

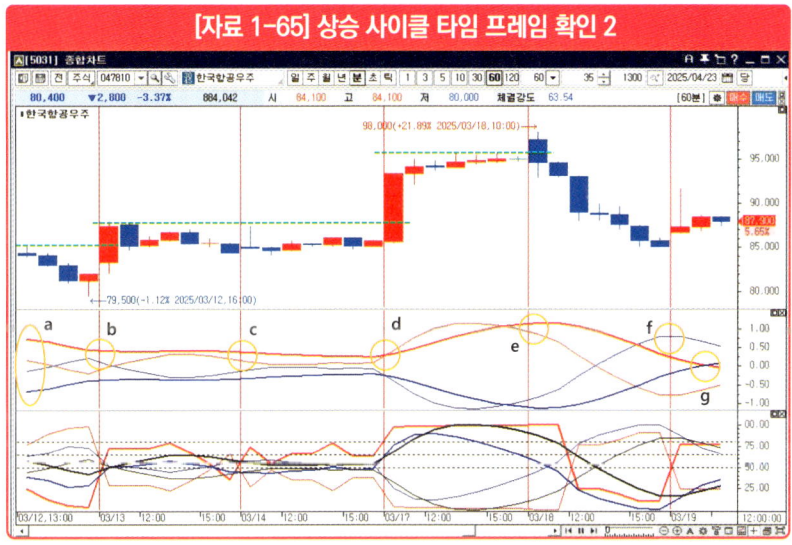

[자료 1-65] 상승 사이클 타임 프레임 확인 2

[자료 1-65]는 주식 거래에서 '한국항공우주' 종목으로 60분차트이고 2025년 3월 12일 13시부터 3월 19일 12시까지 추세 흐름입니다. 추세 아래에는 PST32지표와 PST14지표를 불러봤습니다.

"3월 13일부터 3월 19일까지 매일 오전 9시에서 10시까지 매수진입이 가능한 날짜는 언제인가요?" 단순하게 여러분 임의대로 저항선과 지지선을 그으면서 상승추세로 착각해 매수진입을 하는 것은 매우 위험한 발상입니다. 우선 PST32지표를 활용해서 현재 추세의 사이클 상태를 살펴보겠습니다. a지점부터 g지점까지는 굵은 빨간색선이 굵은 파란색선 위에 존재하므로 a지점이 상승 사이클 시작점이고 g지점이 끝점이라고 생각하시면 됩니다. 그다음에 분석할 것은 타임 프레임입니다.

b지점은 상승 사이클 내에서 그 전 최고점보다 높아서 P4구간은 맞지만 가는 파란색선 위에 굵은 빨간색선이 존재하므로 P4-2구간으로 관망해야 합니다. c지점과 f지점은 상승 사이클 내에서 그 전 최고점보다 낮으니까 P2구간으로 매수진입하지 말고 관망해야 합니다. d지점 상승 사이클 내에서 전고점보다 높고 가는 빨간색선이 굵은 빨간색선 위에 존재하므로 P4-1구간인 되돌림이 없는 안전한 구간입니다. P1구간이나 P4-1구간에서는 수익을 기대할 수 있지만 짧은 거래 시간에 많은 수익을 기대하려면 추세의 기울기를 설정해야 합니다. d지점에서 PST14지표를 보니 추세의 기울기를 45도 이상부터 90도 미만으로 설정을 할 수 있어서 매수진입을 하면 수익을 기대할 수 있습니다. e지점은 상승 사이클 내에서 전고점보다 높지만, 가는 빨간색선이 굵은 빨간색선 아래에 존재하므로 P4-2구간임을 파악해서 매수진입을 하지 말고 관망해야 합니다.

[자료 1-66]은 해외선물 거래에서 '금 2025년 6월물' 종목으로 10분차트이고 2025년 4월 23일 19시 30분부터 4월 24일 1시 10분까지 추세 흐름입니다. 추세 아래에는 PST31지표와 PST13지표를 불러봤습니다.

PST지표가 없이 그냥 지지선, 저항선, 추세선만 그어서 거래하면 얼마나 위험한지 살펴보겠습니다. a, b, c지점에서 매도진입으로 수익이 난 곳은 어디인가요? c지점이지요.

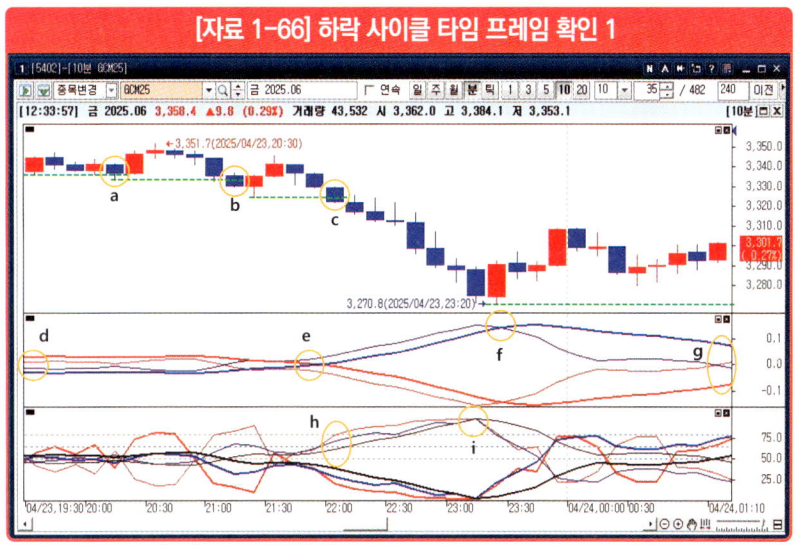

[자료 1-66] 하락 사이클 타임 프레임 확인 1

그러면 왜 a, b지점에서 캔들이 저항선을 우하향으로 내려올 때 매도진입을 했는데 왜 추세가 더 이상 안 내려오고 상승을 했을까요? 정답은 상승 사이클에서 매도진입(P2구간)을 했기 때문입니다. PST이론상 P2구간이란 거의 현재 사이클에 대한 역방향구간입니다. 추세를 만드는 마켓 메이커를 따라 순방향으로 거래를 해야지 수익을 기대할 수있지, 역방향으로 거래를 하면 손실 나기가 쉽습니다. 그러면 저항선을 돌파할 때 진입이 순방향인지, 역방향인지를 우선 파악해야 합니다.

추세 아래에 있는 PST31지표를 보면 d지점부터 e지점까지는 굵은 빨간색선이 굵은 파란색선 위에 존재하므로 상승 사이클 구간으로 생각해야 합니다. 그러므로 a지점과 b지점에서 매도진입은 상승 사이클 구간에서 매우 위험한 발상입니다. e지점에서 g지점까지는 굵은 파란색선이 굵은 빨간색선 위에 존재하므로 하락 사이클로 생각해야 합니다. 그리고 e지점에서 f지점까지는 가는 파란색선이 굵은 파란색선 위에 존재하므로 변동성이 없는 구간임을 쉽게 알 수 있습니다. 매도진입은 PST13지표를 활용해서 가는 빨간색선이 첫 번째 기준선을, 가는 파란색선이 두 번째 기준선을, 가는 검정색선이 세 번째 기준선을 우상향한 h지점에서 한 후 파란색선과 빨간색선이 동시에 검정색선을 우하향으로 교차하는 i지점에서 전부 매도청산을 해야 합니다.

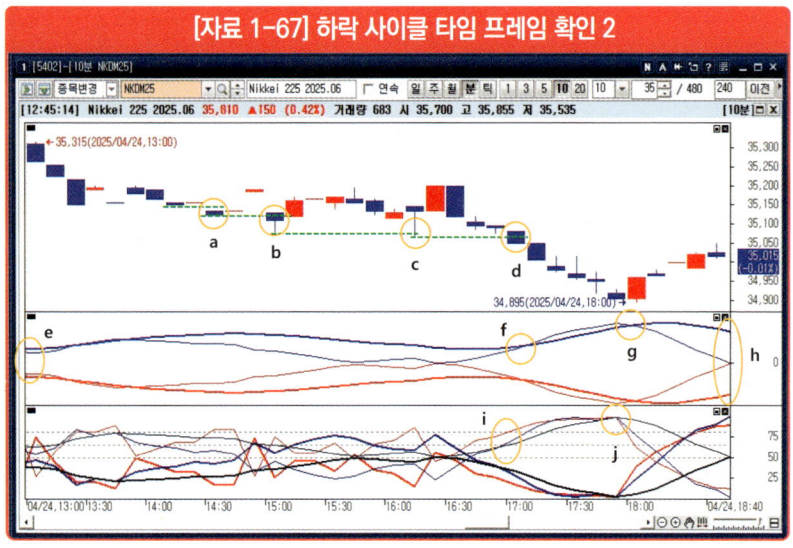

[자료 1-67] 하락 사이클 타임 프레임 확인 2

[자료 1-67]은 해외선물 거래에서 'Nikkei 255 2025년 6월물' 종목으로 10분차트이고 2025년 4월 24일 13시부터 18시 40분까지 추세흐름입니다. 추세 아래는 PST31지표 와 PST13지표를 불러봤습니다.

"거래할 때 가장 먼저 해야 할 것이 무엇일까요?" 현재 사이클 상태를 확인해야 합니다. PST31을 활용하면 e지점부터 h지점까지 굵은 파란색선이 굵은 빨간색선 위에 존재하므로 모두 하락 사이클 구간임을 알 수 있습니다. 그렇다고 만약 e지점에서 매도진입한 후 h지점에서 매도청산을 하면, 수익은 나겠지만 정말 비효율적으로 거래를 택하신 것입니다. 가장 효과적인 거래는 f지점에서 g지점까지가 가는 파란색 선이 굵은 파란색선 위에 존재하므로 변동성이 없는 P4구간임을 알고 여기서 PST13지표를 활용해서 하락강화 구간인 i지점에서 매도진입을 한 후 j지점에서 매도청산을 하는 것이지요.

제가 PST수업을 할 때 거래해야 할 때와 거래하지 말아야 할 때를 구별해야 한다고 말씀을 드립니다. 거래하지 말아야 할 때를 모르고 거래를 하면 손실을 초래하고 거래해야 할 때 거래를 하지 않으면 손실은 없지만, 수익을 기대할 수 없습니다. 동의하시나요?

a, b, c지점에서 동일 하락 사이클 구간에서 저점에서 저항선을 그어서 음봉이 그 저항선을 우하향으로 통과할 때 매도진입을 해도 수익이 안 나는 이유는 해당 지점이 모두 P4-2구간이기 때문입니다. 하락 사이클에서 P4-2구간은 재하락 구간을 의미하지만, 상승 다이버전스가 나오는 위험한 구간으로 거래하지 말고 관망 전략을 택해야 합니다. d지점은 c지점보다 재하락 구간인 P4구간 중에서도 상승 다이버전스가 출현하지 않는 P4-1구간이니 매도진입을 고려하시고, 매도진입과 매도청산의 결정은 PST13지표를 활용하시면 안전한 수익을 기대할 수 있습니다.

# 추세 추종

제가 이번에 7번째 책을 출간하면서 추세에 대한 정의를 기존과 다르게 생각해봤습니다. 기존에는 추세를 '마켓 메이커와 마켓 팔로어 간의 거래 결과에 따른 시간적 성향'이라고 이라고 정의했지만, 이번에는 추세를 '마켓 메이커의 행동 결과에 따른 시간적 성향'이라고 정의하겠습니다.

저와 여러분은 절대로 마켓 메이커가 되지 못하기 때문에 마켓 메이커가 만드는 추세를 잘 분석해야 합니다. 만약 사이클 상태가 상승 사이클 구간에서 마켓 메이커가 추세를 상승강화 구간인 P1구간 또는 P4-1구간을 만들 때 마켓 팔로어가 추세를 추종해 매수진입을 하면 수익을 기대할 수 있지만, 이와 반대로 매도진입을 하면 수익을 기대하기가 쉽지 않습니다. 그리고 만약 사이클 상태가 하락 사이클 구간에서 마켓 메이커가 추세를 하락으로 만드는 P1구간 또는 P4-1구간을 만들 때 마켓 팔로어가 추세를 추종해 매도진입을 하면 수익을 기대할 수 있지만, 이와 반대로 매수진입을 하면 수익을 기대하기가 쉽지 않습니다. 결국은 마켓 팔로어가 수익을 기대하기 위해서는 마켓 메이커의 마음을 잘 읽어서 마켓 메이커의 방향을 추종해야 합니다.

이번 장에서는 저와 같이 추세 추종을 공부해보겠습니다. 여러분이 어느 특정 구간에서 마켓 메이커가 추세를 상승으로 만드는 것 같아서 매수진입을 했다고 가정해보겠습니다. 그런데 여러분이 매수진입을 한 후 양봉이 나오면 좋겠지만 음봉이 나와서 손실이 보기 시작하면 매수청산을 할지, 아니면 손실을 보면서 계속 보유할지 고민하실 것입니다. 첫 번째 경험으로 매수청산을 해봤더니 추세는 음봉이 더 이상 안 나오고 다시 진입가격 이상으로 상승했습니다. 두 번째 경험으로 매수청산을 하지 않고 손실을 보면서 계속 보유했더니 가격은 더욱 하락해서 손실이 더 커졌습니다. 여러분은 이 두 번 모두 운이 나빴다고 '자기 합리화'를 할 수도 있겠지만 거기에는 분명한 이유가 있습니다.

이번에는 반대로 여러분이 어느 특정 구간에서 마켓 메이커가 추세를 하락으로 만드는 것 같아서 매도진입을 했다고 가정해보겠습니다. 그런데 여러분이 매도진입을 한 후 음봉이 나오면 좋겠지만 양봉이 나와서 손실을 보기 시작하면 매도청산을 할지 아니면 손실을 보면서 계속 보유할지 고민하실 것입니다. 첫 번째 경험으로 매도청산을 해봤더니 추세는 양봉이 더 이상 안 나오고 다시 진입가격 이하로 하락했습니다. 두 번째 경험으로 매도청산을 하지 않고 손실을 보면서 계속 보유했더니 가격은 더욱 상승해서 손실이 더 커졌습니다. 여러분은 이 두 번 역시 모두 운이 나빴다고 '자기 합리화'를 할 수도 있겠지만 거기에는 분명한 이유가 있습니다.

결국은 실전 거래에서 수익을 기대하기 위해서는 마켓 메이커가 추세를 만들 때 '추세 추종(Trend Following) 전략'을 세워야 합니다. PST이론상 추세 추종 전략으로 수익이 나는 경우는 기준차트를 포함한 상위차트가 P1 또는 P4-1구간이어야 합니다. 만약 기준차트를 포함한 상위차트가 P2구간 또는 P4-2구간이면 수익을 기대하기가 어렵습니다. 조금은 이해하기가 어렵겠지만 기준차트를 포함해 상위차트가 P2구간 또는 P4-2구간으로 수익이 어려운 구간도 추세를 3차원적으로 분석한 PST지표를 활용하면 수익을 기대할 수 있습니다. 추후 설명해드리겠습니다.

추세 추종에 관한 격언 중 "무릎에 사서 어깨에 팔아라"라는 말을 여러분은 많이 들어보셨을 것입니다. 제가 질문을 하나 드리겠습니다. "추세에서 어디가 무릎이고 어디가 어깨인가요? 무릎에 해당하는 가격에서 매수하면 추후 추세는 어깨까지 올라가나요?"또 어떤 분은 내일 올라갈 종목을 추천해달라고 합니다. 문제는 추천한 종목이 상승을 하더라도 여러분이 매수진입한 시점에서 가격이 하락해 여러분이 심리적으로 견딜 수 없는 가격까지 내려와서 매수청산한 다음 다시 가격이 진입가격 이상 올라가면 어떻게 하시겠어요? PST이론상 매수진입한 다음 가격이 진입가격 이하로 내려오는 거래와 반대로 매도진입한 다음 가격이 진입가격이 이상으로 올라가는 거래는 잘못된 거래입니다. 왜 이런 현상이 일어날까요? 여기서는 반드시 기준차트(Standard Chart)와 타임 프레임(Time Frame) 개념을 이해하셔야 합니다. 저와 같이 하나씩 예를 들면서 공부해볼까요?

[자료 1-68]은 주식 거래에서 '메리츠금융지주' 종목으로 10분차트이고 2025년 4월 29일 13시 20분부터 4월 30일 12시 30분까지 추세

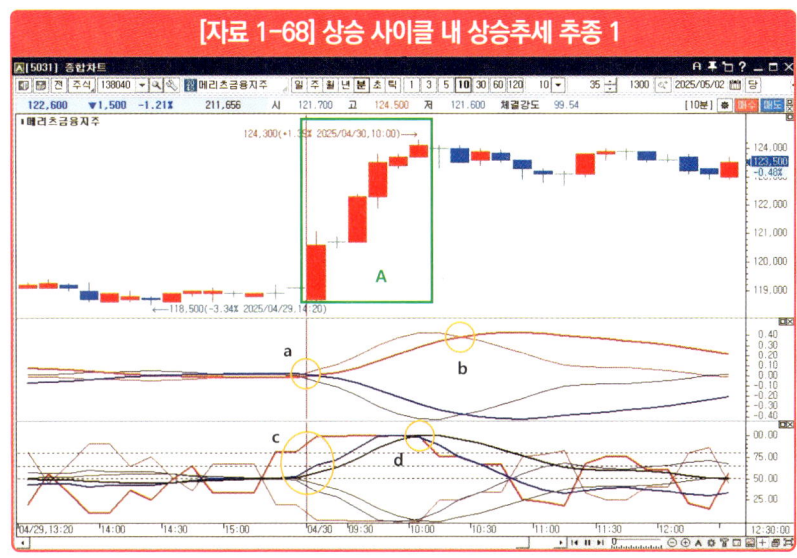

[자료 1-68] 상승 사이클 내 상승추세 추종 1

흐름입니다. 추세 아래에는 PST32지표와 PST14지표를 불러봤습니다.

PST32지표를 보면 a지점부터 b지점까지 P1구간임을 알 수 있고 PST14지표를 보면 c지점에서 매수진입을 한 후 d지점에서 매수청산을 하면 녹색박스 A영역만큼 수익이 나는 것을 알 수가 있습니다.

여기서 질문을 드리겠습니다. "첫 번째 질문은 10분짜리 캔들이 첫 번째는 강한 상승이 나온 후 두 번째에 도지 형태의 캔들이 나왔을 때 매수청산을 해야 할까요? 두 번째 질문은 10분짜리 캔들이 6개 이상 계속 우상향으로 출현하는 것을 어떻게 예상할 수 있을까요?" 여기에 대한 답변이 떠오르지 않으면 실전 거래는 잠깐 멈추시고 공부를 하셔야 합니다. 정답을 알기 위해서는 타임 프레임 개념을 이해해야 합니다. 이어서 공부해보겠습니다.

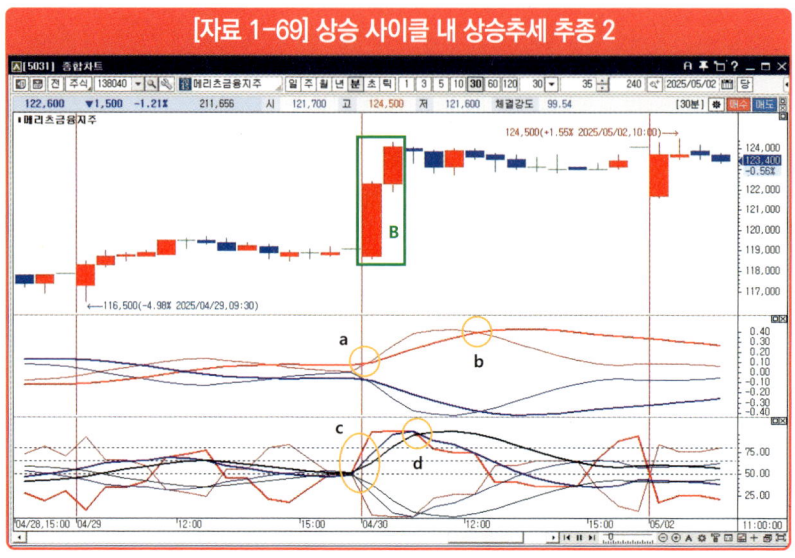

[자료 1-69] 상승 사이클 내 상승추세 추종 2

[자료 1-69]는 주식 거래에서 '메리츠금융지주' 종목으로 30분차트이고 2025년 4월 28일 15시부터 4월 30일 11시까지 추세 흐름입니다. 추세 아래에는 PST32지표와 PST14지표를 불러봤습니다.

[자료 1-69]는 [자료 1-68]을 30분차트로 본 것으로 PST32지표를 보면 a지점부터 b지점까지 P4-1구간임을 알 수 있고, PST14지표를 보면 c지점에서 매수진입을 한 후 하위차트인 10분차트로 d지점에서 매수청산을 하면 녹색박스 B영역만큼 수익이 나는 것을 알 수가 있습니다.

여기서 질문을 드리겠습니다. "30분짜리 캔들이 2개 이상이 계속 우상향으로 출현하는 것을 어떻게 예상할 수 있을까요?" 여기에 대한 답변이 떠오르지 않으면 실전 거래는 잠깐 멈추시고 공부를 하셔야 합니다. 정답을 알기 위해서는 타임 프레임 개념을 이해해야 합니다. 이어서 공부해보겠습니다.

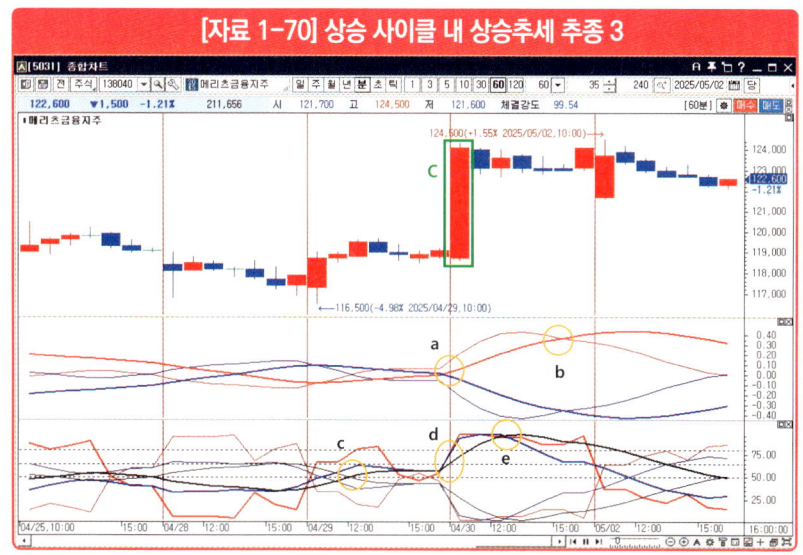

[자료 1-70] 상승 사이클 내 상승추세 추종 3

　　[자료 1-70]은 주식 거래에서 '메리츠금융지주' 종목으로 60분차트이고 2025년 4월 25일 10시부터 5월 2일 16시까지 추세 흐름입니다. 추세 아래에는 PST32지표와 PST14지표를 불러봤습니다.

　　[자료 1-70]은 [자료 1-69]를 60분차트로 본 것으로 PST32지표를 보면 a지점부터 b지점까지 P1구간임을 알 수 있고 PST14지표를 보면 c지점에서 상승 사이클 구간으로 전환하고 d지점에서 매수진입을 한 후 하위차트인 30분차트로 e지점에서 매수청산을 하면 녹색박스 C영역만큼 수익이 나는 것을 알 수가 있습니다.

　　[자료 1-68], [자료 1-69], [자료 1-70]은 동일 종목이고 동일 날짜와 동일 시점에서 매수진입을 하면 10분, 30분, 60분의 타임 프레임이 모두 같습니다. 기준차트인 60분차트에서 PST지표를 활용하면 P1구간에서 매수진입을 하면 추세는 기울기를 45도 이상부터 90도 미만을 보이면서 최소 한 캔들 이상은 강한 양봉이 나올 것을 알 수 있습니다.

그러면 녹색박스 C영역에서 하위차트인 10분차트와 30분차트에서도 동일한 P1구간 또는 P4-1구간에서 매수진입을 하면 반드시 하위차트인 10분차트의 추세는 30분차트의 추세를 추종해야 하고, 30분차트의 추세 역시 60분차트의 추세를 추종해야 합니다. 이해가 되시나요? PST 이론에서 타임 프레임은 매우 중요하므로 반드시 이해해야 합니다.

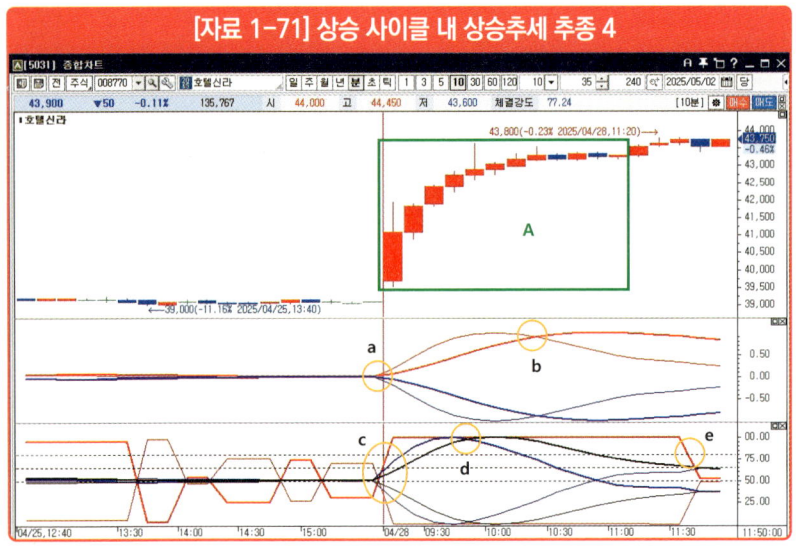

[자료 1-71]은 주식 거래에서 '호텔신라' 종목으로 10분차트이고 2025년 4월 25일 12시 40분부터 4월 28일 11시 50분까지 추세 흐름입니다. 추세 아래에는 PST32지표와 PST14지표를 불러봤습니다.

PST32지표를 보면 a지점부터 b지점까지 P1구간임을 알 수 있고 PST14지표를 보면 c지점에서 매수진입을 한 후 d지점에서 1차 매수청산을 하고 e지점에서 2차 매수청산을 하면 녹색박스 A영역만큼 수익이 나는 것을 알 수가 있습니다.

여기서 질문을 드리겠습니다. 첫 번째 질문은 "10분짜리 캔들이 강한 상승이 나온 후 매수청산까지 보유 시 음봉 캔들이 나왔을 때 매수청산을 해야 할까요?", 두 번째 질문은 "10분짜리 캔들이 12개 이상 계속 우상향으로 출현하는 것을 어떻게 예상할 수 있을까요?"입니다. 여기에 대한 답변이 떠오르지 않으면 실전 거래는 잠깐 멈추시고 공부를 하셔야 합니다. 정답을 알기 위해서는 타임 프레임 개념을 이해해야 합니다. 이어서 공부해보겠습니다.

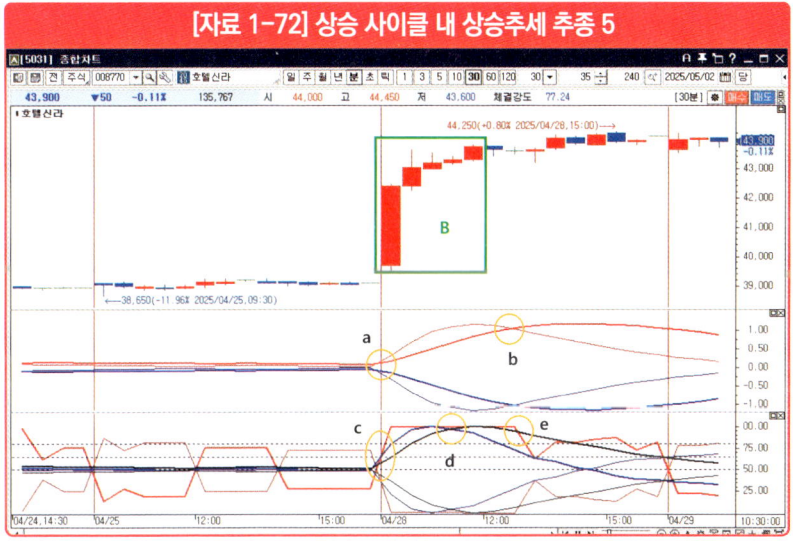

[자료 1-72]는 주식 거래에서 '호텔신라' 종목으로 30분차트이고 2025년 4월 24일 14시 30분부터 4월 29일 10시 30분까지 추세 흐름입니다. 추세 아래에는 PST32지표와 PST14지표를 불러봤습니다.

[자료 1-72]는 [자료 1-71]을 30분차트로 본 것으로 PST32지표를 보면 a지점부터 b지점까지 P4-1구간임을 알 수 있고, PST14지표를 보면 c지점에서 매수진입을 한 후 d지점에서 1차 매수청산을 하고 e지점에서 2차 매수청산을 하면 녹색박스 B영역만큼 수익이 나는 것을 알

수가 있습니다.

여기서 질문을 드리겠습니다. "30분짜리 캔들이 4개 이상 계속 우상향으로 출현하는 것을 어떻게 예상할 수 있을까요?" 여기에 대한 답변이 떠오르지 않으면 실전 거래는 잠깐 멈추시고 공부를 하셔야 합니다. 정답을 알기 위해서는 타임 프레임 개념을 이해해야 합니다. 이어서 공부해보겠습니다.

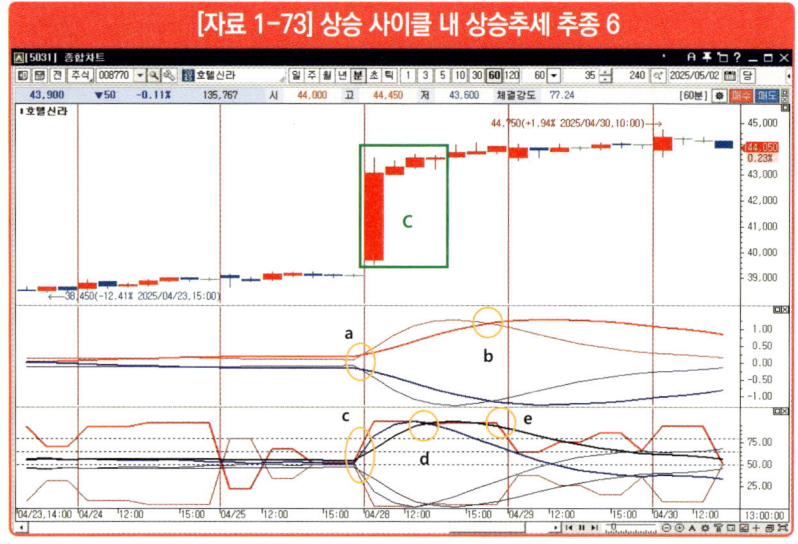

[자료 1-73]은 주식 거래에서 '호텔신라' 종목으로 60분차트이고 2025년 4월 23일 14시부터 4월 30일 13시까지 추세 흐름입니다. 추세 아래에는 PST32지표와 PST14지표를 불러봤습니다.

[자료 1-73]은 [자료 1-71]을 60분차트로 본 것으로 PST32지표를 보면 a지점부터 b지점까지 P4-1구간임을 알 수 있고, PST14지표를 보면 c지점에서 매수진입을 한 후 d지점에서 1차 매수청산을 하고 e지점에서 2차 매수청산을 하면 녹색박스 C영역만큼 수익이 나는 것을 알

수가 있습니다.

여기서 질문을 드리겠습니다. "60분짜리 캔들이 2개 이상 계속 우상
향으로 출현하는 것을 어떻게 예상할 수 있을까요?" 여기에 대한 답변
이 떠오르지 않으면 실전 거래는 잠깐 멈추시고 공부를 하셔야 합니다.
정답을 알기 위해서는 타임 프레임 개념을 이해해야 합니다. 이어서 공
부해보겠습니다.

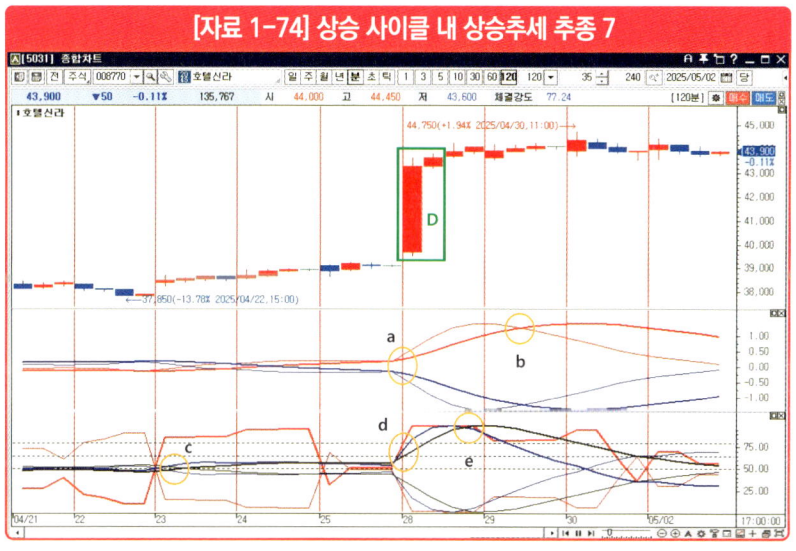

[자료 1-74]는 주식 거래에서 '호텔신라' 종목으로 120분차트이고
2025년 4월 21일 11시부터 5월 2일 17시까지 추세 흐름입니다. 추세
아래에는 PST32지표와 PST14지표를 불러봤습니다.

[자료 1-74]는 [자료 1-73]을 120분차트로 본 것으로 PST32지표
를 보면 a지점부터 b지점까지 P4-1구간임을 알 수 있고, PST14지표
를 보면 c지점에서 상승 사이클 구간으로 전환하고 d지점에서 매수진
입을 한 후 하위차트인 60분차트로 e지점에서 매수청산을 하면 녹색

박스 D영역만큼 수익이 나는 것을 알 수가 있습니다.

[자료 1-71], [자료 1-72], [자료 1-73], [자료 1-74]는 동일 종목이고 동일 날짜와 동일 시점에서 매수진입을 하면 10분, 30분, 60분, 120분차트의 타임 프레임이 모두 같습니다. 주식 거래에서 기준차트는 60분이지만, 60분차트보다 상위차트인 120분차트가 P4-1구간에서 매수진입을 하면 추세는 기울기를 45도 이상부터 90도 미만을 보이면서 최소 한 캔들 이상은 강한 양봉이 나올 것을 알 수 있습니다. 그러면 120분을 보다 작은 타임 프레임인 10분, 30분, 60분도 동일한 P1구간 또는 P4-1구간에서 매수진입을 하면 반드시 하위차트인 10분차트의 추세는 30분차트의 추세를 추종해야 하고, 30분차트의 추세 역시 60분차트의 추세를 추종해야 하며, 60분차트의 추세는 120분차트의 추세를 추종해야 합니다. 이해가 되시나요? PST이론에서 타임 프레임은 매우 중요하므로 반드시 이해해야 합니다.

**[자료 1-75] 주식 거래에서 추세 추종**

| 구분 | 1분 | 3분 | 5분 | 10분 | 30분 | 60분 | 120분 | 1일 | 전략 |
|---|---|---|---|---|---|---|---|---|---|
| 1번 | 상승 | 상승 | 상승 | 상승 | 상승 | 상승 | 상승 | 상승 | 3일~거래 |
| 2번 | 상승 | 상승 | 상승 | 상승 | 상승 | 상승 | 상승 | 하락 | 2일 거래 |
| 3번 | 상승 | 상승 | 상승 | 상승 | 상승 | 상승 | 하락 | – | 1일 거래 |
| 4번 | 상승 | 상승 | 상승 | 상승 | 상승 | 하락 | – | – | 관망 |
| 5번 | 상승 | 상승 | 상승 | 상승 | 하락 | – | – | – | 관망 |
| 6번 | 상승 | 상승 | 상승 | 하락 | – | – | – | – | 관망 |
| 7번 | 상승 | 상승 | 하락 | – | – | – | – | – | 관망 |
| 8번 | 상승 | 하락 | – | – | – | – | – | – | 관망 |

[자료 1-75]는 주식 거래에서 타임 프레임에 대한 추세 추종 관계를 보여줍니다. PST이론상 주식 거래인 경우 기준차트를 60분차트로 생각하고 하위차트는 1분, 3분, 5분, 10분, 30분차트와 상위차트는 120분과 1일차트로 생각합니다.

1번 경우는 추세가 상승 사이클 구간에서 상승보합 구간에서 상승강화 구간으로 바뀌는 P1구간 또는 P4구간에서 모두 동일 시점에서 매수진입을 하면 일반적으로 매수진입한 날을 포함해서 3일 이상 추세가 상승하는 것을 의미합니다. 이때는 반드시 최상위차트인 1일차트부터 매수진입 조건을 P1구간 또는 P4-1구간이 만족한 상태에서 하위차트인 120분, 60분, 30분, 10분, 5분, 1분차트 순서대로 매수진입 조건이 맞아야 합니다.

2번 경우는 1일차트가 하락추세이지만 120분차트를 포함한 하위차트는 모두 상승 사이클 구간에서 P1구간 또는 P4구간으로 모두 동일 시점에서 매수진입을 하면 일반적으로 매수진입한 날을 포함해서 2일 이상 추세가 상승하는 것을 의미합니다. 만약 여러분이 하루 거래만 한다고 가정하면 기준차트를 60분차트를 포함해 하위차트만 보고 거래를 해도 되지만 60분차트보다는 120분차트, 120분차트보다는 1일 차트를 먼저 기준차트처럼 보고 거래하면 하루 거래에서도 매우 쉽게 일일 목표 수익(1%)을 달성할 수 있습니다. 물론 PST이론상 기준차트가 높을수록 캔들의 크기가 커져서 큰 수익을 기대할 수 있지만, 기준차트를 포함한 하위차트의 모든 타임 프레임의 매수진입 조건을 동시에 만족시키는 시점이 자주 나오지 않는 단점이 있습니다.

3번 경우는 120분차트와 1일차트는 하락추세이지만 60분차트를 포함한 하위차트는 모두 상승 사이클에서 P1구간 또는 P4구간에서 모두 동일 시점에서 매수진입을 하면 일반적으로 하루 거래에서 목표수익을 기대할 수 있습니다.

나머지 4번 경우부터 8번 경우까지는 주식 거래에서 기준차트인 60분차트가 하락추세이거나 기준차트보다 작은 하위차트에서 하락추세가 발생한 경우이기 때문에 주식 거래에서는 매수진입을 하지 말고 반드시 관망해야 합니다.

어떤 차트에서 여러분이 매수진입을 했다고 가정해보겠습니다. 매수진입 후 추세가 상승을 이어간다는 것은 무슨 뜻일까요? [자료 1-75]를 참고하시면 여러분이 진입한 구간이 P1구간 또는 P4-1구간이고 진입한 차트보다 상위차트가 아직 P1구간과 P4-1구간이 안 끝났다는 것을 의미합니다. 그리고 만약 매수진입을 한 다음 추세가 상승강화로 이어가지 않고, 상승보합으로 전환되면 진입한 차트보다 상위차트는 P4-2구간을 의미하고 매수진입한 다음 추세가 하락으로 전환하면 진입한 차트보다 상위차트는 P2구간을 의미합니다. 조금은 어렵겠지만 잘 이해하시길 바랍니다.

주식 실전 거래에서는 대부분 [자료 1-75]처럼 나오지 않습니다. 손실 보는 트레이더들은 [자료 1-75]의 규칙을 안 지키고 본인 스스로 예외를 두면서 거래를 하시는데 정말 잘못된 방법입니다. 항상 말씀드리지만, 여러분은 추세를 만드는 마켓 메이커가 아니고 추세를 추종하는 마켓 팔로어입니다. 제발 오픈된 일반 보조지표를 사용해 여러분만의 지지선, 저항선, 추세선을 그으면서 본인만의 왜곡된 판단으로 거래하지 마시고 PST지표를 활용해 [자료 1-75]처럼 타임 프레임을 맞추어 거래하시면 하루의 목표 수익인 1%는 편안히 달성할 수 있습니다.

물론 1% 이상 수익을 달성할 수 있지만 너무 욕심을 내지 마십시오. 목표수익을 달성하면 거래는 그만하시고 나머지 시간은 행복을 찾는 데 사용하는 것이 더욱 좋을 것 같습니다.

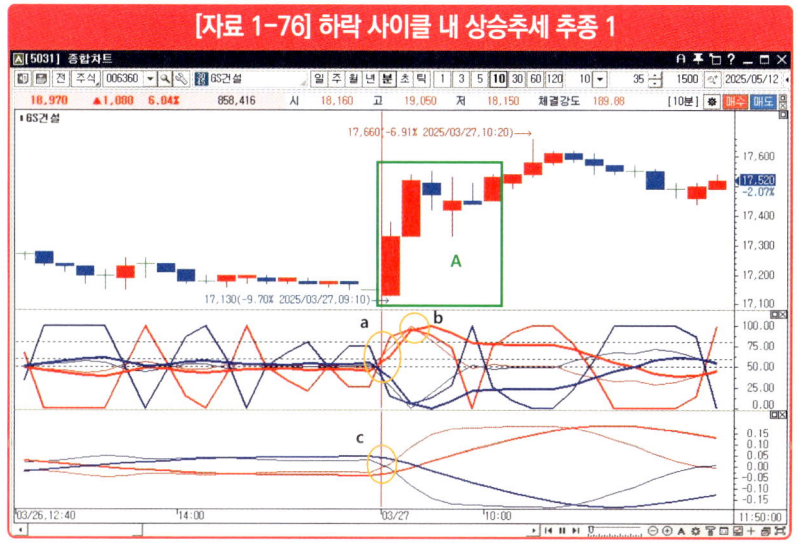

[자료 1-76]은 주식 거래에서 'GS건설' 종목으로 10분차트이고 2025년 3월 26일 12시 40분부터 3월 27일 11시 50분까지 추세 흐름 입니다. 추세 아래에는 PST112지표와 PST32지표를 불러봤습니다.

매수진입은 상승 사이클에서 타임 프레임상 상승보합 구간에서 상승 강화 구간으로 변환해서 시작하는 P1구간 또는 P4-1구간에서 하는 것 이 제일 안전하고 편안하게 수익이 난다고 말씀을 드렸습니다. 그러나 PST이론을 계속 연구하다 보니 하락 사이클 구간에서 매수진입해도 수익을 기대할 수 있다는 것을 찾아냈습니다. 하락 사이클 구간에서 매 수진입은 P2구간에서 진입하는 것이어서 추후 추세가 상승 사이클 구 간으로 전환될 수도 있고 또는 계속 하락 사이클 구간으로 이어질 수도 있습니다.

제가 독창적으로 만든 PST지표는 2차원지표와 3차원지표가 있는데 2차원지표는 진입할 때 타임 프레임에 따라서 하위차트에서 청산해야 합니다만, 3차원지표는 진입할 때 타임 프레임과 관계없이 동 차트에서 청산이 가능하다는 막강한 기능이 있습니다.

추세 아래에 있는 PST지표 중 PST112지표는 3차원지표를 활용해서 a지점에서 매수진입할 때 해당하는 c지점을 PST32지표로 보면 하락 사이클 구간인 P2구간임을 알 수 있습니다. a지점에서 매수진입을 한 후 b지점에서 매수청산을 했는데도 불구하고 10분짜리 캔들은 6개 이상 상승강화 구간과 상승보합 구간이 출현했는데 왜 그럴까요? 여러분은 매수진입 후 이렇게 추세의 흐름을 예측할 수 있을까요? 이어서 공부해보겠습니다.

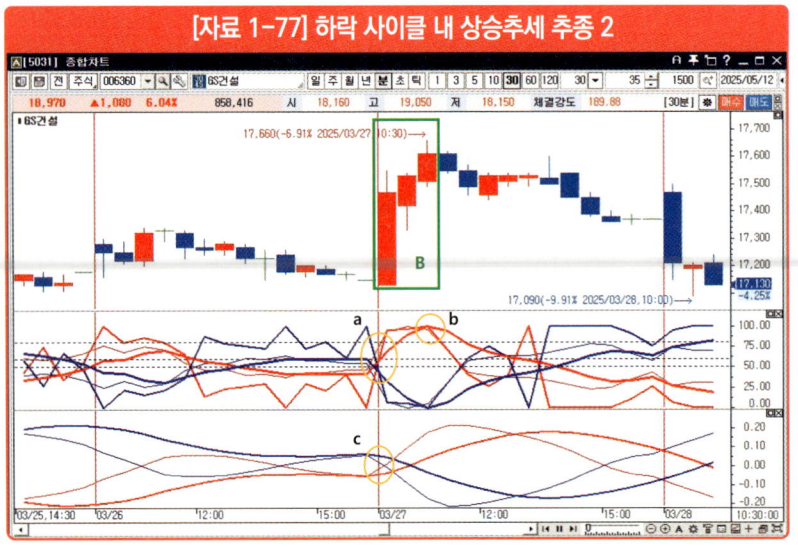

[자료 1-77] 하락 사이클 내 상승추세 추종 2

[자료 1-77]은 주식 거래에서 'GS건설' 종목으로 30분차트이고 2025년 3월 25일 14시 30분부터 3월 28일 10시 30분까지 추세 흐름입니다. 추세 아래에는 PST112지표와 PST32지표를 불러봤습니다.

[자료 1-77]은 [자료 1-76]를 30분차트로 본 것으로 추세 아래에 있는 PST지표 중 PST112지표는 3차원지표를 활용해서 a지점에서 매수진입할 때 해당하는 c지점을 PST32지표로 보면 하락 사이클인 P2 구간임을 알 수 있습니다. a지점에서 매수진입을 한 후 b지점에서 매수청산을 했는데도 불구하고 30분짜리 캔들은 2개 이상 상승강화 구간이 출현했는데, 왜 그럴까요? 여러분은 매수진입 후 이렇게 추세의 흐름을 예측할 수 있을까요? 이어서 공부해보겠습니다.

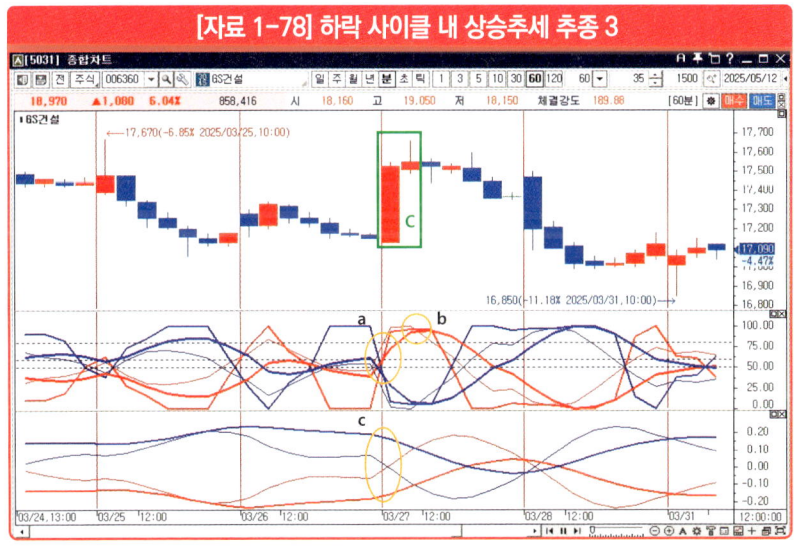

[자료 1-78]은 주식 거래에서 'GS건설' 종목으로 60분차트이고 2025년 3월 24일 13시부터 3월 31일 12시까지 추세 흐름입니다. 추세 아래에는 PST112지표와 PST32지표를 불러봤습니다.

[자료 1-78]은 [자료 1-77]을 60분차트로 본 것으로 추세 아래에 있는 PST지표 중 PST112지표는 3차원지표를 활용해서 a지점에서 매수진입할 때 해당하는 c지점을 PST32지표로 보면 하락 사이클 구간인 P2구간임을 알 수 있습니다.

[자료 1-76], [자료 1-77], [자료 1-78]은 동일 종목이고 동일 날짜와 동일 시점에서 매수진입을 하면 10분, 30분, 60분차트의 타임 프레임이 P2구간으로 모두 같습니다.

PST지표 중 3차원 PST지표를 활용해서 매수진입 시 타임 프레임의 위치와 관계없이 모든 구간에서 진입할 수 있고, PRU(Profit Range Up, 매수진입 후 수익 구간)만 기준차트 이상 나오면 수익을 기대할 수 있습니다. 예를 들어 주식 거래에서 기준차트가 60분이기 때문에 60분, 120분, 1일 차트에서 3차원 PST지표를 활용해서 PRU가 나오면 되는 것입니다. 상위차트에서 PRU가 나오면 하위차트는 PRU가 끝날 때까지 추세 추종을 하면서 상승강화 구간과 상승보합 구간을 반복하면서 상승합니다.

[자료 1-79]는 해외선물 거래에서 'WTI 2025년 6월물' 종목으로 5분차트이고 2025년 5월 7일 20시 35분부터 5월 7일 23시 25분까지 추세 흐름입니다. 추세 아래에는 PST31지표와 PST13지표를 불러봤습니다.

PST13지표를 보면 b지점에서 가는 검정색선이 굵은 검정색선을 우상향으로 통과할 때 하락 사이클 구간으로 전환됨을 알 수 있고, c지점에서 가는 빨간색선이 첫 번째 기준선을 우상향으로 통과하고 가는 파란색선이 두 번째 기준선을 우상향으로 통과할 때 매도진입합니다. 이때 매도진입시점이 타임 프레임상 어떤 구간인가요? PST32지표를 보

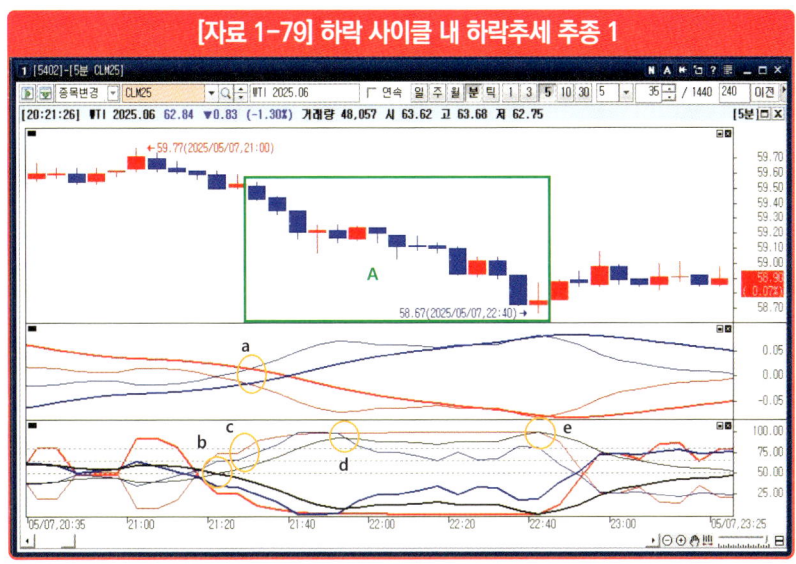

[자료 1-79] 하락 사이클 내 하락추세 추종 1

면 매도진입시점인 a지점이 가는 파란색선이 굵은 빨간색선을 우상향
으로 통과하는 P2-1구간임을 알 수 있습니다. 매도진입 후 d지점에서
1차 매도청산을 하고 e지점에서 2차 매도청산을 하면 녹색박스 A영역
만큼 수익을 기대할 수 있습니다.

여기서 질문을 드리겠습니다. "5분짜리 캔들이 음봉이 나온 후 1차
또는 2차 매도청산까지 보유 시 양봉 캔들이 나왔을 때 매수청산을 해
야 할까요?" 여기에 대한 답변이 떠오르지 않으면 실전 거래는 잠깐 멈
추시고 공부를 하셔야 합니다. 정답을 알기 위해서는 타임 프레임 개념
을 이해해야 합니다. 이어서 공부해보겠습니다.

[자료 1-80]은 해외선물 거래에서 'WTI 2025년 6월물' 종목으로
10분차트이고 2025년 5월 7일 18시 40분부터 5월 8일 0시 30분까지
추세 흐름입니다. 추세 아래에는 PST31지표와 PST13지표를 불러봤습

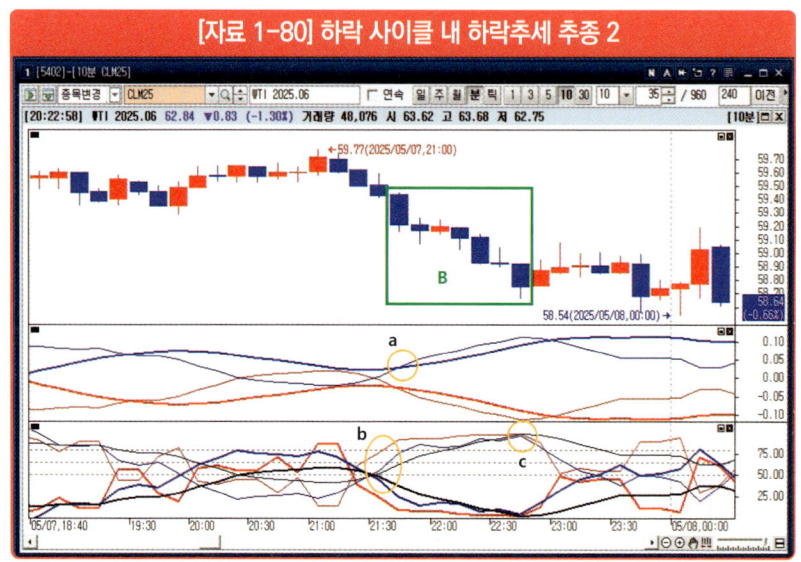

[자료 1-80] 하락 사이클 내 하락추세 추종 2

니다.

[자료 1-80]은 [자료 1-79]를 10분차트로 본 것으로 PST13지표를 활용해서 b지점에서 매도진입할 때 PST31지표를 보니 a지점인 P4-1 구간임을 알 수 있습니다. 매도진입 후 c지점에서 1차 매도청산과 2차 매도청산이 동시에 나오기 때문에 부분청산이 아닌 전체청산을 하면 녹색박스 B영역만큼 수익을 기대할 수 있습니다.

여기서 질문을 드리겠습니다. "10분짜리 캔들이 c지점까지 중간에 양봉이 나와도 결국 음봉으로 계속 우하향 출현하는 것을 어떻게 예상할 수 있을까요?" 여기에 대한 답변이 떠오르지 않으면 실전 거래는 잠깐 멈추시고 공부를 하셔야 합니다. 정답을 알기 위해서는 타임 프레임 개념을 이해해야 합니다. 이어서 공부해보겠습니다.

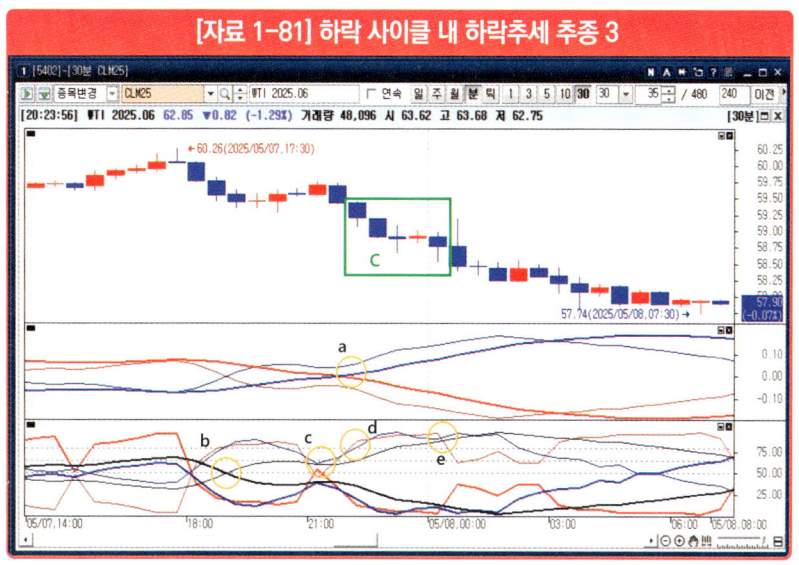

[자료 1-81] 하락 사이클 내 하락추세 추종 3

　[자료 1-81]은 해외선물 거래에서 'WTI 2025년 6월물' 종목으로 30분차트이고 2025년 5월 7일 14시부터 5월 8일 8시까지 추세 흐름입니다. 추세 아래에는 PST31지표와 PST13지표를 불러봤습니다.

　[자료 1-81]은 [자료 1-80]을 30분차트로 본 것으로 PST13지표를 활용해서 재하락인 d지점에서 매도진입은 PST31지표로 보면 a지점이 P1구간임을 알 수 있습니다.

　[자료 1-79], [자료 1-80], [자료 1-81]은 동일 종목이고 동일 날짜와 동일 시점에서 매도진입을 하면 5분차트는 P2-1구간, 10분차트는 P4-1구간, 30분차트는 P1구간으로 모두 수익을 낼 수 있는 안전한 구간임을 알 수 있습니다. 물론 해외선물 거래에서 기준차트는 10분차트이지만 응용해서 한 단계 상위차트인 30분차트가 d지점인 P1구간에서 매도진입을 하면 추세는 기울기를 45도 이상부터 90도 미만을 보이면서 하락추세가 출현한 후 매도청산인 e지점까지는 하락해 녹색박스 C

영역만큼 수익을 기대할 수 있습니다. 그러면 30분차트에서 녹색박스 C영역에서 하위차트인 5분차트의 추세는 10분차트의 추세를 추종해야 하고, 10분차트의 추세 역시 상위차트인 30분차트의 추세를 추종해야 합니다. 이해가 되시나요? PST이론에서 타임 프레임은 매우 중요하므로 반드시 이해해야 합니다.

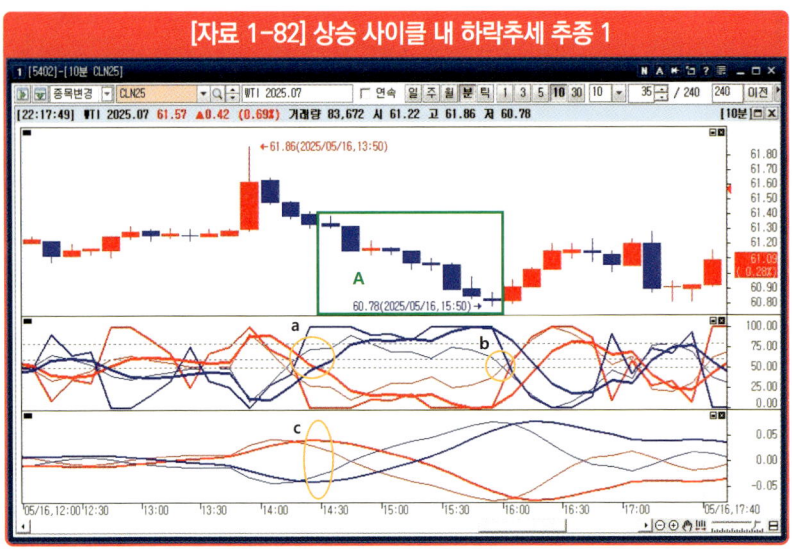

[자료 1-82]는 해외선물 거래에서 'WTI 2025년 7월물' 종목으로 10분차트이고 2025년 5월 16일 12시부터 5월 16일 17시 40분까지 추세 흐름입니다. 추세 아래에는 PST111지표와 PST13지표를 불러봤습니다.

PST111지표는 추세를 3차원적으로 분석한 지표로 타임 프레임을 추세의 위치 분석과 무관하게 진입해서 수익을 기대할 수 있습니다. 이는 진입할 때 사이클의 방향과 같은 순방향인지, 역방향인지 관계없이 할 수 있다는 의미입니다. 또한, 안전한 P1구간, P4-1구간, P2-1구간뿐만 아니라 안전하지 않은 P4-2구간, P2-2구간도 진입할 수 있다는 의미지요. 추세를 2차원적으로 분석한 기존 PST13지표는 반드시 기준차트를 포함해 하위차트 모두 P1, P4-1, P2-1구간을 맞추어야 했습니다. 추세를 2차원적으로 분석한 PST지표보다는 3차원적으로 분석한 PST지표를 활용해 PRU 또는 PRD(Profit Range Down, 매도진입 후 수익 구간)만 나오면 동 차트에서 수익을 기대할 수 있습니다.

그전에는 하위차트를 공부한 후 상위차트를 공부했는데요. 이번에는 반대로 상위차트를 공부한 후 하위차트를 공부해보겠습니다.

PST111지표를 활용하면 a지점에서 PRD가 발생했기 때문에 매도진입을 한 후 b지점에서 매도청산을 하면 녹색박스 A영역만큼 수익이 발생합니다. PST111지표 사용법은 기존에 발행한 《NEW PST해외선물 투자 비법》을 참고하시길 바랍니다. PST31지표를 활용해 a지점에 해당한 c를 보니 P2-2구간임을 알 수 있습니다. 질문을 드릴게요. "10분차트에서 PRD에 해당한 녹색박스 A영역을 5분차트에서 보면 어떻게 보일까요?" 이어서 공부해보겠습니다.

[자료 1-83]은 해외선물 거래에서 'WTI 2025년 7월물' 종목으로 5분차트이고 2025년 5월 16일 13시 30분부터 5월 16일 16시 20분까지 추세 흐름입니다. 추세 아래에는 PST111지표와 PST13지표를 불러봤습니다.

[자료 1-83]은 [자료 1-82]를 5분차트로 본 것으로 PST111지표를 활용해서 a지점에서 매도진입은 PST31지표로 보면 d지점이 P2-2구간임을 알 수 있습니다. 5분차트에서 매도진입은 상위차트인 10분차트

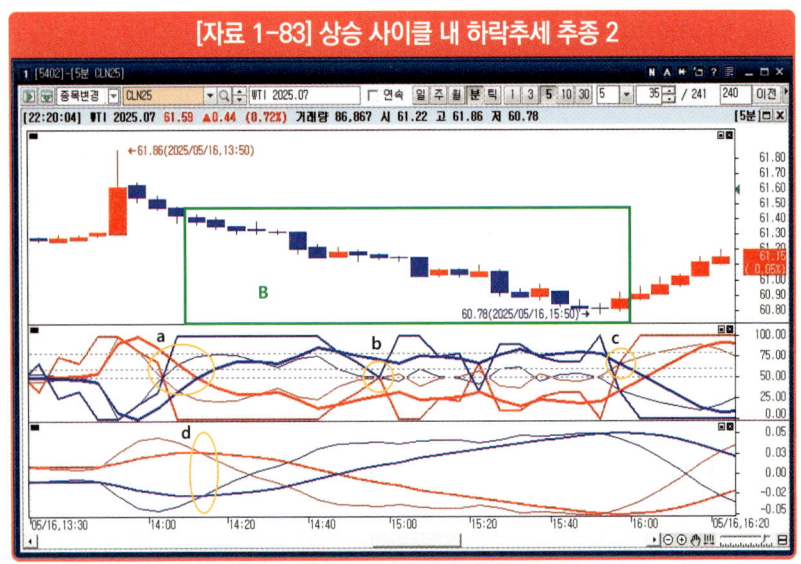

[자료 1-83] 상승 사이클 내 하락추세 추종 2

와 같지만, 5분차트에서 매도청산은 b지점으로 10분차트의 매도청산
인 c보다 빠릅니다. 결국 상위차트인 10분차트의 추세를 추종해 10분
차트에서 매도청산 지점까지 하락함을 알 수 있습니다.

PST이론은 상위차트에서 PRU 또는 PRD가 나오면 하위차트에서는
상위차트의 PRU 또는 PRD의 진입시점과 청산시점 때까지 하위차트의
추세가 상위차트의 추세를 추종한다는 것을 찾아냈고 PST지표로 이를
증명했습니다.

[자료 1-84]는 해외선물 거래에서 상승 사이클에 대한 각 차트에서
추세 추종 관계를 나타낸 테이블입니다. 사이클 구간이 상승인지 하락
인지는 PST31지표를 활용해 굵은 빨간색선이 굵은 파란색선 위에 존
재하면 상승 사이클 구간으로 생각하면 됩니다.

| [자료 1-84] 상승 사이클에서 추세 추종 | | | | | |
|---|---|---|---|---|---|
| 구분 | 1분 | 3분 | 5분 | 10분 | 30분 |
| 1번 | 상승 | 상승 | 상승 | 상승 | 상승 |
| 2번 | 상승 | 상승 | 상승 | 상승 | 하락 |
| 3번 | 상승 | 상승 | 상승 | 하락 | – |
| 4번 | 상승 | 상승 | 하락 | – | – |
| 5번 | 상승 | 하락 | – | – | – |

해외선물 거래에서는 기준차트를 10분으로 생각합니다. 1번 경우는 기준차트인 10분차트가 상승일 때 하위차트인 1분, 3분, 5분차트와 상위차트인 30분차트가 모두 상승인 경우입니다. 일반적으로 10분차트의 최고점을 찾기 위해서는 10분차트 중 P1구간에서 매수진입한 경우는 한 단계 아래인 5분차트에서 매수청산을 하면 됩니다. 또한 10분차트 중 P4-1구간에서 매수진입한 경우는 두 단계 아래인 3분차트에서 매수청산을 하면 되고, 10분차트 중 P2구간에서 매수진입한 경우는 세 단계 아래인 1분차트에서 매수청산을 추천해드립니다. 그런데 만약 10분차트 중 P1구간에서 매수진입을 한 후 5분차트로 매수청산을 했는데도 불구하고 추세가 계속 상승을 하면 1번 경우처럼 10분차트보다 상위차트인 30분차트도 P1 또는 P4-1구간에서 계속 상승 중이기 때문입니다.

2번 경우는 30분차트는 하락 중이고 기준차트인 10분차트를 포함해 하위차트인 1분, 3분, 5분차트도 모두 상승인 경우입니다. 해외선물 거래인 경우 10분차트가 기준이라 2번 경우만 생각해도 되겠지만 실전 거래에서 더욱 편한 거래를 하기 위해서는 1번 경우를 추천해드립니다.

3번, 4번, 5번 경우는 기준차트인 10분차트가 매수진입 조건이 아닌 경우로 3번 경우는 거래가 활발한 밤 시간대에 거래량이 활발한 종목은 가능하지만 4번과 5번 경우는 매수진입하지 않고 관망하시길 바랍니다. 3번 경우는 10분차트 추세의 역방향으로 매수진입을 했기 때문에 5분차트 중 P1구간에서 진입하면 한 단계 아래인 3분차트에서 매수청산을 해야 5분차트에서 최고점을 기대할 수 있습니다. 물론 욕심을 안 내면 1번, 2번, 3번 경우 모두 1분차트에서 매수청산을 해도 좋은 전략입니다. 1번, 2번, 3번인 경우는 하위차트가 상위차트의 상승추세를 추종하지만 4번, 5번 경우는 하위차트가 상위차트의 상승추세 추종이 반드시 이루어지지는 않습니다. 그러나 추세를 3차원적으로 분석한 3차원 PST지표를 활용하면 상위차트에서 PRU가 나오면 하위차트에서 반드시 상위차트의 상승추세를 추종하는 것을 알 수 있습니다.

### [자료 1-85] 하락 사이클에서 추세 추종

| 구분 | 1분 | 3분 | 5분 | 10분 | 30분 |
|------|-----|-----|-----|------|------|
| 1번 | 하락 | 하락 | 하락 | 하락 | 하락 |
| 2번 | 하락 | 하락 | 하락 | 하락 | 상승 |
| 3번 | 하락 | 하락 | 하락 | 상승 | – |
| 4번 | 하락 | 하락 | 상승 | – | – |
| 5번 | 하락 | 상승 | – | – | – |

[자료 1-85]는 해외선물 거래에서 하락 사이클에 대한 각 차트에서 추세 추종 관계를 나타낸 테이블입니다. 사이클 구간이 상승인지 하락인지는 PST31지표를 활용해 파란 빨간색선이 굵은 빨간색선 위에 존재하면 하락 사이클 구간으로 생각하면 됩니다. 해외선물 거래에서는 기준차트를 10분으로 생각합니다. 1번 경우는 기준차트인 10분차트가

하락일 때 하위차트인 1분, 3분, 5분차트와 상위차트인 30분차트가 모두 하락인 경우입니다. 일반적으로 10분차트의 최저점을 찾기 위해서는 10분차트 중 P1구간에서 매도진입한 경우는 한 단계 아래인 5분차트에서 매도청산을 하면 됩니다. 또한 10분차트 중 P4-1구간에서 매도진입한 경우는 두 단계 아래인 3분차트에서 매도청산을 하면 되고 10분차트 중 P2구간에서 매도진입한 경우는 세 단계 아래인 1분차트에서 매도청산을 추천해드립니다. 그런데 만약 10분차트 중 P1구간에서 매도진입을 한 후 5분차트로 매도청산을 했는데도 불구하고 추세가 계속 하락을 하면 1번 경우처럼 10분차트보다 상위차트인 30분차트도 P1 또는 P4-1구간에서 계속 하락 중이기 때문입니다. 2번 경우는 30분차트는 상승 중이고 기준차트인 10분차트를 포함해 하위차트인 1분, 3분, 5분차트도 모두 하락인 경우입니다. 해외선물 거래인 경우 10분차트가 기준이라 2번 경우만 생각해도 되겠지만, 실전 거래에서 더욱 편한 거래를 하기 위해서는 1번 경우를 추천해드립니다.

3번, 4번, 5번 경우는 기준차트인 10분차트가 매도진입 조건이 아닌 경우로 3번 경우는 거래가 활발한 밤 시간대에 거래량이 활발한 종목은 가능하지만, 4번과 5번 경우는 매도진입하지 않고 관망하시길 바랍니다. 3번 경우는 10분차트 추세의 역방향으로 매도진입을 했기 때문에 5분차트 중 P1구간에서 진입하면 한 단계 아래인 3분차트에서 매도청산을 해야 5분차트에서 최고점을 기대할 수 있습니다. 물론 욕심을 안 내면 1번, 2번, 3번 경우 모두 1분차트에서 매도청산을 해도 좋은 전략입니다. 1번, 2번, 3번인 경우는 하위차트가 상위차트의 하락추세를 추종하지만 4번, 5번 경우는 하위차트가 상위차트의 하락추세의 추종이 반드시 이루어지지는 않습니다. 그러나 추세를 3차원적으로 분석

한 3차원 PST지표를 활용하면 상위차트에서 PRD가 나오면 하위차트
에서 반드시 상위차트의 하락추세를 추종하는 것을 알 수 있습니다.

# 추세 변동성

여러분은 거래할 때 추세 변동성(Volatility)을 고려하면서 하시나요? 제 생각에는 대부분 손실 보는 트레이더들은 실전 거래할 때 추세 변동성을 전혀 고려하지 않고 오픈된 보조지표를 활용해 본인만의 자의적인 추세 분석을 하면서 거래하실 것입니다. 그래서 실전 거래 후 거래 결과에 대해서 만족하실까요?

저와 여러분은 벌써 추세에 관해 다음과 같이 공부했습니다.

- 추세 정의
- 추세 구성
- 추세 종류
- 추세 속도
- 추세 위치
- 추세 추종

저는 이번 7번째 책을 출간하면서 '어떤 내용을 적을까?' 고민하다가 '실전 거래에서 꼭 필요한 추세에 관한 모든 것'을 여러분께 알려드리고 싶었습니다. 기존에 출간한 책에도 비슷한 내용을 적었지만, 이번에는 더욱 알찬 지식을 여러분께 드리고 싶어서 출간했습니다. 추세 변동성은 이전에 공부한 추세에 관한 다른 것과 같이 매우 중요합니다. 그러면 추세 변동성에 관해서 하나씩 공부해볼까요?

추세 변동성은 무엇일까요? AI한테 물어보니 "추세 변동성이라는 표현은 보통 금융, 통계 또는 데이터 분석 분야에서 사용되는 용어로 가격이나 수치가 특정 방향을 따라 움직이면서 동시에 얼마나 불안정하게 움직이는지를 나타내는 개념입니다"라고 하네요. 또한, "변동성이 너무 크면 예측이 어렵고 리스크도 큽니다"라고 하고요. 제 생각에는 여러분도 서술적인 설명은 그리 어렵지 않고 모두 이해하실 것 같습니다.

그러면 변동성이 왜 발생하는지를 우선 생각해보겠습니다. 거래상품이 주식처럼 한 방향 거래로 수익 나는 상품은 마켓 메이커가 매수진입을 한 후 마켓 메이커가 매수청산을 하면 사이클이 바뀌는 P2구간이 생기면서 변동성이 발생합니다. 물론 마켓 메이커가 매수진입을 한 후 그들이 매수청산하기 전에 마켓 팔로어가 매수청산을 할 수도 있지만, 아직 마켓 메이커의 목표가격까지 도착하지 않았다면 이때 발생한 P2구간은 재상승을 위한 P2구간으로 변동성이 발생합니다. 거래상품이 선물, 옵션처럼 양방향 거래로 수익 나는 상품은 추세를 상승과 하락의 경우로 각각 생각해보겠습니다.

추세가 상승인 경우는 마켓 메이커가 매수진입을 한 후 역시 마켓 메이커가 매수청산을 할 수도 있지만, 다른 마켓 메이커나 마켓 팔로어가 매도진입을 할 수가 있는데 이때도 P2구간으로 변동성이 발생합니다. 반대로 추세가 하락인 경우는 마켓 메이커가 매도진입을 한 후 역시 마켓 메이커가 매도청산을 할 수도 있지만, 다른 마켓 메이커나 마켓 팔로어가 매수진입을 할 수가 있습니다. 이때도 P2구간으로 변동성이 발생합니다.

일반적으로 한 방향 거래로 수익 나는 상품보다는 양방향 거래로 수익 나는 상품이 진입 자체가 매수진입과 매도진입이 존재하기 때문에 변동성이 심할 수밖에 없습니다. 이런 원리도 모르고 손실 나는 트레이더분들은 주식 거래로 조금 수익이 나면 선물이나 옵션 등 양방향 거래 상품으로 매매했다가 큰 손실을 보게 됩니다.

여러분께 질문 하나를 드려볼까요? "여러분은 추세 변동성이 큰 구간과 작은 구간 중 어느 구간에서 거래하시겠습니까?" 당연히 추세 변동성이 작은 구간에서 거래를 하셔야 기대하는 수익이 커질 수 있습니다. 그다음에 풀어야 할 숙제는 실전 거래에서 여러분이 진입 후 보유 과정을 걸쳐 청산할 때까지 변동성이 작은 구간인지 큰 구간인지 구별할 수 있는지를 알아야 합니다. 동의하시나요?

현재 오픈된 보조지표에서 변동성을 활용한 보조지표를 우선 살펴보겠습니다. 가장 많이 사용하는 변동성 보조지표 중의 하나인 볼린저밴드(Bollinger Band)는 상한선, 중심선, 하한선으로 구성되고 가격이 상한선을 벗어나면 변동성이 커져서 가격이 중심선 쪽으로 이동하고 반대로 가격이 하한선을 벗어나면 변동성이 역시 커져서 가격이 중심선 쪽으로 이동한다는 의미가 있습니다. 또한, 상한선과 하한선의 차이인 밴드 폭이 좁아지면 변동성이 줄어든 상태이고, 밴드 폭이 넓어지면 변동성이 커졌다는 것으로 분석합니다. 손실 보는 트레이더들도 대부분 책을 한 번이라도 읽어보셨다면 볼린저밴드에 대해서 잘 아시리라 믿습니다. 문제는 책에서는 볼린저밴드를 활용해서 거래하면 수익이 난다고 하는데, 실전 거래에서 여러분이 활용하면 왜 수익을 내기가 쉽지 않을까요? 책대로 결과가 나오지 않는다면 반드시 무엇이 문제인지를 찾아야 합니다.

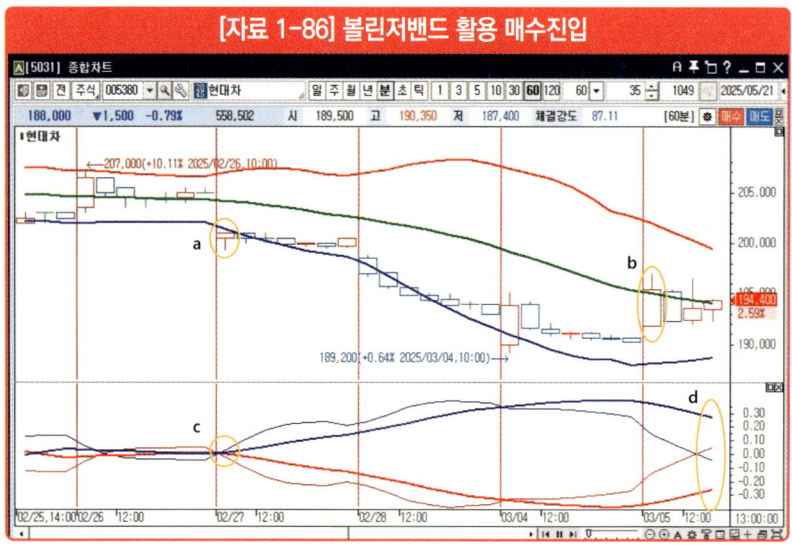

[자료 1-86] 볼린저밴드 활용 매수진입

[자료 1-86]은 주식 거래에서 '현대차' 종목으로 60분차트이고 2025년 2월 25일 14시부터 3월 5일 12시까지 추세 흐름입니다. 추세 위에 볼린저밴드와 추세 아래에 PST32지표를 불러봤습니다.

a지점에서 캔들이 하한선을 벗어나서 양봉이 출현했는데 여러분은 매수진입을 하실 건가요? 손실 보는 트레이더는 변동선 보조지표인 볼린저밴드를 활용해 a지점에서 매수한 가격은 중심선으로 상승할 것이라고 믿을 것입니다. 만약 a지점의 가격이 최근 가격 중 최저점이라면

본인 생각으로 추세가 상승할 것으로 생각할 수도 있습니다. 그러나 결과가 어떻게 되었나요? a지점에서 매수한 날로부터 3일 동안은 계속 가격이 중심으로 상승하지 않고 계속 하한선을 붙여서 하락하다가 4일 후에 b가격에서 중심선으로 상승했지만, 이번 매매는 결국 손실을 보고 말았습니다. 볼린저밴드 이론대로 매매했는데 왜 실패를 했을까요? 이유는 PST이론으로 설명이 매우 간단합니다. 추세 아래에 있는 PST32지표를 보면 a지점에 해당하는 위치인 c지점부터 d지점까지 굵은 파란색선이 굵은 빨간색선 위에 존재하므로 하락 사이클 구간임을 한 번에 알 수 있습니다. 그리고 하락 사이클 구간에서는 반드시 매도진입으로 수익을 내야 하는데, 만약 이 구간에서 매수진입을 한다는 것은 P2구간에서 역방향으로 진입하는 것으로 수익을 내기가 어렵다는 것이지요. 이해가 되시나요? 이렇듯이 볼린저밴드 기법으로 매매해 반드시 수익을 내기는 어려우니 변동성 보조지표인 볼린저밴드를 맹신하지 않기를 바랍니다.

[자료 1-87]은 해외선물 거래에서 '유로 2025년 6월물' 종목으로 10분차트이고 2025년 5월 19일 15시부터 20시 40분까지 추세 흐름입니다. 추세 위에 볼린저밴드와 추세 아래에 PST31지표를 불러봤습니다.

a지점에서 캔들이 상한선을 벗어나서 음봉이 출현했는데 여러분은 매도진입을 하실 건가요? 손실 보는 트레이더는 변동선 보조지표인 볼린저밴드를 활용해 a지점에서 매도한 가격은 중심선으로 하락할 것이라고 믿을 것입니다. 만약 a지점에 가격이 최근 가격 중 최고점이라면 본인 생각으로 추세가 하락할 것으로 생각할 수도 있습니다. 그러나 결

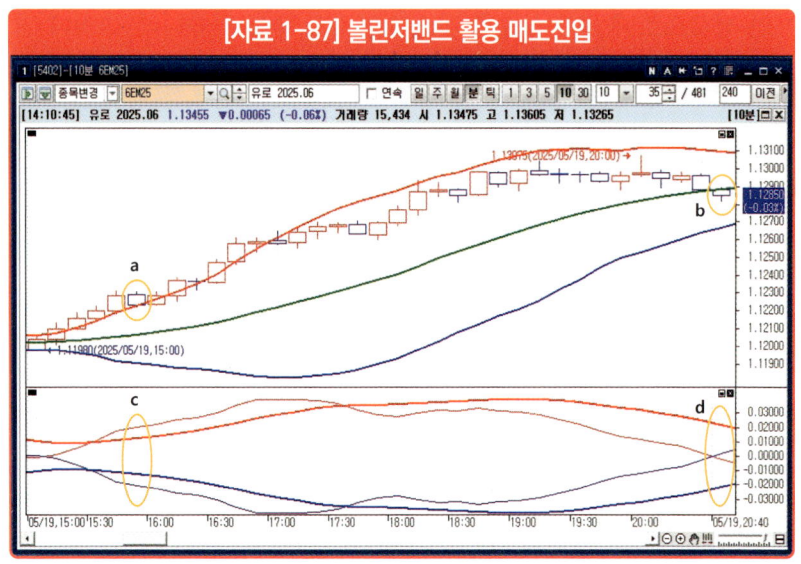

[자료 1-87] 볼린저밴드 활용 매도진입

과가 어떻게 되었나요? a지점에서 매도한 후 가격이 중심으로 하락하지 않고 계속 상한선을 붙어서 상승하다가 b가격에서 중심선으로 하락했지만, 이번 매매는 결국 손실을 보고 말았습니다.

볼린저밴드 이론대로 매매했는데 왜 실패를 했을까요? 이유는 PST이론으로 설명이 매우 간단합니다. 추세 아래에 있는 PST31지표를 보면 a지점에 해당하는 위치인 c지점부터 d지점까지 굵은 빨간색선이 굵은 파란색선 위에 존재하므로 상승 사이클 구간임을 한 번에 알 수 있습니다. 그리고 상승 사이클 구간에서는 반드시 매수진입으로 수익을 내야 하는데, 만약 이 구간에서 매도진입을 한다는 것은 P2구간에서 역방향으로 진입하는 것으로 수익을 내기가 어렵다는 것이지요. 이해가 되시나요? 이렇듯이 볼린저밴드 기법으로 매매해 반드시 수익을 내기는 어려우니 변동성 보조지표인 볼린저밴드를 맹신하지 않기를 바랍니다.

저는 PST이론을 교육할 때 볼린저밴드 이론과 거의 상반되게 말씀을 드립니다. 추세를 구성하는 캔들이 밴드 폭이 커지는 상태에서 상한선을 우상향할 때 매수진입을 고려하고, 반대로 캔들이 밴드 폭이 커지는 상태에서 하한선을 우하향할 때 매도진입을 고려하라고 말씀해드립니다. 밴드 폭이 작아졌다가 커지는 경우는 PST이론상 P1구간 또는 P4구간에 해당하고, 반대로 커졌다가 작아지는 경우는 PST이론상 P2구간에 해당합니다.

물론 매수진입 또는 매도진입할 때 저는 볼린저밴드를 보지는 않습니다. 이유는 매수진입을 하는 시점에 해당하는 구간이 상승 사이클 구간인지 하락 사이클 구간인지 모르고, 또한 매수진입시점에서 변동성이 없는 구간인지 변동성 있는 구간인지 모르기 때문이지요.

시간이 지나감에 따라 나타나는 추세의 변동성은 일정 가격에 대해서 거래 참여자에 따라서 나타납니다. 이런 변동 폭을 다른 오픈된 보조지표에서는 '이격도' 또는 '편차'라는 용어로 표현합니다. 이격도가 크거나 작다는 말이나 편차가 크거나 작다는 의미도 결국 현재 가격이 중심가격(=평균가격)에서 멀어졌다가 가까워졌다 하는 볼린저밴드에서 밴드 폭이 커졌다가 작아졌다는 의미와 같습니다. 그러면 볼린저밴드뿐만 아니라 이격도나 편차의 이론으로 만든 보조지표도 역시 사이클의 상태와 변동성 유무도 모르면서 맹목적으로 믿고 사용하면 절대로 안 되지요. PST이론은 볼린저밴드 뿐만 아니라 이격도 보조지표와 편차 보조지표도 사용하지 말라고 합니다. 물론 오픈된 많은 보조지표가 틀렸다는 것이 아니라 맞는 경우도 있고, 틀린 경우도 있기 때문에 말씀을 드리는 것이니 오해하지 않기를 바랍니다. 100번 거래해서 100연승 하기가 오픈된 보조지표로는 불가능하지만, PST이론으로 만든

PST지표를 활용하면 100연승이 가능하다는 것은 이미 수많은 결과로
증명되었습니다.

변동성이 유무를 판단할 수 있는 PST지표는 다음과 같습니다.

- PST31지표 : 2차원 PST지표, 양방향 거래상품에 활용
- PST32지표 : 2차원 PST지표, 한 방향 거래상품에 활용
- PST124지표 : 3차원 PST지표, 양방향 거래상품에 활용
- PST125지표 : 3차원 PST지표, 한 방향 거래상품에 활용

각 지표에 대한 설명은 기존에 발간한 책(《NEW PST 주식 투자 비법》,
《NEW PST 해외선물 투자 비법》)들을 참고하시고, 여기에서는 예를 들면서
같이 공부를 해보겠습니다.

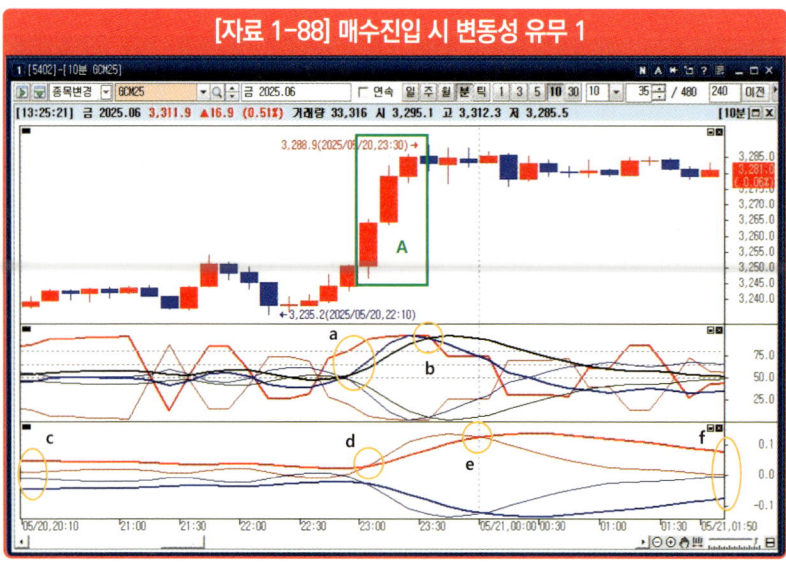

[자료 1-88] 매수진입 시 변동성 유무 1

[자료 1-88]은 해외선물 거래에서 '금 2025년 6월물' 종목으로 10분차트이고 2025년 5월 20일 20시 10분부터 5월 21일 1시 50분까지 추세 흐름입니다. 추세 아래에 PST13지표와 PST31지표를 불러봤습니다.

PST31지표를 활용하면 c지점부터 f지점까지는 굵은 빨간색선이 굵은 파란색선 위에 존재하므로 상승 사이클 구간임을 한 번에 알 수 있습니다. 그러면 이 상승 사이클 중에 변동성이 있는 구간과 없는 구간은 어디일까요? 상승 사이클 구간에서 변동성의 유무는 가는 빨간색선과 굵은 빨간색선 간의 상관관계를 확인하면 됩니다. 가는 빨간색선이 굵은 빨간색선 아래에 존재하는 c지점~d지점, e지점~f지점은 변동성이 있는 구간이고, 가는 빨간색선이 굵은 빨간색선 위에 존재하는 d지점~e지점은 변동성이 없는 구간입니다. 그러면 변동성이 없는 구간에서 그냥 매수진입을 하면 될까요? PST이론상 2가지를 생각해야 합니다. 첫 번째는 당연히 기준차트인 10분차트를 포함해 하위차트에서 모두 P1구간과 P4-1구간이 출현해야 하고, 매수진입 시 추세의 기울기를 설정해야 합니다. PST13지표는 매수진입 시 추세 기울기를 탄젠트 30도 이상~90도 미만으로 설정이 가능하므로 변동성이 없는 구간인 d지점~e지점 중 매수진입 조건이 맞는 a지점에서 매수진입한 후 b지점에서 매수청산을 하면 녹색박스 A영역만큼 수익을 기대할 수 있습니다.

[자료 1-89]는 해외선물 거래에서 'Nikkei 225 YEN 2025년 6월물' 종목으로 10분차트이고 2025년 5월 21일 15시 50분부터 21시 30분까지 추세 흐름입니다. 추세 아래에 PST13지표와 PST31지표를 불러봤습니다.

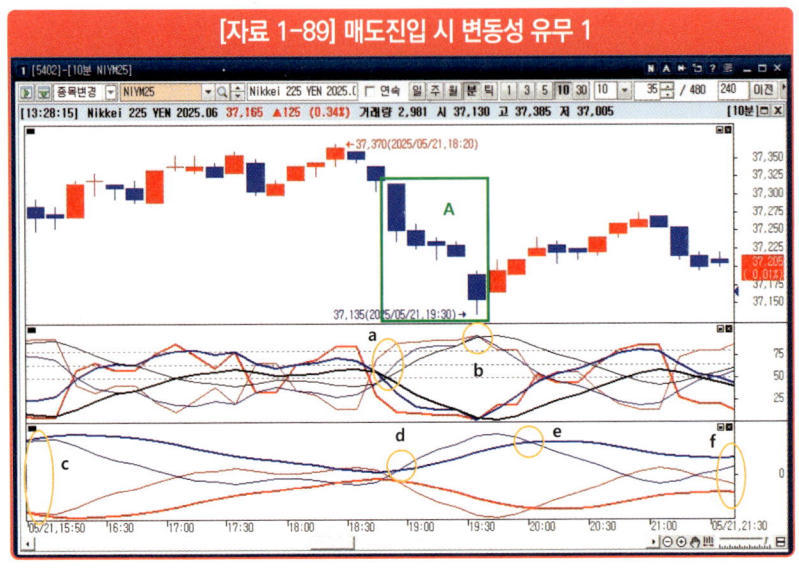

[자료 1-89] 매도진입 시 변동성 유무 1

PST31지표를 활용하면 c지점부터 f지점까지는 굵은 파란색선이 굵은 빨간색선 위에 존재하므로 하락 사이클 구간임을 한 번에 알 수 있습니다. 그러면 이 하락 사이클 구간 중에 변동성이 있는 구간과 없는 구간은 어디일까요? 하락 사이클 구간에서 변동성의 유무는 가는 파란색선과 굵은 파란색선 간의 상관관계를 확인하면 됩니다. 가는 파란색선이 굵은 파란색선 아래에 존재하는 c지점~d지점, e지점~f지점은 변동성이 있는 구간이고 가는 파란색선이 굵은 파란색선 위에 존재하는 d지점~e지점은 변동성이 없는 구간입니다. 그러면 변동성이 없는 구간에서 그냥 매도진입을 하면 될까요? PST이론상 2가지를 생각해야 합니다. 첫 번째는 당연히 기준차트인 10분차트를 포함해 하위차트에서 모두 P1구간과 P4-1구간이 출현해야 하고 매도진입 시 추세의 기울기를 설정해야 합니다. PST13지표는 매도진입 시 추세 기울기를 아크탄젠트 30도 이상~90도 미만으로 설정이 가능하므로 변동성이 없는 구간인 d

지점~e지점 중 매도진입 조건이 맞는 a지점에서 한 후 b지점에서 매도
청산을 하면 녹색박스 A영역만큼 수익을 기대할 수 있습니다.

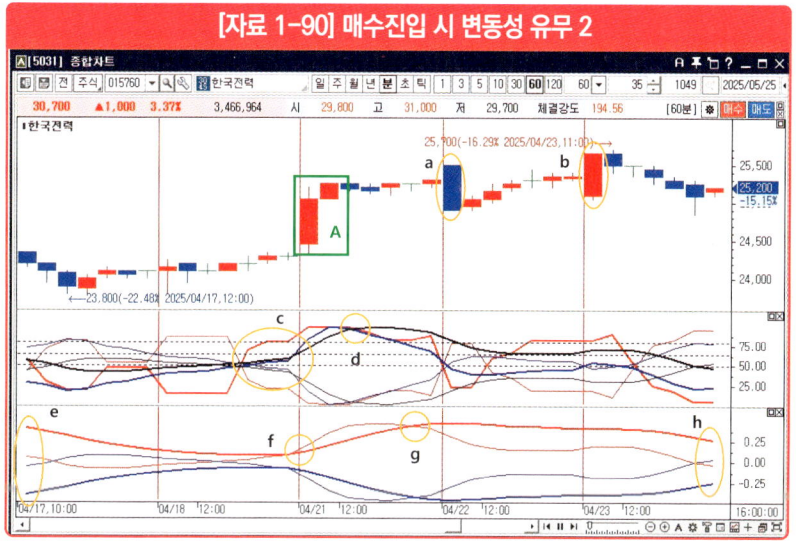

[자료 1-90]은 주식 거래에서 '한국전력' 종목으로 60분차트이고
2025년 4월 17일 10시부터 4월 23일 16시까지 추세 흐름입니다. 추
세 아래에 PST14지표와 PST32지표를 불러봤습니다.

PST32지표를 활용하면 e지점부터 h지점까지는 굵은 빨간색선이 굵
은 파란색선 위에 존재하므로 상승 사이클 구간임을 한 번에 알 수 있
습니다. 그러면 이 상승 사이클 구간 중에 변동성이 있는 구간과 없는
구간은 어디일까요? 상승 사이클 구간에서 변동성의 유무는 가는 빨간
색선과 굵은 빨간색선 간의 상관관계를 확인하면 됩니다. 가는 빨간색
선이 굵은 빨간색선 아래에 존재하는 e지점~f지점, g지점~h지점은 변
동성이 있는 구간이고, 가는 빨간색선이 굵은 빨간색선 위에 존재하는
f지점~g지점은 변동성이 없는 구간입니다. 기준차트인 60분차트를 포

함해 하위차트에서도 모두 타임 프레임이 P1구간 또는 P4-1구간이 나오는 c지점에서 매수진입한 후 d지점에서 매수청산하면 녹색박스 A영역만큼 수익을 기대할 수 있습니다. a지점과 b지점에 해당하는 지점은 변동성이 있는 P4-2구간이므로 매수진입을 하지 말고 관망하는 전략을 택하셔야 합니다.

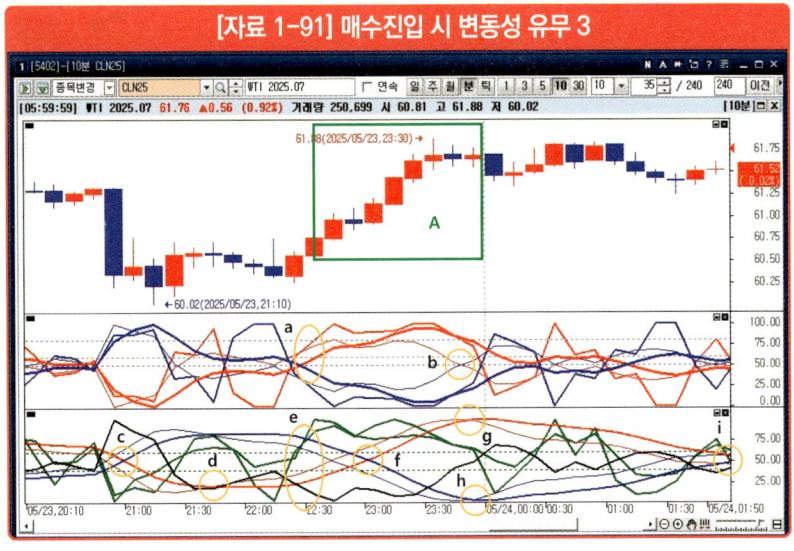

[자료 1-91] 매수진입 시 변동성 유무 3

[자료 1-91]은 해외선물 거래에서 'WTI 2025년 7월물' 종목으로 10분차트이고 2025년 5월 23일 20시 10분부터 5월 24일 1시 50분까지 추세 흐름입니다. 추세 아래에 PST111지표와 PST124지표를 불러봤습니다.

추세의 위치를 파악하는 지표가 2차원적 PST지표는 PST31지표로 상승 사이클 구간에서 매수진입 또는 하락 사이클 구간에서 매도진입을 해야 수익을 기대할 수 있지만, 3차원적 PST지표인 PST111지표와 PST124지표는 매수진입 또는 매도진입 조건만 맞으면 전 구간에서 진입할 수 있습니다.

　PST124지표를 보면 c지점~f지점은 하락 사이클 구간이고 f지점~i지점은 상승 사이클 구간임은 쉽게 알지만, PST111지표로 매수진입 조건이 맞는 a지점은 역방향 진입으로 P2구간입니다. PST124지표에서는 사이클 상태와 관계없이 관점(view point) 상태와 양자진입 조건만 확인하면 됩니다. d지점~g지점까지 가는 빨간색선이 굵은 빨간색선 위에 우상향으로 존재하므로 매수관점 구간이고, e지점에서 매수진입 양자신호가 발생한 후 a지점에서 매수진입을 하면 가장 편안한 거래를 할 수 있습니다. 매수진입 후 PST124지표를 활용해서 매수청산을 고려해도 되지만, 매수청산 전에 매수관점이 끝나고 매도관점으로 변환했기 때문에 매수청산은 g지점이 되어 녹색박스 A영역만큼 수익을 기대할 수 있습니다. 물론 욕심을 버리면 PST124지표로 매수청산하지 말고 PST111지표를 활용해서 b지점에서 해도 됩니다.

　PST124지표로 h지점 이후는 상승 사이클이 유지되어도 매도관점으로 바뀌었기 때문에 매수진입 시 변동성이 나타나서 거래하지 말고 관망해야 합니다.

　[자료 1-92]는 해외선물 거래에서 'WTI 2025년 7월물' 종목으로 10분차트이고 2025년 5월 23일 8시부터 13시 40분까지 추세 흐름입니다. 추세 아래에 PST111지표와 PST124지표를 불러봤습니다.

　PST124지표를 보면 c지점~f지점은 상승 사이클 구간이지만 d지점~h지점은 가는 파란색선이 굵은 파란색선 위에 우상향으로 존재하는 매도관점이므로 매도관점부터는 매도진입을 고려할 수 있습니다. PST124지표에서 가는 빨간색선과 가는 파란색선은 T1, 굵은 빨간색

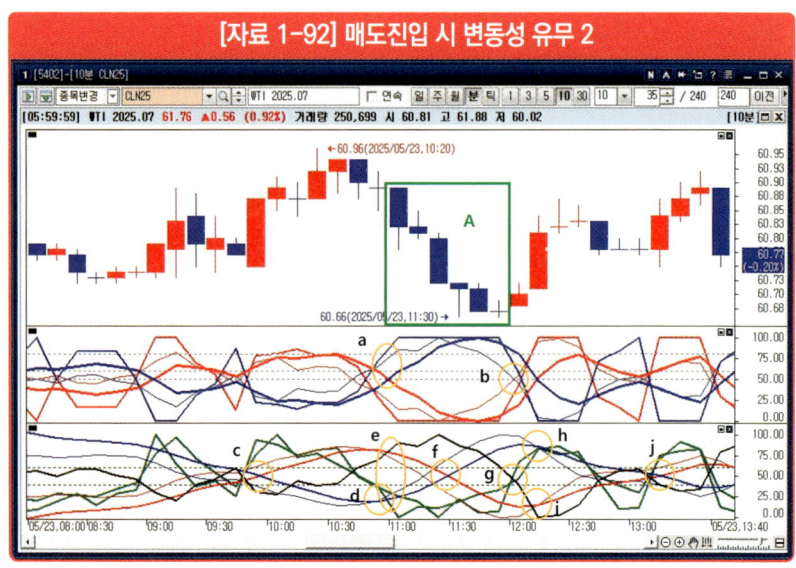

[자료 1-92] 매도진입 시 변동성 유무 2

선과 굵은 파란색선은 T2라고 할 때 동일 색깔의 T1〉T2은 매수관점과 매도관점이 반복됩니다. 상승 사이클 구간에서 매수관점은 매수진입을 고려하지만, 매도관점으로 바뀌면 매수진입을 고려하면 안 되고 관망하거나 매도진입을 고려해야 합니다.

e지점에서 매도진입 양자신호가 나온 것이 확인되어 매도진입을 하면 g지점까지는 수익이 날 수 있는 것을 예측할 수 있습니다. 그러나 매도진입을 PST124지표로 단독으로 하면 안 되고, PST111지표를 활용해 a지점에서 매도진입 조건을 만족해 매도진입을 합니다. 매도청산은 PST111지표를 보고 b지점에서 해도 되고 욕심을 조금 내어 PST124지표를 보고 g지점에서 하면 녹색박스 A영역만큼 수익을 기대할 수 있습니다. PST124지표로 i지점~j지점은 하락 사이클이 유지되어도 매수관점으로 바뀌었기 때문에 매도진입 시 변동성이 나타나서 거래하지 말고 관망해야 합니다.

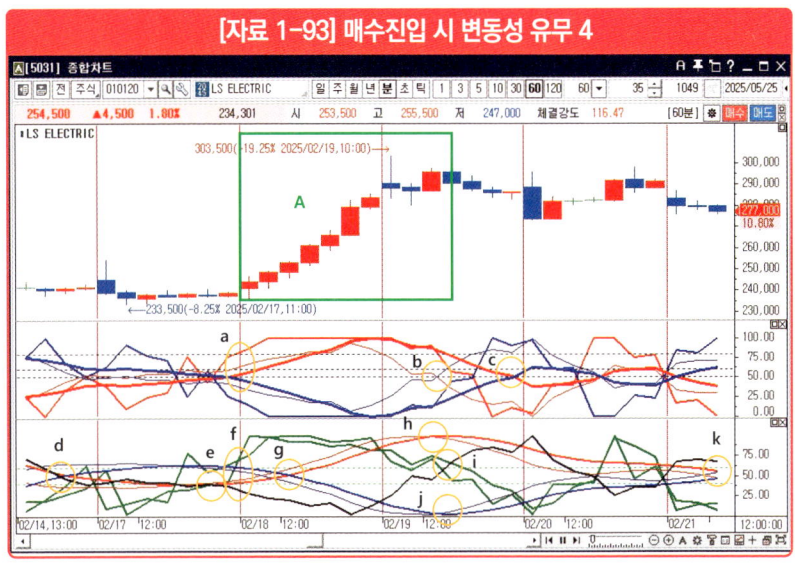

[자료 1-93] 매수진입 시 변동성 유무 4

[자료 1-93]은 주식 거래에서 'LS ELECTRIC' 종목으로 60분차트이고 2025년 2월 14일 13시부터 2월 21일 12시까지 추세 흐름입니다. 추세 아래에 PST112지표와 PST125지표를 불러봤습니다.

주식 거래는 매수진입으로만 수익을 기대하기 때문에 해외선물 거래에서 매수진입을 하는 방법과 동일한 방법으로 거래합니다. PST125지표를 보면 d지점~g지점은 하락 사이클 구간이고 g~k지점은 상승 사이클 구간임을 한 번에 알 수 있습니다. 추세를 2차원적으로 분석한 PST32지표를 활용할 때는 변동성이 없는 타임 프레임이 P1구간과 P4-1구간일 때만 매수진입을 했습니다. 그러나 추세를 3차원적으로 분석한 PST125지표를 활용하면 상승 사이클과 하락 사이클과 관계없이 매수관점에서 매수진입 양자신호가 출현하면 매수진입을 고려할 수 있습니다.

e지점~h지점은 매수관점이고 f지점에서 매수진입 양자신호가 출현

했습니다. 실전 거래에서 매수진입 양자신호가 출현했다고 해서 바로 매수진입을 할 필요는 없습니다. 매수진입시점은 PST125지표로 하지 않고 PST112지표를 보고, a지점에서 기준차트인 60분을 포함해 하위 차트에서 동일 매수진입 조건이 나오면 합니다. 매수청산은 PST112지표를 보고 b지점에서 해도 되고, 조금 욕심을 내어 PST125지표를 보고 i지점에서 하면 녹색박스 A영역만큼 수익을 기대할 수 있습니다.

PST125지표로 j지점 이후는 상승 사이클이 유지되어도 매도관점으로 바뀌었기 때문에 매수진입 시 변동성이 나타나도 거래하지 말고 관망해야 합니다.

# 추세 최고점, 최저점

　여러분은 저와 같이 추세에 관해 다양하게 공부하셨습니다. 이제 추세에 관해 좀 이해하셨나요? 저는 이번 7번째 책을 출간하면서 여러분께 '실전 거래에서 반드시 알아야 할 추세에 관한 모든 것'을 알려드리고 싶었습니다. 또 무엇을 알려드릴까 고민하다가 이번 장에서는 추세 최고점과 최저점에 관한 내용을 적어보겠습니다.

　저는 매달 숭실대학교 글로벌 미래교육원에서 무료 주식, 외환 재테크강좌를 2009년부터 17년째 하고 있습니다. 공개강좌에 오신 분들의 공통적인 질문 중 하나가 오늘의 최고점 또는 최저점을 물어보시는 것입니다. 그러면 제가 반대로 그분께 질문을 몇 가지 다음과 같이 드리는데 여러분도 대답해보세요.

---

기준차트를 무엇으로 보고 최고점 또는 최저점을 원하시나요?
최고점 또는 최저점을 만약 알려드리면 욕심 안 내고 청산할 수 있으신가요?

---

최고점과 최저점에 관해서 공부해볼 것이 많습니다. 저도 PST이론과 지표를 연구하면서 처음에는 최고점과 최저점을 찾는 것은 불가능하다고 생각했습니다. 이유는 추세를 만드는 주체는 저와 여러분 같은 마켓 팔로어가 아니라 마켓 메이커이기 때문이지요. 그러나 만약 마켓 메이커의 마음(Mind)을 찾는다면 어쩌면 가능할 수도 있습니다. 제가 2016년부터 핸드폰으로 실시간 카카오톡 주식 방송을 수강생들께 공부 차원에서 현재까지 계속 보내드리고 있는데, 몇 가지 결과를 보여드리면서 공부하겠습니다.

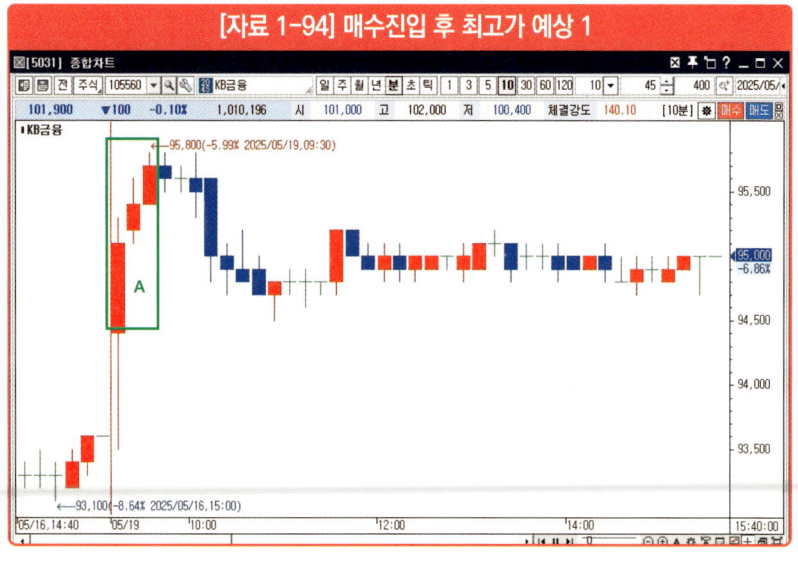

[자료 1-94]는 주식 거래에서 'KB금융' 종목으로 10분차트이고 2025년 5월 19일 하루 추세입니다.

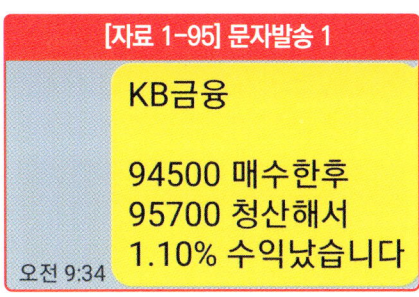

[자료 1-95] 문자발송 1

KB금융

94500 매수한후
95700 청산해서
1.10% 수익났습니다

오전 9:34

당일 오전 9시 34분, 실시간 카카오톡 주식 방송에 95,700원 매수청산했다고 문자를 보냈습니다. PST지표를 활용해 기준차트 60분을 포함한 하위차트에서 매수진입 조건이 맞은 지점에서 매수한 후 최고점 전에서 매수청산을 했습니다. 당일 결과를 보니 최고점이 95,800원이고 저는 최고점(95,800원) 전인 95,700원에 매수청산을 했기 때문에 매우 효과적인 거래를 했습니다.

[자료 1-96] 매수진입 후 최고가 예상 2

[자료 1-96]은 주식 거래에서 '한국전력' 종목으로 10분차트이고 2025년 5월 23일 하루 추세입니다.

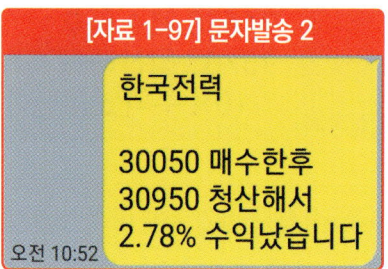

당일 오전 10시 52분, 실시간 카카오톡 주식 방송에 30,950원 매수 청산했다고 문자를 보냈습니다. PST지표를 활용해 기준차트 60분을 포함한 하위차트에서 매수진입 조건이 맞은 지점에서 매수한 후 최고점 전에서 매수청산을 했습니다. 당일 결과를 보니 최고점이 31,000원이고, 저는 최고점 전인 30,950원에 매수청산을 했기 때문에 매우 효과적인 거래를 했습니다.

여러분은 [자료 1-95]와 [자료 1-97]처럼 실전 거래한 결과를 보면 어떻게 생각하시나요? 대부분은 매우 효과적인 거래라고 말씀할 것입니다. 그러면 제가 "왜 효과적이라고 생각하시나요?" 반문을 드리면 어떻게 대답하실 건가요? 제 생각에는 하루 거래에서는 매수진입한 후 최고점 전에 매수청산을 했기 때문에 매우 효과적인 거래지만, 만약 하루가 아닌 일주일 또는 한 달 정도 보유전략으로 거래하신다면 하루 거래에서 최고점을 맞추는 것은 의미가 없을 수도 있습니다. 이해가 되시나요?

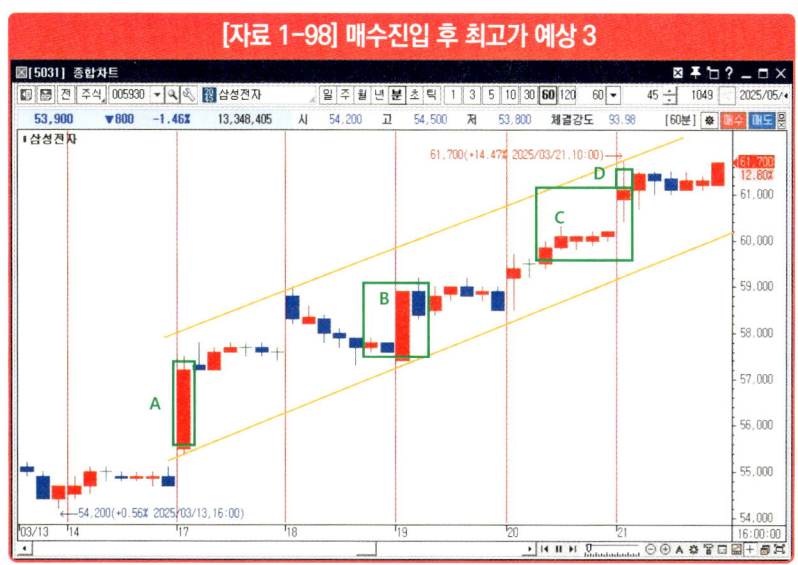

[자료 1-98] 매수진입 후 최고가 예상 3

[자료 1-98]은 주식 거래에서 '삼성전자' 종목으로 60분차트이고 2025년 3월 13일부터 3월 21일까지 추세입니다.

### [자료 1-99] 문자발송 3

삼성전자

55600 매수한후
57400 청산해서
3.04% 수익났습니다

오전 9:45

### [자료 1-100] 문자발송 4

삼성전자

전일 57500 매수한후
58700 청산해서
1.80% 수익났습니다

오전 9:26

### [자료 1-101] 문자발송 5

삼성전자

전일 58500 매수한후
60800 청산해서
2.02% 수익났습니다

오전 9:08

### [자료 1-102] 문자발송 6

삼성전자

60800 재매수한후
61600 청산해서
1.13% 수익났습니다

오전 9:57

[자료 1-99]는 4월 17일에 발송한 내용이고, [자료 1-100]은 4월 19일에 발송한 내용이며, [자료 1-101]과 [자료 1-102]는 4월 21일에 발송한 내용입니다.

[자료 1-98]을 크게 보면 4월 17일부터 4월 21일까지 5일 동안 상승했습니다. 여러분은 4월 17일에 매수진입을 한 후 5일 동안 보유하고 매수청산을 택하실 건가요? 물론 트레이더마다 거래하는 방법이 다르기 때문에 거래하는 방법에는 정답이 없습니다.

그러나 PST이론은 거래할 때 마음 편하게 거래하는 방법을 택하기 때문에 추세가 5일 동안 상승이라도 4월 18일처럼 온종일 추세가 하락할 때는 거래하지 않고 녹색박스 A, B, C, D처럼 추세가 상승할 때만 거래를 하는 전략을 택합니다. 저는 PST교육할 때 실전 거래는 컴퓨터 앞에서만 하라고 말씀드립니다. 컴퓨터를 끄고 주무시거나 익절이나 손절을 걸고 기다리는 전략 자체가 욕심이 있기 때문입니다.

4월 21일 결과를 보니 최고점이 61,700원이고 저는 최고점 전인 61,600원에 매수청산을 했기 때문에 매우 효과적인 거래를 했네요. 이 모든 결과의 자료는 'PST 숭실대 주식 외환 전문가 모임(https://cafe. daum.net/SSUFX)'에서 보실 수 있습니다.

[자료 1-103]은 주식 거래에서 '두산에너빌리티' 종목으로 60분차트이고 2025년 5월 8일부터 5월 15일까지 추세입니다.

[자료 1-104]는 5월 12일에 발송한 내용이고, [자료 1-105]는 5월 14일에 발송한 내용이고 [자료 1-106]은 5월 15일에 발송한 내용이며, [자료 1-107]은 5월 16일에 발송한 내용입니다.

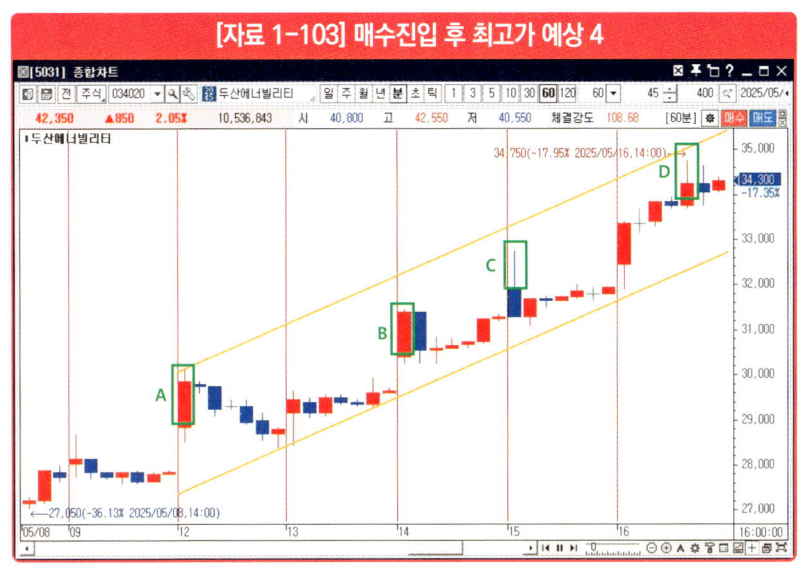

[자료 1-103] 매수진입 후 최고가 예상 4

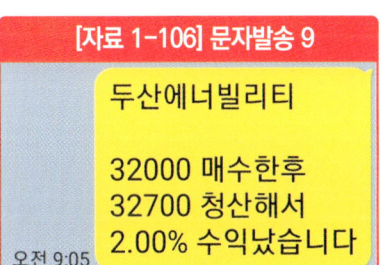

[자료 1-104] 문자발송 7

두산에너빌리티

28850 매수한후
29750 청산해서
2.92% 수익났습니다

오전 9:12

[자료 1-105] 문자발송 8

두산에너빌리티

30500 매수한후
31400 청산해서
2.93% 수익났습니다

오전 9:15

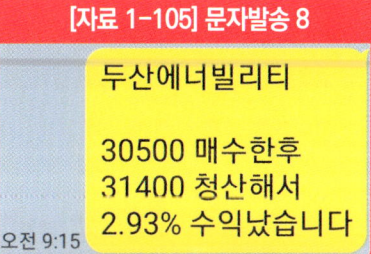

[자료 1-106] 문자발송 9

두산에너빌리티

32000 매수한후
32700 청산해서
2.00% 수익났습니다

오전 9:05

[자료 1-107] 문자발송 10

두산에너빌리티

34000 매수한후
34700 청산해서
1.87% 수익났습니다

오후 1:48

　　[자료 1-103]을 크게 보면 5월 12일부터 5월 16일까지 5일 동안
상승했습니다. 여러분은 5월 12일에 매수진입을 한 후 5일 동안 보유
하고 매수청산을 택하실 건가요? 물론 트레이더마다 거래하는 방법이

다르기 때문에 거래하는 방법에는 정답이 없습니다.

그러나 PST이론은 거래할 때 마음 편하게 거래하는 방법을 택하기 때문에 추세가 5일 동안 상승이라도 5월 13일처럼 온종일 추세가 상승보합 구간일 때는 거래하지 않고 녹색박스 A, B, C, D처럼 추세가 상승할 때만 거래를 하는 전략을 택합니다. A, B, C 경우는 첫 봉만 상승을 보이고 첫 봉 이후는 당일 첫 봉의 최고가보다 가격이 낮아지기 때문에 매수진입 후 보유보다는 매수진입 후 첫 봉의 최고가 전에 매수청산하는 것이 좋은 전략입니다. 5월 16일 결과를 보니 최고점이 34,750원이고 저는 최고점 전인 34,700원에 매수청산을 했기 때문에 매우 효과적인 거래를 했습니다.

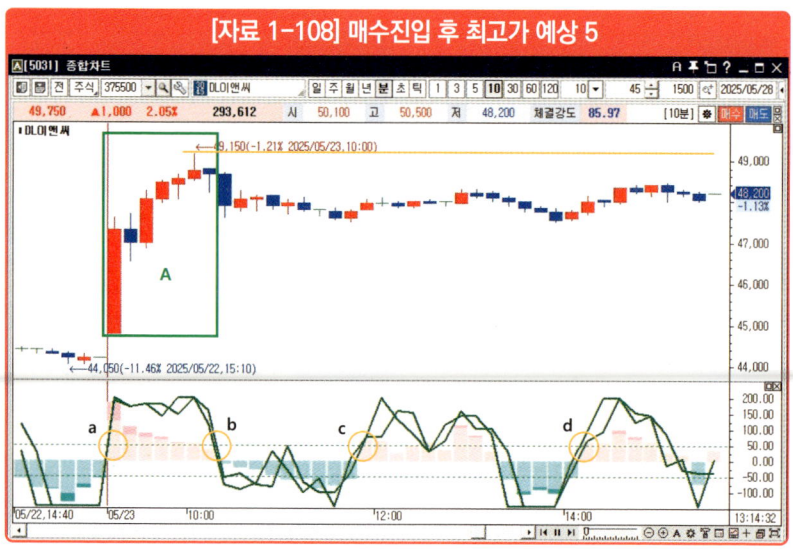

[자료 1-108] 매수진입 후 최고가 예상 5

[자료 1-108]은 주식 거래에서 'DL이앤씨' 종목으로 10분차트이고 2025년 5월 23일 하루 추세입니다. 추세 아래에는 PST108지표를 불러봤습니다.

주식 거래에서 일일 최고점을 찾는 PST지표는 여러 가지가 있는데 이 중 추세를 3차원적으로 분석한 PST108지표를 활용해보면 a지점에서 매수진입을 할 수 있습니다.

　3차원 PST지표는 추세의 위치를 굳이 P1구간 또는 P4-1구간을 찾을 필요 없이 전 구간에서 매수진입 조건만 맞으면 매수진입이 가능합니다. 매수진입 조건은 분홍색 계열의 오실레이터 2개와 잠재신호인 녹색선 2개가 모두 위 기준선을 우상향으로 통과할 때입니다. 매수진입 후 두 번째 캔들이 음봉이 나왔지만, 진입가격까지 가격이 내려오지 않았다면 매수청산지점인 b지점까지 진행이 안 되었기 때문에 매수청산하지 말고 계속 보유해야 합니다. 녹색선이 다시 위 기준점을 우하향으로 통과할 때 1차 매수청산, 2차 매수청산으로 구별할 수 있는데, b지점에서는 2개 녹색선이 동시에 우하향으로 통과했기 때문에 모두 청산하면 녹색박스 A영역만큼 수익을 기대할 수 있습니다.

　c지점과 d지점은 PST108지표 자체로 보면 매수진입이 가능할 것 같지만, 녹색박스 A영역에서 가장 높은 가격에서 노란색선을 연결한 가격보다 낮기 때문에 P2구간으로 매수진입을 하지 말고 관망 전략을 택해야 합니다.


　[자료 1-109]는 주식 거래에서 '테슬라' 종목으로 10분차트이고 2025년 5월 16일 하루 추세입니다. 추세 아래에는 PST108지표를 불러봤습니다.

　유진투자증권 HTS에서 [5031]종합차트 화면에서만 PST지표가 국내주식, 해외주식, 국내선물, 국내옵션으로 연동되어 모두 적용할 수 있습니다. 이번에는 해외주식에서 테슬라 종목으로 하루에 최고가를 찾

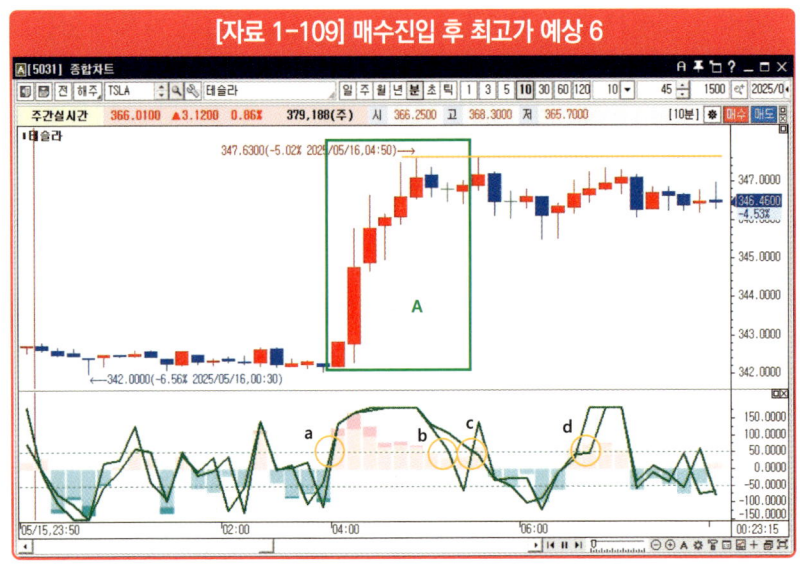

[자료 1-109] 매수진입 후 최고가 예상 6

아보겠습니다.

　새벽 4시경 a지점에서 잠재신호인 녹색선 2개와 분홍색 오실레이터 2개가 모두 위 기준선을 우상향으로 통과하기 때문에 매수진입을 할 수 있습니다. 매수진입 시 양봉의 밑꼬리가 없는 것을 보면 시작가가 저가로 60분을 포함해 하위차트의 타임 프레임도 모두 매수진입 조건이 됨을 알 수 있습니다. 1차 매수청산 지점은 녹색선 1개가 위 기준선을 우하향으로 통과하는 b지점이고, 2차 매수청산 지점은 나머지 녹색선 1개가 위 기준선을 우하향으로 통과하는 c지점입니다. 분홍색 오실레이터가 기준선 위로 우상향 통과했다가 다시 기준선 아래로 우하향 통과할 때까지를 '매수박스(Buying Box)'라고 정의하는데, 매수박스구간만 보유하다 매수청산하면 녹색박스 A영역에서 최고가 근처를 찾을 수 있습니다.

　d지점은 PST108지표 자체로 보면 매수진입이 가능할 것 같지만, 녹

색박스 A영역에서 가장 높은 가격에서 노란색선을 연결한 가격보다 낮기 때문에 P2구간으로 매수진입을 하지 말고 관망 전략을 택해야 합니다.

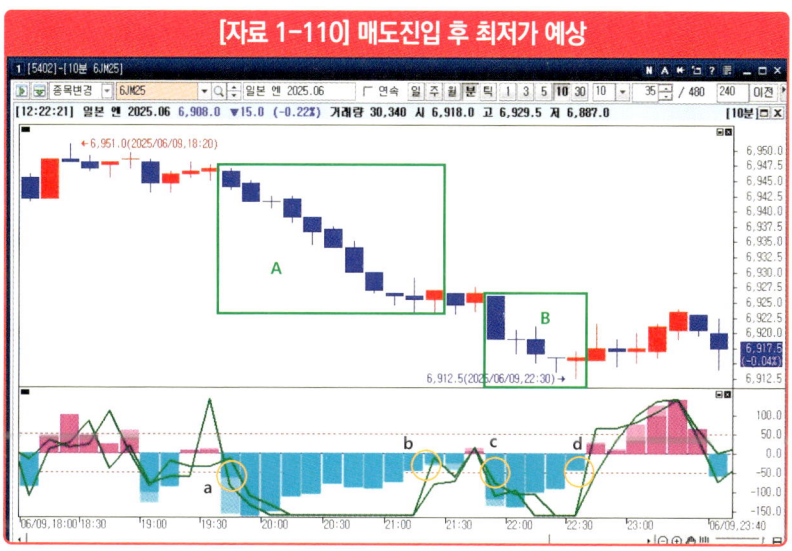

[자료 1-110]은 해외선물 거래에서 '일본 엔 2025년 6월물' 종목으로 10분차트이고 2025년 6월 9일 18시부터 23시 40분까지 추세 흐름입니다. 추세 아래에 PST107지표를 불러봤습니다.

해외선물을 교육받는 분 중에 기준차트를 주식처럼 60분차트를 보면서 하루의 최고점 또는 최저점을 찾으려고 노력하는 분이 많으십니다. 물론 지나간 차트를 기준차트는 60분차트를 보고 PST107지표를 활용하면 주식처럼 하루의 최고점 또는 최저점을 찾을 수는 있습니다만, 레버리지가 큰 상품인 해외선물 거래에서는 진입 후 보유하기가 어렵기 때문에 기준차트를 10분차트로 내려서 한 사이클에서 최고점 또는 최저점을 찾으라고 말씀을 드립니다.

PST107지표는 3차원 PST지표로 추세의 위치와 관계없이 진입할 수 있고 매도진입 후 수익이 날 수 있는 구간을 찾아줍니다.

a지점을 보면 파란색 오실레이터와 잠재신호인 녹색선 2개가 모두 아래 기준선을 우하향으로 통과할 때 매도진입을 할 수 있습니다. 물론 매도진입 시 기준차트인 10분을 포함해 하위차트인 1분, 3분, 5분차트에서도 동일하게 매도진입 조건이 되어야 합니다. 매도진입 후 녹색선 1개가 아래 기준선을 우상향으로 통과하는 b지점에서 하면 녹색박스 A영역만큼 수익을 기대할 수 있습니다. 이후 c지점에서 동일한 방법으로 한 번 더 매도진입을 한 후 d지점에서 매도청산을 하면 녹색박스 B 영역만큼 수익을 기대할 수 있습니다. 여기서 하나 질문을 드려보겠습니다. "녹색박스 B영역이 나올지 안 나올지를 어떻게 알 수가 있을까요?" 정답은 10분차트보다 상위차트인 30분차트에서 매도진입 후 매도청산이 아직 안 나왔으면 30분차트보다 하위차트인 10분차트에서 매도진입해서 수익을 기대할 수 있는 구간이 나올 수도 있습니다. 이제는 이해가 되시지요?

# PART 02

# 추세 분석
## 수익 나는 추세의 해석

# 매수면적 & 매도면적

여러분은 '매수면적(Buying Area)'과 '매도면적(Selling Area)'에 대해서 들어보신 적이 있으신가요? 이 두 용어는 제가 처음으로 만든 용어입니다. 저는 PST이론을 연구하다가 추세는 크게 상승 사이클 구간과 하락 사이클 구간이 반복되는 것을 찾아냈고, 한 사이클 구간에서 매수면적과 매도면적이 또한 반복되는 것을 찾아냈습니다.

- 상승 사이클 구간 : 매수면적, 매도면적 존재
- 하락 사이클 구간 : 매도면적, 매수면적 존재

상승 사이클에서 매수면적이 나오면 PST이론상 타임 프레임은 P1구간 또는 P4-1구간이고, 매도면적이 나오면 P4-2구간이나 P2구간입니다. 반대로 하락 사이클에서 매도면적이 나오면 PST이론상 타임 프레임은 P1구간 또는 P4-1구간이고, 매수면적이 나오면 P4-2구간이나 P2구간입니다. 저는 이 이론이 매우 중요하다고 생각합니다.

손실 보는 트레이더는 본인 생각으로 저항선을 그은 다음 상승추세처럼 보여 캔들이 우상향할 때 매수진입을 하든지, 또는 저항선을 그은 다음 하락추세처럼 보여 캔들이 우하향할 때 매도진입을 합니다. 조금은 생각한 방향으로 추세가 진행할 수 있지만, 시간이 지나갈수록 손실을 보면서 진입이 잘못되었다는 것을 뒤늦게 깨달을 때가 많습니다. 이유가 무엇일까요? 당연히 추세 분석을 잘못한 것입니다. 그러면 저와 같이 사이클과 면적과의 상관관계를 공부해볼까요?

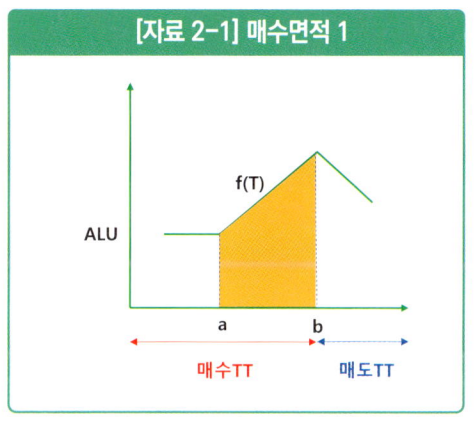

[자료 2-1] 매수면적 1

[자료 2-1]은 상승 사이클 내에서 매수면적을 보여줍니다. 매수면적은 상승 사이클 구간과 하락 사이클 구간을 포함한 모든 구간에서 발생할 수 있습니다. 그러면 여러분이 거래할 때 매수면적을 찾기 전에 상승 사이클 구간을 먼저 찾아야 하는데, 어떻게 하면 좋을까요?

PST지표 중 선물, 옵션 거래를 할 때는 PST31지표를 활용하고, 주식 거래를 할 때는 PST32지표를 활용하면 사이클의 상태는 한 번에 파악할 수 있습니다. 매수면적이 되기 위해서는 반드시 추세 함수선인 f(T)와 매수거래 가능 시간인 매수TT가 존재해야 합니다. 추세 함수선인 f(T)는 추세와 거의 동일한 움직임을 보여줍니다. 시간인 X축에서는 매수TT와 매도TT가 반복되면서 보여줍니다. 매수TT는 a지점 이전까지 구간이고 b지점 이후부터는 매도거래 가능 시간인 매도TT를 알 수 있습니다.

여기서 질문을 하나 드리겠습니다. "추세 함수선인 f(T)를 구할 때 매수TT구간에 해당하는 영역인 매수면적을 구하면 효율적인 거래가 될까요?" 정답은 "아닙니다"입니다. 왜냐하면, 매수진입할 때 a지점 이전구간에서는 추세 기울기가 낮으므로 효과적이지 못하기 때문입니다. 그래서 저는 매수면적 구간에서 가장 효과적인 거래를 하기 위해서 ALU(Accelation Line Up)인 상향 가속선을 새로 만들어서 f(T)가 ALU를 우상향으로 통과할 때부터 매수진입을 합니다.

양봉이 ALU를 우상향으로 통과하면 추세 기울기는 자동적으로 탄젠트 60도 이상~90도 미만으로 설정되어 매수TT까지 매수면적을 구하면 짧은 보유시간 동안 가장 많은 수익을 기대할 수 있습니다. 이를 적분법으로 계산하면 다음과 같이 표현할 수 있습니다.

$$\int_a^b f(T)dt = 매수면적$$

해외선물이나 옵션 거래에서는 PST55지표를 활용하면 적분법으로 매수면적을 구할 수 있고, 주식 거래에서는 PST56지표를 활용해 적분법으로 매수면적을 구할 수 있습니다. 제가 추세를 타임 프레임상 제일 안전하게 수익을 기대할 수 있는 구간은 P1구간과 P4-1구간이라고 말씀을 드렸습니다. 그러면 P1구간과 P4-1구간 이외의 구간은 위험하다는 의미인데요. 만약 매수면적 계산법으로 위험한 구간에서 수익을 기대한다면 어떻게 생각하시나요? PST55지표와 PST56지표는 P1구간, P4-1구간뿐만 아니라 나머지 위험한 모든 구간에서도 매수진입으로 수익을 기대할 수 있는 특별한 장점이 있습니다.

> • 2차원 PST지표 : PST55지표, PST56지표
> • 3차원 PST지표 : PST99지표, PST100지표

추세를 X축(시간), Y축(가격)으로 생각해서 만든 2차원 PST지표는 선물과 옵션처럼 양방향 거래에서는 PST55지표를 활용하고, 주식 거래처럼 한 방향 거래에서는 PST56지표를 활용합니다. 또한, 추세를 X축(시간), Y축(가격), Z축(반대세력)으로 생각해서 만든 3차원 PST지표는 선물과 옵션처럼 양방향 거래에서는 PST99지표를 활용하고, 주식 거래처럼 한 방향 거래에서는 PST100지표를 활용합니다.

각 PST지표에 대한 자세한 설명에 기존에 발간한 《NEW PST주식투자 비법》과 《NEW PST해외선물 투자 비법》을 참고하시길 바랍니다.

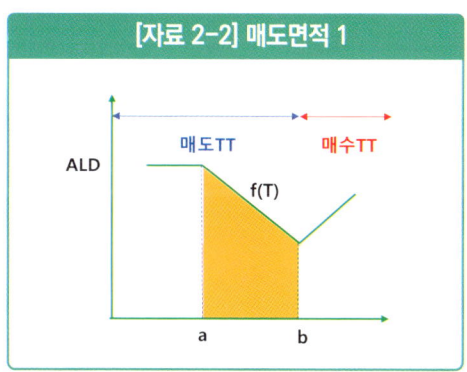

[자료 2-2] 매도면적 1

[자료 2-2]는 하락 사이클 내에서 매수면적으로 보여줍니다. 매도면적은 하락 사이클 구간과 상승 사이클 구간을 포함한 모든 구간에서 발생할 수 있습니다. 그러면 여러분이 거래할 때 매도면적을 찾기 전에 하락 사이클 구간을 먼저 찾아야 하는데, 어떻게 하면 좋을까요? PST지표 중 선물, 옵션 거래를 할 때는 PST31지표를 활용하고, 주식 거래를 할 때는 PST32지표를 활용하면 사이클의 상태는 한 번에 파악할 수 있습니다. 매도면적이 되기 위해서는 반드시 추세 함수선인 f(T)와 매수거래 가능 시간인 매도TT가 존재해야 합니다. 추세 함수선인 f(T)는 추세와 거의 동일하게 움직임을 보여줍니다. 시간인 X축에서는 매도TT와 매수TT가 반복되면서 보여줍니다.

매도TT는 a지점 이전까지 구간이고 b지점 이후부터는 매수거래 가능 시간인 매수TT를 알 수 있는데, 여기서 하나 질문을 드리겠습니다. "추세 함수선인 f(T)를 구할 때 매도TT구간에 해당하는 영역인 매도면적을 구하면 효율적인 거래가 될까요?" 정답은 "아닙니다"입니다. 왜냐하면, 매도진입할 때 a지점 이전 구간에서는 추세 기울기가 낮으므로 효과적이지 못하기 때문입니다. 그래서 저는 매도면적 구간에서 가장 효과적인 거래를 하기 위해서 ALD(Accelation Line Down)인 하향 가속선을 새로 만들어서 f(T)가 ALD를 우하향으로 통과할 때부터 매도진입을 합니다.

음봉이 ALD를 우하향으로 통과하면 추세 기울기는 자동적으로 아크탄젠트 60도 이상~90도 미만으로 설정되어 매도TT까지 매도면적을 구하면 짧은 보유시간 동안 가장 많은 수익을 기대할 수 있습니다. 이를 적분법으로 계산하면 다음과 같이 표현할 수 있습니다.

$$\int_{a}^{b} f\,(T)\,dt = \text{매도면적}$$

해외선물이나 옵션 거래에서는 PST55지표를 활용하면 적분법으로 매도면적을 구할 수 있습니다. 제가 추세를 타임 프레임상 제일 안전하게 수익을 기대할 수 있는 구간은 P1구간과 P4-1구간이라고 말씀을 드렸습니다. 그러면 P1구간과 P4-1구간 이외의 구간은 위험하다는 의미인데요. 만약 매도면적 계산법으로 위험한 구간에서 수익을 기대한다면 어떻게 생각하시나요? PST55지표와 PST56지표는 P1구간, P4-1구간뿐만 아니라 나머지 위험한 모든 구간에서도 매도진입으로 수익을 기대할 수 있는 특별한 장점이 있습니다.

> • 2차원 PST지표 : PST55지표
> • 3차원 PST지표 : PST99지표

추세를 X축(시간), Y축(가격)으로 생각해서 만든 2차원 PST지표는 선물과 옵션처럼 양방향 거래에서는 PST55지표를 활용합니다. 또한, 추세를 X축(시간), Y축(가격), Z축(반대세력)으로 생각해서 만든 3차원 PST지표는 선물과 옵션처럼 양방향 거래에서는 PST99지표를 활용합니다.

각 PST지표에 대한 자세한 설명에 기존에 발간한 《NEW PST주식 투자 비법》과 《NEW PST해외선물 투자 비법》을 참고하시길 바랍니다.

[자료 2-3]은 해외선물 거래에서 '미니 S&P 500 2025년 9월물' 종목으로 10분차트이고 2025년 6월 20일 12시부터 17시 40분까지 추

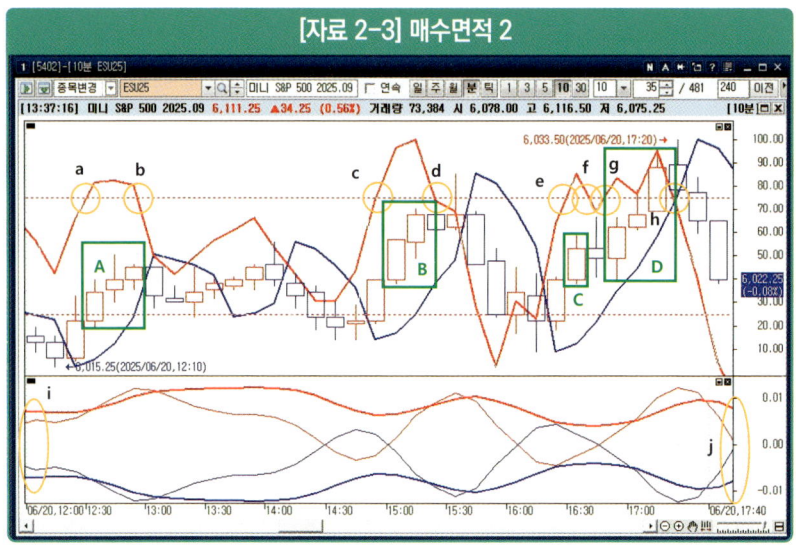

[자료 2-3] 매수면적 2

세 흐름입니다. 추세 위에는 PST55지표와 추세 아래에 PST31지표를 불러봤습니다.

PST31지표를 활용하면 i지점부터 j지점까지는 굵은 빨간색선이 굵은 파란색선 위에 존재하므로 상승 사이클 구간임을 한 번에 알 수 있습니다. 물론 PST55지표는 타임 프레임상 모든 구간에서 매수진입해서 수익을 기대할 수 있지만, 매수진입 시 하락 사이클 구간보다 상승 사이클 구간이면 수익을 조금 더 기대할 수 있습니다.

PST55지표는 추세 위에 위치해 추세와 같이 표시됩니다. 빨간색선은 추세 함수선인 f(T)이고, 파란색선은 매수TT와 매도TT를 의미합니다. 그래서 빨간색선과 파란색선이 교차해서 다음 교차 때까지 면적으로 생각하는데, 빨간색선이 파란색선 위에 존재하면 매수면적으로 생각하면 됩니다. 그러면 언제 매수진입하면 될까요?

추세 위를 보면 빨간 점선이 2개가 보이시나요? 위에 있는 것이 ALU

이고, 아래 있는 것이 ALD입니다. 그러므로 매수면적에서 효과적인 거래는 f(T)가 ALU를 우상향으로 통과할 때입니다. 매수진입 시점은 a, c, e, g지점이고 매수청산은 빨간색선이 파란색선을 우하향으로 통과해서 매도면적으로 바뀔 때나 또는 매도면적으로 바뀌기 전에 f(T)가 ALU를 우하향으로 통과할 때입니다. 그러므로 매수청산 시점은 b, d, f, h지점입니다. 또 하나의 장점이 있는데요. 상승 사이클 내에서 재상승 시 PST55지표를 활용할 때는 다이버전스 체크는 이제 굳이 안 하셔도 됩니다.

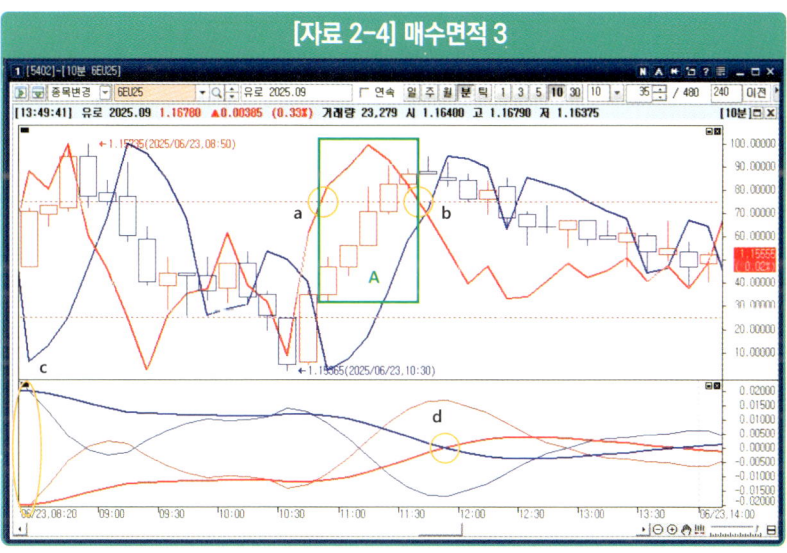

[자료 2-4]는 해외선물 거래에서 '유로 2025년 9월물' 종목으로 10분차트이고 2025년 6월 23일 8시 20분부터 14시까지 추세 흐름입니다. 추세 위에는 PST55지표와 추세 아래에 PST31지표를 불러봤습니다.

[자료 2-3]은 상승 사이클 구간에서 매수진입을 한 경우이고, [자료 2-4]는 반대로 하락 사이클 구간에서 매수진입한 경우입니다. PST55

지표는 선물, 옵션 거래처럼 양방향 거래에서 적용이 가능할 뿐만 아니라 주식처럼 한 방향에서 적용할 수 있습니다.

a지점에서 매수진입할 때 타임 프레임상 어떤 구간인가요? PST31지표를 보면 c지점부터 d지점까지는 굵은 파란색선이 굵은 빨간색선 위에 존재하므로 하락 사이클 구간이고, a지점에 해당하는 위치를 PST31지표로 보면 가는 빨간색선이 굵은 파란색선 우상향으로 통과(P2-1)하기 전이기 때문에 P2-2구간입니다. 제가 PST를 교육할 때 초급과정과 중급과정에서는 P2-2구간을 거래하지 말고 관망하라고 말씀을 드립니다. 왜냐하면 P2-2구간이 수익 내기가 가장 어려운 구간이기 때문이지요. 그러나 고급과정에서 배우는 PST55지표가 있으면 P2-2구간을 포함해 모든 구간에서 진입할 수 있습니다.

매수진입은 매수면적으로 변환된 후 f(T)가 ALU를 우상향으로 통과하는 a지점입니다. 물론 기준차트인 10분차트에 매수진입 조건이 맞는다고 무조건 매수진입하면 안 되고 하위차트인 5분, 3분, 1분차트까지 모두 매수진입 조건이 맞아야 합니다. 물론 일반적으로 모두 맞지는 않지만, 최소 1분은 맞아야 합니다. 매수청산을 b지점에서 하면 녹색박스 A영역만큼 수익을 기대할 수 있습니다.

[자료 2-5]는 해외선물 거래에서 'WTI 2025년 8월물' 종목으로 10분차트이고 2025년 6월 23일 23시 10분부터 6월 24일 4시 50분까지 추세 흐름입니다. 추세 위에는 PST55지표와 추세 아래에 PST31지표를 불러봤습니다.

이번에는 하락 사이클 구간에서 매도면적으로 거래를 보여주는 경우입니다. PST55지표를 활용해 빨간색선이 파란색선과 교차해 파란색선

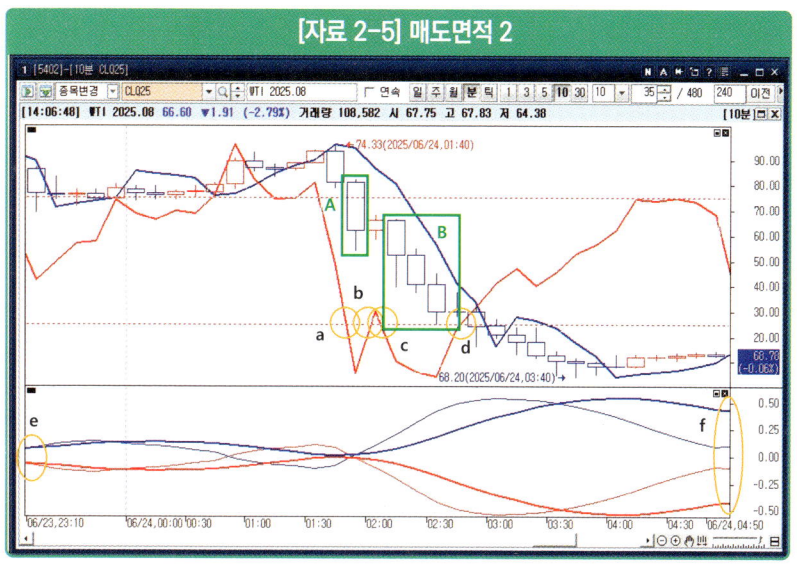

[자료 2-5] 매도면적 2

이 빨간색선 위에 존재하면 매도면적이 보이게 됩니다. PST31지표를 보면 e지점부터 f지점까지는 굵은 파란색선이 굵은 빨간색선 위에 존재하므로 하락 사이클 구간임을 한 번에 알 수 있습니다. 전 구간이 하락 사이클 구간에서 면적은 매도면적과 매수면적이 반복됨을 알 수 있습니다. 사이클이 면적보다는 광의의 개념으로 생각하시면 이해가 빠를 것 같네요.

PST55를 활용해서 모든 구간에 진입할 수 있으므로 PST31지표에서는 T3이 T4 위에 있는 안전한 구간인지 또는 불안전한 구간인지를 굳이 확인할 필요가 없습니다. 놀라운 사실은 만약 PST55지표를 활용해서 거래할 때 불안전한 구간에서 진입하더라도 수익이 나는 지점에서 청산을 알려주기에 아무 걱정이 없습니다.

매도진입은 매도면적에서 f(T)가 아래 ALD(빨간 점선)를 우하향으로 통과하는 a, c지점이고 매도청산은 f(T)가 ALD를 다시 우상향으로 통과하는 b, d지점입니다. 결과는 매도면적 중 녹색박스 A영역과 B영역에서 수익이 난 것을 알 수 있습니다. 중간에 양봉이 출현하기 전에 PST55지표는 매도청산하라고 여러분께 알려줍니다. 물론 상위차트가 매도청산이 안 나오면 계속 보유할 수 있지만, PST이론상 기준차트인 10분차트에서 캔들 색깔이 변할 때 청산하는 것이 올바른 전략입니다.

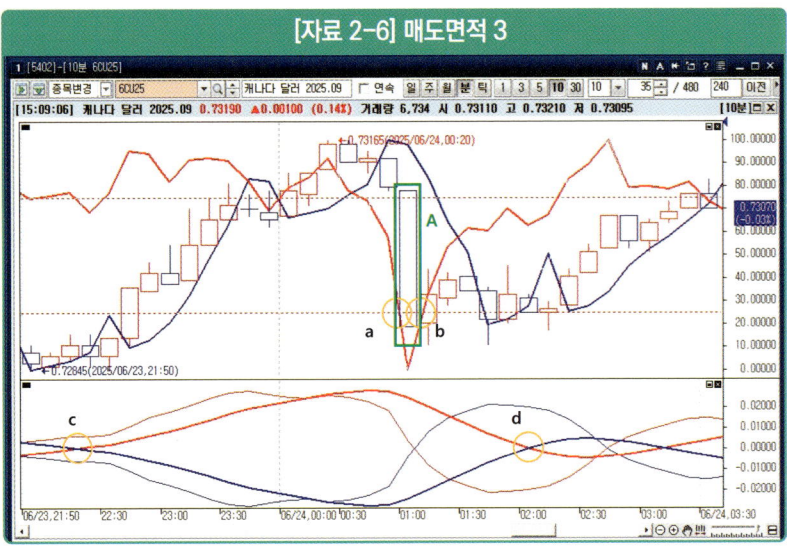

[자료 2-6]은 해외선물 거래에서 '캐나다 달러 2025년 9월물' 종목으로 10분차트이고 2025년 6월 23일 21시 50분부터 6월 24일 3시 30분까지 추세 흐름입니다. 추세 위에는 PST55지표와 추세 아래에 PST31지표를 불러봤습니다.

[자료 2-6]은 [자료 2-5]와 같이 매도면적으로 PST55지표를 활용해서 수익 나는 것을 보여주지만 차이점은 무엇일까요? 차이점은 [자료 2-5]는 하락 사이클 구간에서 매도면적을 계산하지만, [자료 2-6]은 상승 사이클 구간에서 매도면적으로 계산한다는 것입니다. 그러면

매도진입 시 사이클의 상태는 무엇으로 판단하나요? 다시 한번 말씀드리지만 현재 사이클 상태는 PST55지표로 확인하는 것이 아니고, 추세 아래에 있는 PST31지표로 확인해야 합니다. PST31지표를 활용하면 c지점부터 d지점까지는 상승 사이클 구간인 것을 한 번에 알 수가 있습니다.

PST에 대해 강의할 때 저는 본인만의 진입, 보유, 청산하는 거래규칙을 만들라고 말씀드립니다. 밀리지 않는 진입, 편안한 보유, 베스트 청산을 반드시 찾으셔야 합니다. 이 규칙을 찾기 전에 가장 먼저 해야 하는 것이 현재 사이클의 상태입니다. 매도진입을 할 때도 하락 사이클에서 매도진입은 [자료 2-5]처럼 오래 보유하는 것을 기대할 수 있지만, [자료 2-6]처럼 상승 사이클에서 역방향으로 매도진입할 때는 오래 보유하지 말고 짧게 해야 합니다.

매도진입은 PST55지표를 활용해서 f(T)가 ALD를 우하향으로 통과하는 a지점에서 해야 하고, 매도청산은 매도면적에서 매수면적으로 변환되기 전에 f(T)가 ALD를 다시 우상향으로 통과하는 b지점에서 하면 녹색박스 A영역만큼 수익을 기대할 수 있습니다.

[자료 2-7]은 주식 거래에서 '카카오' 종목으로 10분차트이고 2025년 5월 20일 11시 50분부터 5월 21일 14시 10분까지 추세 흐름입니다. 추세 위에는 PST56지표와 추세 아래에 PST32지표를 불러봤습니다.

주식 거래에서 사용하는 PST56지표는 선물, 옵션 거래에서 사용하는 PST55지표와 동일하게 활용할 수 있습니다. PST이론상 PST56지표도 매수면적과 매도면적을 이용해 매수진입과 매도진입으로 수익을 기대할 수 있지만, 거래하는 상품이 주식은 매수진입으로만 수익을 기

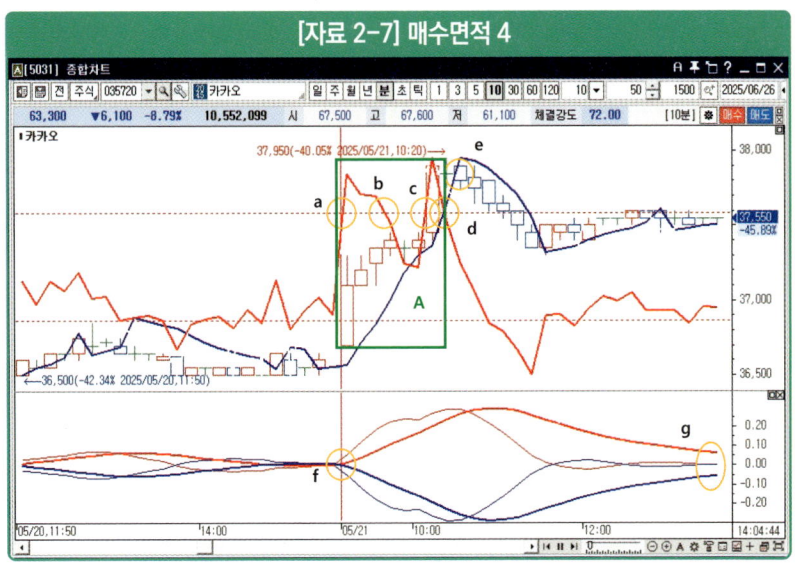

[자료 2-7] 매수면적 4

대할 수 있으므로 매수면적만 고려합니다.

　[자료 2-7]은 상승 사이클 구간에서 매수면적을 확인할 수 있습니다. 물론 f지점 이전에도 상승 사이클 구간과 매수면적을 보였지만 f(T)가 ALU를 우상향으로 통과하는 상승 사이클 구간에서도 매수진입 지점이 없습니다. 그러면 어디서 매수진입할까요? a지점에서 빨간색선인 f(T)가 위의 기준선인 ALU를 우상향으로 통과한 지점에서 매수진입을 합니다. 물론 PST이론상 매수진입 시 주식 거래에서 기준차트인 60분차트가 조건이 된 상태에서 60분차트보다 하위차트인 1분, 3분, 5분, 10분, 30분차트에서도 동일 매수진입 조건이 맞아야 가능합니다. 매수청산은 f(T)가 다시 ALU를 우하향으로 통과하는 b지점에서 하면 40분 동안 수익을 기대할 수 있습니다. 그리고 다시 동일한 방법으로 매수면적이 보인 후 c지점에서 매수진입을 한 후 d지점에서 매수청산을 할 수 있습니다. 또 다른 매수청산 방법으로 상승 사이클 구간(f지점~g지점)

에서 캔들이 매수TT구간에서 매도TT로 바뀐 e지점에서 하면 녹색박
스 A영역만큼 수익을 기대할 수 있습니다.

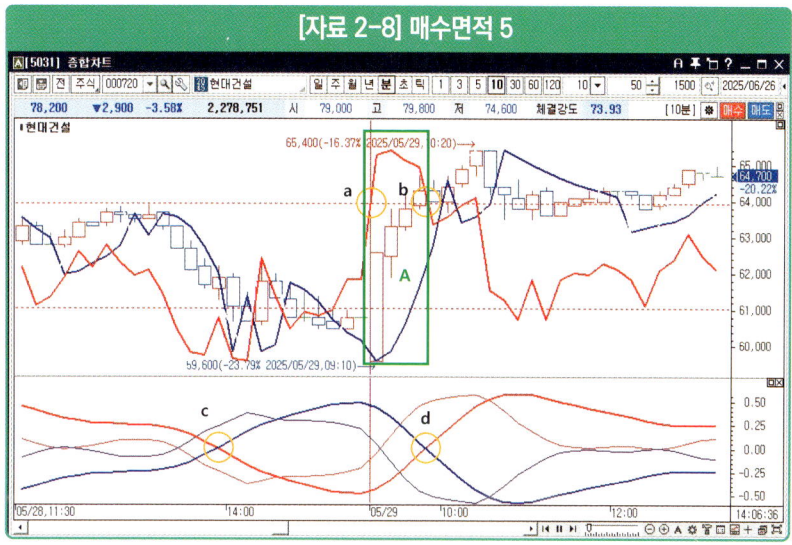

[자료 2-8]은 주식 거래에서 '현대건설' 종목으로 10분차트이고
2025년 5월 28일 11시 30분부터 5월 29일 14시 10분까지 추세 흐름
입니다. 추세 위에는 PST56지표와 추세 아래에 PST32지표를 불러봤
습니다.

[자료 2-7]은 상승 사이클 내에서 매수면적을 확인하는 것에 비해
[자료 2-8]은 하락 사이클 구간에서 매수면적을 확인하는 것을 보여줍
니다. PST32지표를 활용하면 c지점부터 d지점까지는 굵은 파란색선
이 굵은 빨간색선 위에 존재하므로 하락 사이클 구간임을 한 번에 알
수 있습니다. 하락 사이클 구간에서도 PST56지표를 활용하면 매도면
적과 매수면적이 반복되는 것을 알 수 있습니다.

주식 거래에서 PST56지표로 매수진입만 고려하지만, 반대로 매도

진입 구간에서는 관망해야 하는 전략을 세울 수 있습니다. 예를 들어, c 지점 이전에서 추세가 하락할 때 손실 보는 트레이더는 본인만의 생각으로 지지선과 저항선을 그어서 캔들이 지지선을 통과하면서 우하향할 때 저점매수로 매수진입을 하다가는 계속 손실을 볼 수 있다는 것을 PST56지표가 알려줍니다. 더욱 쉽게 설명해드리면 PST56지표로 매도진입으로 수익날 수 있는 구간은 매수진입은 무조건 관망해야 합니다. 하락 사이클인 c지점과 d지점 사이에서 매수면적으로 바뀐 후 a지점에서 매수진입를 한 후 b지점에서 매수청산을 하면 녹색박스 A영역만큼 수익을 기대할 수 있습니다. PST이론상 주식 거래에서 순방향 매수진입은 P1구간 또는 P4구간이고 역방향 매수진입은 P2구간이 됩니다. a지점에서 매수진입은 P2구간 중에서 P2-2구간에 해당하는데, 일반적으로 P2-2구간은 관망 전략을 해야 하지만, PST56지표에서는 조건이 맞으면 매수진입할 수 있습니다.

# 매수세력 & 매도세력

여러분은 '매수세력(Buying Pressure)'과 '매도세력(Buying Pressure)'에 대해서 들어보신 적이 있으신가요? 이 두 용어는 제가 처음으로 만든 용어입니다. 저는 PST이론을 연구하다가 추세는 크게 상승 사이클 구간과 하락 사이클 구간이 반복되는 것을 찾아냈고, 한 사이클 구간에서 매수면적과 매도면적이 반복되는 것을 찾아냈습니다.

> • 상승 사이클 구간 : 매수세력, 매도세력 존재
> • 하락 사이클 구간 : 매도세력, 매수세력 존재

앞 장에서 여러분은 상승 사이클 구간에서 매수면적과 매도면적이 존재하고, 하락 사이클 구간에서 매도면적과 매수면적이 존재한다고 배웠습니다. 그러면 이제 사이클과 면적과 세력 간의 상관관계를 확인해야 합니다. 이 3가지의 관계를 반드시 이해하셔야 추세의 흐름을 쉽게 이해할 수가 있습니다.

> • 매수세력 : 매수면적, 매도면적 존재
> • 매도세력 : 매도면적, 매수면적 존재

　매수면적과 매도면적은 반복적으로 매수세력에서 존재하고, 매수세력과 매도세력 역시 반복적으로 상승 사이클 구간에서 존재합니다. 또한, 매도면적과 매수면적은 반복적으로 매도세력에서 존재하고, 매도세력과 매수세력 역시 반복적으로 하락 사이클 구간에서 존재합니다.

[자료 2-9] 상관관계

사이클
세력
면적

　[자료 2-9]는 사이클, 세력, 면적 간의 상관관계를 보여줍니다. 매수면적과 매도면적이 모여서 세력이 되고, 매수세력과 매도세력이 모여서 사이클이 됩니다. 상승 사이클 구간에서 추세가 상승강화 구간처럼 진행하다가 상승보합 구간으로 전환할 때는 매수세력에서 매도세력으로 전환이 되고, 매수세력이 진행될 때도 매수면적에서 매도면적으로 전환하면 상승추세는 P2구간의 변동성을 보이게 됩니다.

　이와 반대로 하락 사이클 내서 추세가 하락강화 구간처럼 진행하다가 하락보합 구간으로 전환할 때는 매도세력에서 매수세력으로 전환이 되고, 매도세력이 진행될 때도 매도면적에서 매수면적으로 전환하면 하락추세는 P2구간의 변동성을 보이게 됩니다.

　제가 수업시간 때 본인의 룰을 진입, 보유, 청산 3단계로 반드시 만들라고 말씀을 드립니다. 사이클, 세력, 면적 간의 상관관계를 이해하시면 3단계 중에서 보유할 때 매우 유용합니다. 매수진입 후 추세가 상승하다가 횡보 또는 하락으로 전환할 때 계속 보유할지 아니면 매수청산할지 또는 매도진입 후 추세가 하락하다가 횡보 또는 상승으로 전환할 때 계속 보유할지 아니면 매도청산할지 결정하기가 쉽습니다.

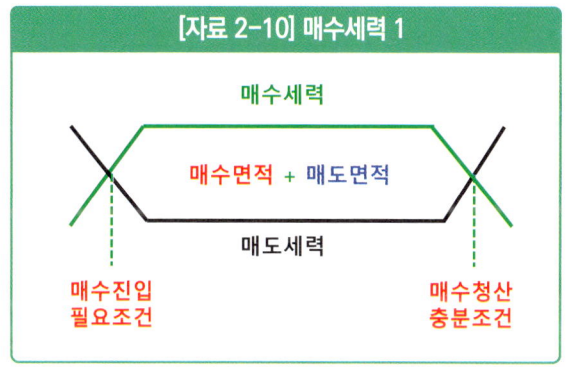

　[자료 2-10]은 매수세력이 매도세력 위에 존재하는 경우를 보여줍니다. 이 경우는 상승 사이클 구간에서 발생할 수도 있고, 하락 사이클 구간에서 발생할 수도 있습니다. PST이론상 상승 사이클 구간에서 매수진입이 되기 위해서는 반드시 매수진입 필요조건인 매수세력이 매도세력보다는 커야 합니다. 추세를 만드는 주체는 마켓 메이커와 마켓 팔로어가 있다고 말씀드렸는데요. 마켓 메이커가 상승 사이클, 매수세력, 매수면적을 만들면서 추세를 상승으로 이끌 수 있습니다.

　여러분이 거래할 때 매수세력을 찾기 전에 상승 사이클 구간을 먼저 찾아야 하는데, 어떻게 하면 좋을까요? PST지표 중 선물, 옵션 거래를 할 때는 PST31지표를 활용하고, 주식 거래를 할 때는 PST32지표를 활용하면 상승 사이클 구간 상태를 한 번에 파악할 수 있습니다. PST31지표와 PST32지표에 관한 설명은 기존에 출간한 책을 참고하시길 바랍니다. 매수면적과 매도면적을 보여주는 PST지표는 선물, 옵션 거래를 할 때는 PST68지표를 활용하고 주식 거래를 할 때는 PST38지표를 활용합니다. 한 번 더 정리하면 상승 사이클 구간에서 매수면적이 충족되어 매수진입 필요조건이 되어도 바로 매수진입을 하면 안 되고, 반드시 매수면적이 매수진입 조건을 충족시킬 때 매수진입이 가능합니다. 이후 매수청산은 매수면적이 매도면적으로 전환해도 매도세력이 매수세력보다 크지 않고, 매수진입 후 이익을 보는 경우라면 계속 매수보유가 가능합니다. 매수청산은 [자료 2-10]에서 매수청산 충분조건이 나올 때 고려하면 많은 수익을 기대할 수 있습니다.

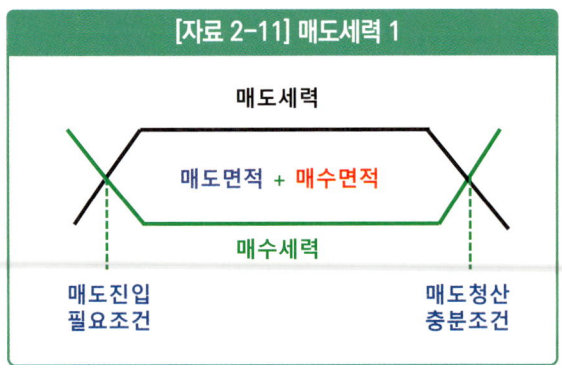

[자료 2-11]은 매도세력이 매수세력 위에 존재하는 경우를 보여줍니다. 이 경우는 하락 사이클에서 발생할 수도 있고, 상승 사이클에서 발생할 수도 있습니다. PST이론상 하락 사이클에서 매도진입이 되기 위해서는 반드시 매도진입 필요조건인 매도세력이 매수세력보다는 커

야 합니다. 추세를 만드는 주체는 마켓 메이커와 마켓 팔로어가 있다고 말씀드렸는데요. 마켓 메이커가 하락 사이클, 매도세력, 매도면적을 만들면서 추세를 하락으로 이끌 수 있습니다.

여러분이 거래할 때 매수세력을 찾기 전에 하락 사이클 구간을 먼저 찾아야 하는데, 어떻게 하면 좋을까요? PST지표 중 선물, 옵션 거래를 할 때는 PST31지표를 활용하고, 주식 거래를 할 때는 PST32지표를 활용하면 하락 사이클 구간 상태를 한 번에 파악할 수 있습니다. PST31지표와 PST32지표에 관한 설명은 기존에 출간한 책을 참고하시길 바랍니다. 매도면적과 매수면적을 보여주는 PST지표는 선물, 옵션 거래를 할 때는 PST68지표를 활용하고, 주식 거래를 할 때는 PST38지표를 활용합니다. 한 번 더 정리하면 하락 사이클 구간에서 매도면적이 충족되어 매도진입 필요조건이 되어도 바로 매도진입을 하면 안 되고, 반드시 매도면적이 매도진입 조건을 충족시킬 때 매도진입이 가능합니다. 이후 매도청산은 매도면적이 매수면적으로 전환해도 매수세력이 매도세력보다 크지 않고, 매도진입 후 이익을 보는 경우라면 계속 매도보유가 가능합니다. 매도청산은 [자료 2-11]에서 매도청산 충분조건이 나올 때 고려하면 많은 수익을 기대할 수 있습니다.

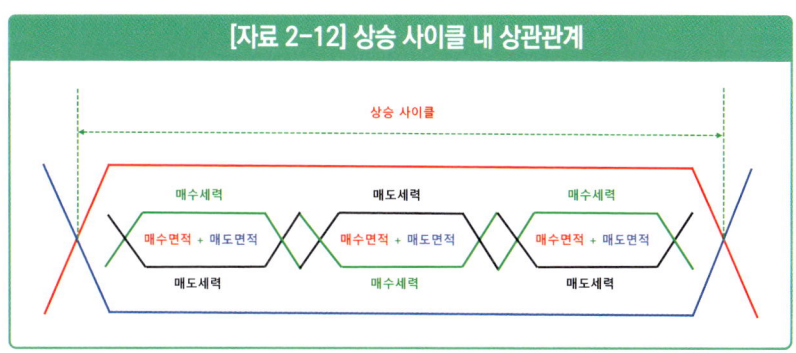

[자료 2-12] 상승 사이클 내 상관관계

[자료 2-12]는 상승 사이클 내에서 세력과 면적 간 상관관계를 보여줍니다. 마켓 메이커가 만드는 추세는 상승 사이클과 하락 사이클이 반복됩니다. 상승 사이클이 시작되기 전에는 하락 사이클이 끝나고, 상승 사이클이 끝이 나면 하락 사이클이 시작됩니다. 또한, 상승 사이클 구간에서도 매수세력과 매도세력이 존재해 매수세력이 매도세력보다 큰 구간과 매도세력이 매수세력보다 큰 구간이 반복되고, 매수세력이 매도세력보다 큰 구간 내에서도 매수면적과 매도면적이 반복됩니다.

여러분은 이제 상승 사이클에서 추세 흐름을 조금은 이해할 준비가 되었습니다. 상승 사이클 구간에서 매수진입할 때 가장 안전한 진입은 어디일까요? 그렇지요. 상승 사이클 구간에서 매수세력이 매도세력보다 큰 구간이면서 매수면적이 존재해야 합니다. 그리고 매수진입 시점은 매수면적 내에서 f(T)선이 ALU를 우상향 통과할 때입니다.

질문을 하나 해보겠습니다. "매수진입 후 첫 번째 P2구간 출현이 왜 발생할까요?" 이유는 매수면적에서 매도면적으로 변환했기 때문입니다. P2구간에서 음봉이 출현해도 생각만큼 크게 하락하지 않는 이유는 매수세력이 매도세력보다 아직은 크기 때문입니다. 매도면적에서 매수면적으로 변환되어도 매도세력이 매수세력보다 커지기 전까지는 계속 보유가 가능하지만, 매도면적이 계속 유지되면서 매도세력이 매수세력보다 커지면 P2구간 시간이 길어진다는 것을 예상할 수 있습니다.

조금 어려운 질문을 하나 더 해보겠습니다. "상승 사이클 구간이 끝나기 전에 매도진입을 해서 수익을 기대하려면 어떤 조건이 될까요?" 상승 사이클 구간이 끝나기 전에 매도진입을 했다는 의미는 P2구간에서 역방향으로 진입했다는 의미입니다. 그래서 매도진입은 상승 사이클 구간이 유지되지만, 매도세력이 매수세력보다 큰 경우이면서 매도면적 내에서 f(T)선이 ALD를 우하향으로 통과할 때입니다.

이해가 되시나요? 상승 사이클 구간에서 추세가 왜 음봉이 출현하는 지를 알면서 거래를 하면 추세의 흐름을 파악하는 데 매우 중요합니다.

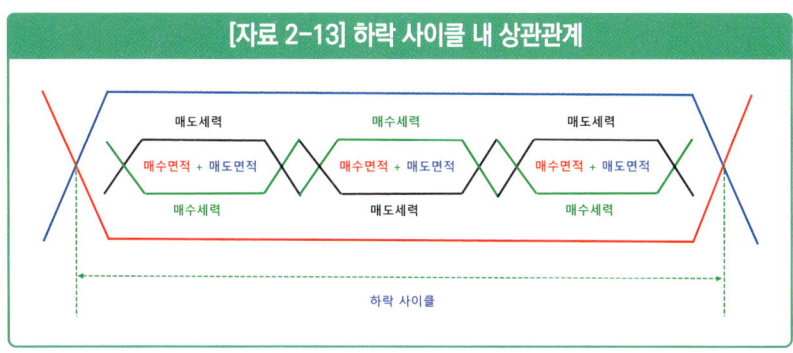

[자료 2-13]은 하락 사이클 내에서 세력과 면적 간 상관관계를 보여 줍니다. 마켓 메이커가 만드는 추세는 하락 사이클과 상승 사이클이 반 복됩니다. 하락 사이클이 시작되기 전에는 상승 사이클이 끝나고 하락 사이클이 끝이 나면 상승 사이클이 시작됩니다. 또한, 하락 사이클 구 간에서도 매도세력과 매수세력이 존재해 매도세력이 매수세력보다 큰 구간과 매수세력이 매도세력보다 큰 구간이 반복되고, 매도세력이 매 수세력보다 큰 구간 내에서도 매도면적과 매수면적이 반복됩니다.

여러분은 이제 하락 사이클 구간에서 추세 흐름을 조금은 이해할 준 비가 되었습니다. 하락 사이클 구간에서 매도진입을 할 때 가장 안전한 진입은 어디일까요? 그렇지요. 하락 사이클 구간에서 매도세력이 매수 세력보다 큰 구간이면서 매도면적이 존재해야 합니다. 그리고 매도진 입 시점은 매도면적 내에서 f(T)선이 ALD를 우하향 통과할 때입니다.

질문을 하나 해보겠습니다. "매도진입 후 첫 번째 P2구간 출현이 왜 발생할까요?" 이유는 매도면적에서 매수면적으로 변환했기 때문입니다. P2구간에서 양봉이 출현해도 생각만큼 크게 상승하지 않는 이유는 매도세력이 매수세력보다 아직은 크기 때문입니다. 매수면적에서 매도면적으로 변환되어도 매수세력이 매도세력보다 커지기 전까지는 계속 보유가 가능하지만, 매수면적이 계속 유지되면서 매수세력이 매도세력보다 커지면 P2구간 시간이 길어진다는 것을 예상할 수 있습니다.

조금 어려운 질문을 하나 더 해보겠습니다. "하락 사이클 구간이 끝나기 전에 매수진입을 해서 수익을 기대하려면 어떤 조건이 될까요?" 하락 사이클 구간이 끝나기 전에 매수진입을 했다는 의미는 P2구간에서 역방향으로 진입했다는 의미입니다. 그러므로 매수진입은 하락 사이클 구간이 유지되지만, 매수세력이 매도세력보다 큰 경우이면서 매수면적 내에서 f(T)선이 ALU를 우상향으로 통과할 때입니다. 이해가 되시나요? 하락 사이클 구간에서 추세가 왜 양봉이 출현하는지를 알면서 거래를 하면 추세의 흐름을 파악하는 데 매우 중요합니다.

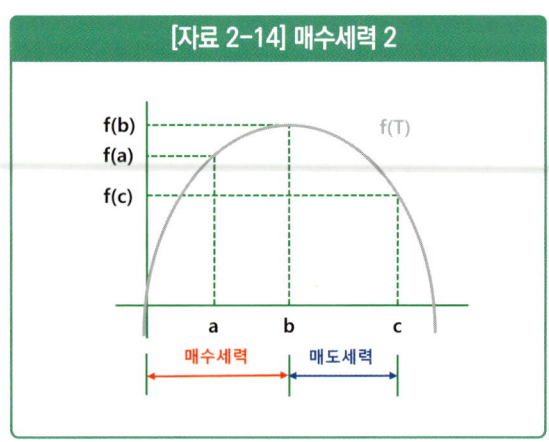

[자료 2-14] 매수세력 2

[자료 2-14]는 추세선 f(T)가 시간에 따라 매수세력 상태를 보여주고 있습니다. 마켓 메이커가 만드는 추세는 마켓 메이커가 b지점까지는 매수세력이 매도세력보다 큰 상태를 보여 가격이 계속 상승하는 것을 알 수 있고, b지점 이후부터는 매수세력이 매도세력보다 작은 상태를 보여 가격이 계속 하락하는 것을 알 수 있습니다.

X축은 시간을 의미하고 Y축은 가격을 의미합니다. 매수진입 후 a지점에서 매수청산을 하면 f(a)에 해당하는 가격을 갖습니다. 이때까지는 P1구간으로 매수세력이 매도세력보다 큰 경우라서 수익을 기대할 수 있습니다. 매수진입 후 b지점에서 매수청산을 하면 f(b)에 해당하는 가격을 갖는데, 이때까지도 P1구간과 P4구간을 포함해서 매수세력이 매도세력보다 큰 경우라서 수익을 기대할 수 있고, 가장 높은 최고점에서 매수청산을 하게 됩니다. PST이론상 매수진입 후 가장 높은 가격인 f(b)는 알지 못하지만, 매수진입 시 추세의 기울기를 탄젠트 60도 이상 ~90도 미만으로 설정하고 최대수익을 기대하는 X축에서 b지점을 알기 때문에 b지점까지 보유하는 전략을 택합니다. 매수진입 후 c지점에서 매수청산을 하면 f(c)에 해당하는 가격을 갖는데, 이때까지는 P2구간으로 매도세력이 매수세력보다 큰 경우라서 수익을 기대할 수 있지만, 원하는 가격에 매수청산이 쉽지 않을 수도 있습니다.

매수세력과 매도세력의 상태를 파악하는 PST지표는 주식 거래처럼 한 방향 거래에서는 PST38지표를 활용하고 선물, 옵션처럼 양방향 거래에서는 PST68지표를 활용합니다. PST38지표와 PST68지표는 사이클과 동일한 방향으로 진입했을 때만 보유와 청산이 매우 유용합니다. 만약 하락 사이클 구간에서 매수진입을 했을 때나 상승 사이클 구간에서 매도진입을 했을 때는 PST38지표나 PST68지표는 활용할 수 없고 이때는 한 방향 거래에서는 PST76지표를 활용하고, 양방향 거래에서는 PST75지표를 활용하면 됩니다. 각 PST지표에 대한 자세한 설명은 기존에 발간한 책을 참고하시길 바랍니다.

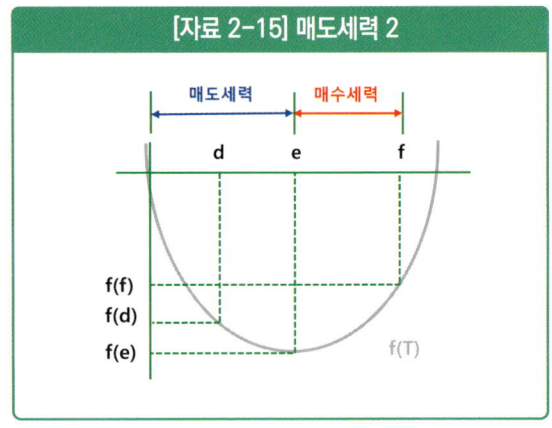

[자료 2-15] 매도세력 2

[자료 2-15]는 추세선 f(T)가 시간에 따라 매도세력 상태를 보여주고 있습니다. 마켓 메이커가 만드는 추세는 마켓 메이커가 e지점까지는 매도세력이 매수세력보다 큰 상태를 보여 가격이 계속 하락하는 것을 알 수 있고, e지점 이후부터는 매도세력이 매수세력보다 작은 상태를 보여 가격이 계속 상승하는 것을 알 수 있습니다.

X축은 시간을 의미하고 Y축은 가격을 의미합니다. 매도진입 후 d지점에서 매도청산을 하면 f(d)에 해당하는 가격을 갖는데, 이때까지는 P1구간으로 매도세력이 매수세력보다 큰 경우라서 수익을 기대할 수 있습니다. 매도진입 후 e지점에서 매도청산을 하면 f(e)에 해당하는 가격을 갖는데, 이때까지도 P1구간과 P4구간을 포함해서 매도세력이 매수세력보다 큰 경우라서 수익을 기대할 수 있고, 가장 낮은 최저점에서 매도청산을 하게 됩니다. PST이론상 매도진입 후 가장 낮은 가격인

f(e)는 알지 못하지만, 매도진입 시 추세의 기울기를 아크탄젠트 60도 이상~90도 미만으로 설정하고 최대수익을 기대하는 X축에서 e지점을 알기 때문에 e지점까지 보유하는 전략을 택합니다. 매도진입 후 f지점에서 매수청산을 하면 f(f)에 해당하는 가격을 갖는데, 이때까지는 P2구간으로 매수세력이 매도세력보다 큰 경우라서 수익을 기대할 수 있지만, 원하는 가격에 매도청산이 쉽지 않을 수도 있습니다.

매도세력과 매수세력의 상태를 파악하는 PST지표는 주식 거래처럼 한 방향 거래에서는 PST38지표를 활용하고 선물, 옵션처럼 양방향 거래에서는 PST68지표를 활용합니다. PST38지표와 PST68지표는 사이클과 동일한 방향으로 진입했을 때만 보유와 청산이 매우 유용합니다. 만약 상승 사이클에서 매도진입을 했을 때나 하락 사이클에서 매수진입을 했을 때는 PST38지표나 PST68지표는 활용할 수 없고 이때는 한 방향 거래에서는 PST76지표를 활용하고 양방향 거래에서는 PST75지표를 활용하면 됩니다. 각 PST지표에 대한 자세한 설명은 기존에 발간한 책을 참고하시길 바랍니다.

### [자료 2-16] 매수진입 시 상태

| 구간 | 사이클 | 세력 | 면적 |
|---|---|---|---|
| P1구간, P4-1구간 | 상승 | 상승 | 상승 |
| P4-2구간 | 상승 | 상승 | 하락 |
| P2-1구간 | 하락 | 상승 | 상승 |
| P2-2구간 | 하락 | 상승 | 하락 |

[자료 2-16]은 매수진입 시 사이클, 세력, 면적 간의 각각의 상태를 보여줍니다. 하락 사이클에서 상승 사이클로 바뀌고 추세가 상승보합

에서 상승강화로 바뀌는 P1구간과 P1구간의 전고점을 돌파하면서 재상승하는 P4-1구간에서는 매수세력이 매도세력보다 커야 하고, 매수면적에서 f(T)가 ALU를 우상향을 통과할 때 매수진입할 수 있습니다. P1구간의 전고점을 돌파하면서 재상승하는 P4-2구간은 상승 사이클 구간에서 매수면적이 매도면적보다 큰 구간은 맞으나 면적이 매수면적에서 매도면적으로 전환해 하락 다이버전스 출현이 발생합니다. P2-1구간은 하락 사이클 구간에서 매수세력이 매도세력보다 큰 구간과 매수면적에서 f(T)가 ALU를 우상향으로 통과할 때 매수진입할 수 있습니다. P2-2구간은 하락 사이클 구간에서 매수세력이 매도세력보다 큰 구간이지만, 매수면적에서 매도면적으로 전환해 변동성이 심하게 나타나므로 관망이 올바른 전략입니다.

| [자료 2-17] 매도진입 시 상태 | | | |
|---|---|---|---|
| 구간 | 사이클 | 세력 | 면적 |
| P1구간, P4-1구간 | 하락 | 하락 | 하락 |
| P4-2구간 | 하락 | 하락 | 상승 |
| P2-1구간 | 상승 | 하락 | 하락 |
| P2-2구간 | 상승 | 하락 | 상승 |

[자료 2-17]은 매도진입 시 사이클, 세력, 면적 간의 각각의 상태를 보여줍니다. 상승 사이클에서 하락 사이클로 바뀌고 추세가 하락보합에서 하락강화로 바뀌는 P1구간과 P1구간의 전저점을 돌파하면서 재하락하는 P4-1구간에서는 매도세력이 매수세력보다 커야 하고, 매도면적에서 f(T)가 ALD를 우하향을 통과할 때 매도진입을 할 수 있습니다. P1구간의 전저점을 돌파하면서 재하락하는 P4-2구간은 하락 사이

클 구간에서 매도면적이 매수면적보다 큰 구간은 맞으나 면적이 매도
면적에서 매수면적으로 전환해 상승 다이버전스 출현이 발생합니다.
P2-1구간은 상승 사이클 구간에서 매도세력이 매수세력보다 큰 구간
과 매도면적에서 f(T)가 ALD를 우하향으로 통과할 때 매도진입을 할
수 있습니다. P2-2구간은 상승 사이클 구간에서 매도세력이 매수세력
보다 큰 구간이지만, 매도면적에서 매수면적으로 전환해 변동성이 심
하게 나타나므로 관망이 올바른 전략입니다.

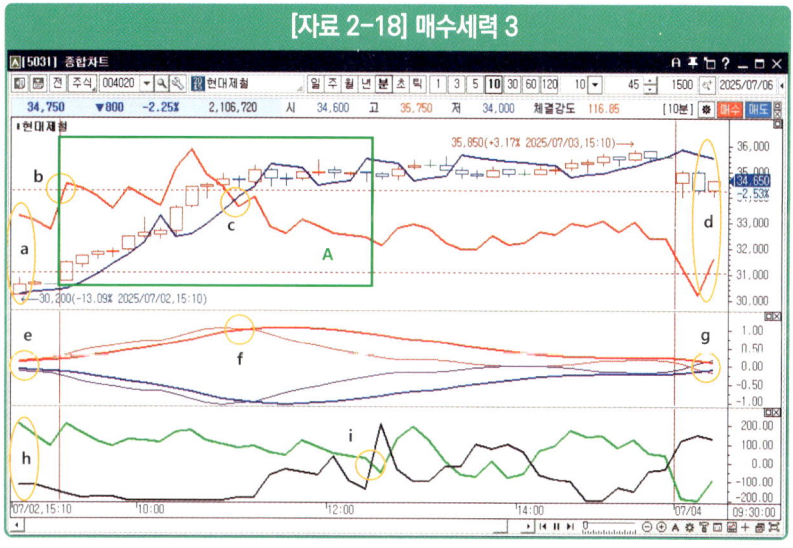

[자료 2-18]은 주식 거래에서 '현대제철' 종목으로 10분차트이고
2025년 7월 2일 15시 10분부터 7월 4일 9시 30분까지 추세 흐름입니
다. 추세 위에는 PST56지표와 추세 아래에 PST32지표와 PST38지표
를 불러봤습니다.

PST56지표는 모든 구간에서 매수진입이 가능한 막강한 지표이지만
주식 거래처럼 한 방향 거래상품에서는 하락 사이클에서 매수진입하는

역방향 매매보다는 상승 사이클에서 매수진입하는 순방향 매매를 해야 합니다. 역방향인 P2구간에서 마켓 메이커가 추세를 P1구간으로 변환시킨 후 계속 상승으로 진행할 수 있지만, 실전 거래에서 많은 수익을 기대하기는 쉽지 않습니다.

PST56지표를 보면 a지점부터 c지점까지는 매수면적이고, c지점부터 d지점까지는 매도면적임을 한 번에 알 수 있습니다. 그러면 언제 매수진입을 해야 하나요? b지점이 맞습니다. f(T)가 ALU를 우상향으로 통과하는 지점은 b지점 이후 3번이나 출현해 매번 매수진입, 매수청산을 3회 반복해 수익을 가질 수도 있습니다. 그런데 조금 더 효과적인 방법은 PST32지표를 보면 e지점부터 g지점까지는 상승 사이클 구간이고 e지점 이전은 안 보이지만 e부터 f지점까지는 P1또는 P4-1구간임을 알 수 있기 때문에 f지점에서 매수 청산해도 좋습니다.

마지막으로 가장 효과적인 방법은 b지점에서 매수진입 후 PST38지표를 보면 h지점부터 i지점까지는 매수세력이 매도세력보다 큰 상태이므로 매도세력이 매수세력보다 커지는 i지점에서 매수청산을 하면 녹색박스 A영역만큼 수익을 기대할 수 있습니다.


[자료 2-19]는 해외선물 거래에서 'WTI 2025년 8월물' 종목으로 10분차트이고 2025년 7월 4일 1시 30분부터 8시 10분까지 추세 흐름입니다. 추세 위에는 PST55지표와 추세 아래에 PST31지표와 PST68지표를 불러봤습니다.

해외선물 거래는 양방향으로 매수진입이나 매도진입을 해서 수익을 기대할 수 있으므로 PST55지표가 매우 유용하게 활용됩니다. PST99지표 이상은 추세를 3차원적으로 분석한 지표이고, PST99지표 미만은 추

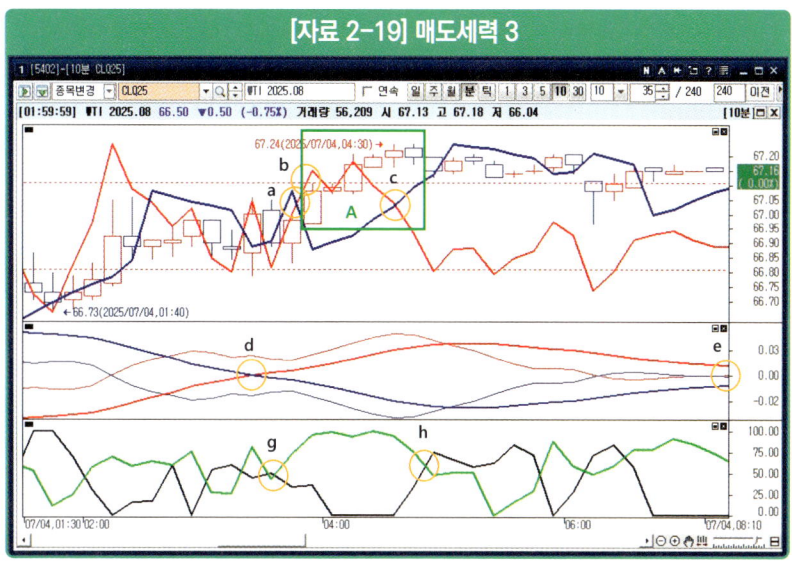

[자료 2-19] 매도세력 3

세를 2차원적으로 분석한 지표입니다. 차이점은 청산할 때 3차원 PST
지표는 동 차트에서 가능하지만, 2차원 PST지표는 청산을 하위차트에
서 해야 한다는 것입니다. 그러므로 PST55지표도 2차원적인 지표이므
로 진입 후 청산은 하위차트로 해야 합니다. 그러면 하나 질문을 드려볼
까요? "b지점에서 매수진입을 한 후 h지점에서 매수청산을 하면 녹색
박스 A영역만큼 수익을 기대할 수 있었는데요. 왜 청산을 5분차트로 하
지 않고 10분차트로 해도 거의 맞을까요?" 정답은 10분차트보다 상위
차트인 30분차트도 매수진입이 동일하게 맞기 때문입니다.

하위차트가 매수청산을 해서 상승추세가 안 멈추고 계속 상승한다는
것은 상위차트가 매수청산이 안 되고 상승추세가 유지되어 있다는 의
미입니다. 이해가 되시나요? 매우 중요하니 잘 이해하시길 바랍니다.

PST31지표를 보면 d지점부터 e지점까지 상승 사이클 구간이고
PST68지표를 보면 g지점부터 h지점까지 매수세력이 매도세력보다 큰

경우를 한 번에 알 수 있습니다. 이 두 영역의 교집합 영역에서 매수면적이 발생한 다음 b지점에서 매수진입할 수 있고, 매수청산은 h지점까지 보유한 후 매수청산하면 올바른 전략을 택하신 것입니다.

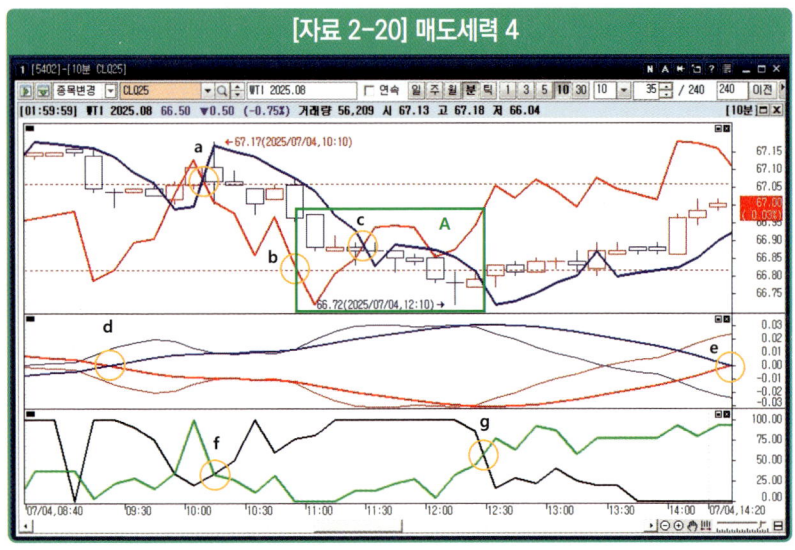

[자료 2-20] 매도세력 4

[자료 2-20]은 해외선물 거래에서 'WTI 2025년 8월물' 종목으로 10분차트이고 2025년 7월 4일 8시 40분부터 14시 20분까지 추세 흐름입니다. 추세 위에는 PST55지표와 추세 아래에 PST31지표와 PST68지표를 불러봤습니다.

해외선물 거래처럼 양방향으로 진입해서 수익을 낼 수 있는 거래는 추세를 만드는 마켓 메이커가 계획한 대로 추세를 상승 또는 하락을 만들 수 있기 때문에 이론상 변동성이 한 방향 거래상품보다 당연히 많습니다. 그러므로 매도진입 후 수익을 기대하기 위해서는 하락 사이클 구간에서 매도세력이 매수세력이 큰 경우와 매도면적이 존재하는 3박자가 모두 맞는 구간을 찾은 다음 f(T)가 ALD를 우하향으로 통과하는 지점을 찾아 매도진입을 해야 합니다.

PST31지표를 보면 d지점부터 e지점까지 하락 사이클 구간임을 한 번에 알 수 있습니다. 이 하락 사이클 구간에서 PST55지표를 보면 매도면적이 출현한 경우(조건 1)가 있고, PST68지표를 보면 f지점~g지점 구간처럼 매도세력이 매수세력보다 큰 경우(조건 2)도 있습니다. 매도진입을 PST55지표 단독 사용으로 수익을 낼 수 있지만, 보다 편안한 거래를 하기 위해서는 조건 1과 조건 2가 맞은 다음 매도진입을 고려하는 것이 좋습니다. f지점~g지점 구간 안에서도 PST55지표를 보면 매도세력과 매수세력이 반복되면서 출현하는 것을 알 수 있습니다.

매도진입은 매도면적이 출현한 후 f(T)가 ALD를 우하향으로 통과하는 b지점이고, 하락 사이클과 동일한 방향으로 매도진입을 했기 때문에 매도청산은 PST68지표를 활용해서 g지점에서 하는 것이 매우 효과적입니다.

# 매수관점 & 매도관점

여러분은 '매수관점(Buying Viewpoint)'과 '매도관점(Selling Viewpoint)'에 대해서 들어보신 적이 있으신가요? 이 두 용어도 제가 처음으로 만든 용어입니다. 저는 PST이론을 연구하다가 추세는 크게 상승 사이클 구간과 하락 사이클 구간이 반복되는 것을 찾아냈고, 한 사이클 구간에서 매수관점과 매도관점 또한 반복되는 것을 찾아냈습니다.

> • 상승 사이클 구간 : 매수관점, 매도관점 존재
> • 하락 사이클 구간 : 매도관점, 매수관점 존재

추세를 분석하는 방법은 여러 가지가 있습니다만, 실전 거래에서 수익을 기대할 만한 방법을 여러분은 알고 계시나요? 거래의 3요소인 진입, 보유, 청산 중에서 가장 어려운 것이 여러분은 무엇이라고 생각하시나요? P1구간이나 P4구간에서 밀리지 않는 진입도 중요하고, 진입후 P2구간을 만나서 변동성을 견디면서 보유하는 것도 중요하고, 욕심내지 않고 베스트 청산하는 것 모두 중요합니다. 그러나 그중에서 하나를 선택하라고 하면 저는 청산이 가장 어렵다고 생각합니다. 왜냐하면, 청산할 때 청산하지 않고 욕심을 내어 조금 더 보유하다가 결국 기대만큼 수익을 못 낼 수도 있고, 아니면 이익에서 손실로 바뀌는 때도 있기 때문입니다. 동의하시나요?

저는 PST이론을 연구하다가 추세를 타임 프레임으로 분석해서 P1, P4-1, P2-1구간은 안전하고 P4-2, P2-2구간은 불안전하다는 것을 찾아냈고, P1구간에서 P2구간으로 변환할 때나 P4구간에서 P2구간으로 변환할 때 매수세력, 매도세력과 매수면적, 매도면적이 변환되어 발생한다는 것도 찾아냈습니다. 여러분은 이미 사이클, 세력, 면적 간의 상호관계도 배우셔서 어느 정도는 추세의 흐름을 실시간으로 예상 및 분석도 가능해졌으리라 믿습니다. 물론 저나 여러분은 마켓 메이커가 아니기 때문에 추세를 만들지 못하지만, PST지표를 활용해서 추세를 상승강화, 상승보합, 횡보보합, 하락보합, 하락강화로 분석하고 상승보합 구간에서 상승강화 구간으로 변환하는 P1구간이나 P4-1구간에서 매수진입을 하거나 하락보합 구간에서 하락강화 구간으로 변환하는 P1구간이나 P4-1구간에서 매도진입을 해서 수익을 기대할 수 있습니다.

해외선물 거래처럼 양방향 상품을 거래하면 통계상 P2구간에서 진입해서 수익을 낼 기회가 많음을 알게 되어서 'P1구간이나 P4-1구간에서 진입하는 순방향 진입뿐만 아니라 P2-1구간이나 P2-2구간에서 진입하는 역방향 진입으로 수익을 내는 방법이 없을까?'를 연구하다가 매수관점과 매도관점을 찾아냈습니다.

매수관점과 매도관점은 추세를 3차원적으로 분석한 PST124지표(해외선물 거래), PST125지표(주식 거래)에서 처음 등장된 용어로, 추세를 2차원적으로 분석한 PST31지표(해외선물 거래), PST32지표(주식 거래)보다 더욱 효과적으로 활용됩니다. 추세를 2차원적으로 분석할 때는 추세의 형태를 알기 위해서는 반드시 상승 사이클 구간인지, 하락 사이클 구간 인지를 파악한 다음 타임 프레임으로 분석해야 하지만, 추세를 3차원 적으로 분석할 때는 현재 추세가 상승 사이클 구간인지 하락 사이클 구 간인지 하는 구별보다 현재 추세가 매수관점인지 매도관점인지 분석하 는 것이 더욱 중요합니다.

> • 상승 사이클 구간 : 매수관점(매수진입 가능), 매도관점(매도진입 가능)
> • 하락 사이클 구간 : 매도관점(매도진입 가능), 매수관점(매수진입 가능)

상승 사이클 구간에서는 매수관점과 매도관점이 반복되면서 존재합 니다. 매수관점일 때는 매수진입이 가능하고 매도관점일 때는 매도진 입이 가능합니다. 이는 매수관점일 때 매수진입을 한 다음, 최대 보유 는 매도관점으로 전환하기 전까지라는 의미로도 이해할 수 있습니다. 반대로 매도관점일 때는 매도진입이 가능하고, 매수관점일 때는 매수 진입이 가능합니다. 이는 매도관점일 때 매도진입을 한 다음, 최대 보 유는 매수관점으로 전환하기 전까지라는 의미로도 이해할 수 있습니 다. 이해가 되시나요?

매수관점과 매도관점의 접근은 상승 사이클과 하락 사이클의 접근과 는 차원이 다릅니다. 추세를 2차원적으로 분석했을 때는 사이클 상태 가 매우 중요했습니다.

상승 사이클 구간에서 매수진입이나 하락 사이클 구간에서 매도진입 으로 수익을 기대하는 것은 무척 쉬웠습니다. 그러나 상승 사이클 구간 에서 매도진입이나 하락 사이클 구간에서 매수진입은 여러 가지를 고려해야 했었는데, 이런 역방향으로 P2구간에서 진입할 때 사이클이 아니라 관점으로 해석하면 진입 문제를 해결할 수 있습니다.

주식 거래처럼 한 방향 거래로 수익을 기대하는 상품은 기준차트인 60분차트가 하락 사이클 구간에서 역방향으로 매수진입을 해서 수익을 기대할 수 있지만, 실전 거래에서는 몇 가지 고려해야 할 것이 있습니다.

첫 번째는 60분차트보다 상위차트인 120분 또는 1일 차트가 상승강화 구간이어야 합니다. 상위차트가 상승강화 구간이 아직 끝나지 않으면 하위차트인 60분차트도 하락추세에서 상승추세로 결국 전환을 합니다.

두 번째는 60분차트가 하락 사이클 구간이지만 매수관점을 보여줘야 합니다. 첫 번째 조건을 만족해도 60분차트가 하락 사이클 구간에서 매도관점이 보이면 여러분의 매수진입이 수익을 보기 위해서는 한참의 시간이 필요할 수도 있습니다.

해외선물 거래처럼 양방향 거래로 수익을 기대하는 상품은 기준차트인 10분차트가 하락 사이클 구간에서 역방향으로 매수진입을 해서 수익을 기대할 수도 있고, 상승 사이클 구간에서 역방향으로 매도진입을 해서 수익을 기대할 수도 있습니다. 해외선물 거래에서도 주식 거래처럼 역방향으로 매수진입했을 경우는 기준차트보다 상위차트가 상승강화 구간이어야 하고, 역방향으로 매도진입했을 경우는 기준차트보다 상위차트가 하락강화 구간이어야 합니다. 그리고 역방향으로 매수진입을 했을 경우는 사이클의 상태와 무관하게 반드시 매수관점을 보여줘야 하고, 역방향으로 매도진입을 했을 경우도 사이클의 상태와 무관하게 반드시 매도관점을 보여줘야 합니다.

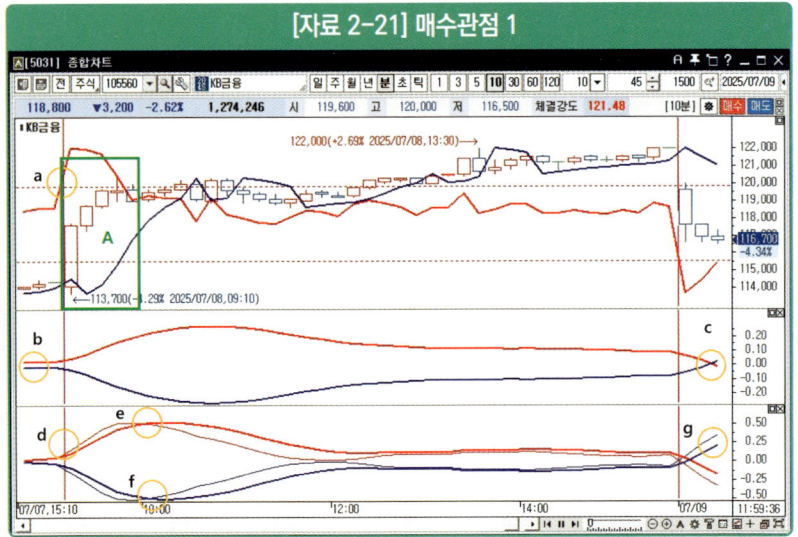

[자료 2-21]은 주식 거래에서 'KB금융' 종목으로 10분차트이고 2025년 7월 7일 15시 10분부터 7월 9일 12시까지 추세 흐름입니다. 추세 위에는 PST56지표와 추세 아래에 PST32지표와 PST125지표를 불러봤습니다.

PST32지표를 보면 굵은 빨간색선이 굵은 파란색선 위에 존재는 b지점부터 c지점까지 상승 사이클 구간임을 한 번에 알 수 있습니다. 이 상승 구간에서 PST56지표를 활용해서 f(T)가 ALU를 우상향으로 통과하는 a지점에서 매수진입할 수 있습니다. 매수청산은 f(T)가 다시 ALU를 우하향할 때 고려해도 되지만 PST125지표를 활용해도 됩니다. d지점부터 e지점까지는 가는 빨간색선이 굵은 빨간색선 위를 우상향으로 존재하므로 매수관점이 되고, f지점부터 g지점까지는 가는 파란색선이 굵은 파란색선 위를 우상향으로 존재하므로 매도관점으로 볼 수 있습니다. PST125지표는 관점을 이해하시면 PST32지표를 보다 선명하게 해석할 수 있습니다.

그러므로 PST125지표를 활용하면 PST32지표 없이 매수관점인 d지점부터 e지점까지 구간에서 PST56지표를 활용해서 매수진입은 a지점에 한 후 녹색박스 A영역만큼 수익을 기대할 수 있습니다

e지점에서 매수청산을 한 다음 추세는 계속 상승을 하지만, 관점이 e지점이 끝난 이후는 매도관점으로 계속 진행되기에 P4-1구간처럼 안전한 재진입 시점은 나오지 않았기에 관망 전략을 택하셔야 합니다.

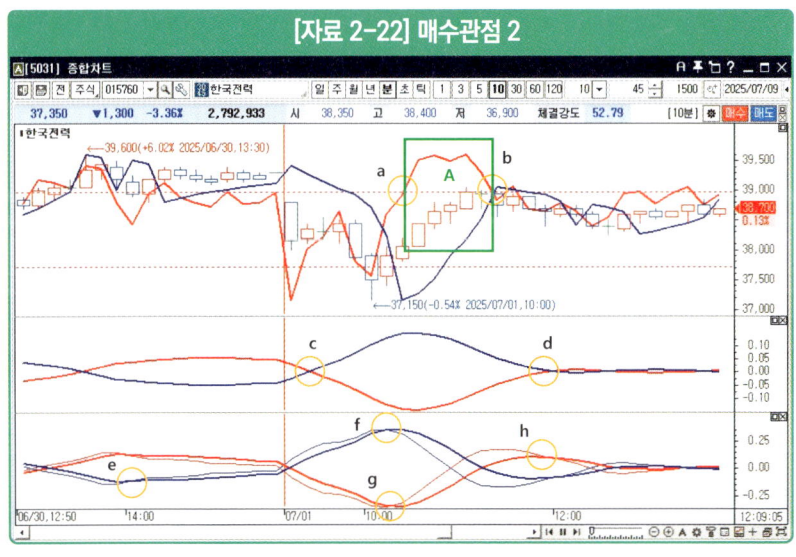

[자료 2-22] 매수관점 2

[자료 2-22]는 주식 거래에서 '한국전력' 종목으로 10분차트이고 2025년 6월 30일 12시 50분부터 7월 1일 12시 10분까지 추세 흐름입니다. 추세 위에는 PST56지표와 추세 아래에 PST32지표와 PST125지표를 불러봤습니다.

PST125지표를 활용하면 e지점부터 f지점까지는 매도관점이고 g지점부터 h지점까지는 매수관점임을 쉽게 알 수 있습니다. e지점에 해당되는 지점을 PST32지표로 확인하면 상승 사이클 구간이지요. 그러면 질문을 하나 해보겠습니다. "상승 사이클 구간에서 매도관점으로 바뀌면 추세는 어떻게 될까요?" 정답은 "상승보합 구간만 나오고 상승강화 구간은 절대로 나오지 않습니다"입니다. 이처럼 사이클 상태가 상승 사이클 구간이라도 여러분이 매수진입을 하고 싶은 시점이 매도관점이라면 절대로 매수진입하지 말고 관망하셔야 합니다.

PST125지표를 활용하면 g지점부터 h지점까지는 매수관점이고, 이 구간을 PST32지표로 확인하면 하락 사이클 구간이네요. 하락 사이클 구간에서 매수진입을 하면 역방향인 P2구간에서 진입하는 것으로 어려울 수도 있습니다. 매수진입할 때는 PST125지표로 사이클 상태와 무관하게 매수관점만 되면 되고, PST56지표에서 f(T)가 ALU를 우상향으로 통과하는 a지점에서 하면 됩니다. 사이클 상태와 같은 순방향으로 매수진입을 하면 매수관점에서 매도관점으로 전환할 때 매수청산을 하면 되지만, 지금처럼 역방향으로 매수진입했을 때는 PST56지표를 활용해서 b지점에 매수청산을 하면 녹색박스 A영역만큼 수익을 기대할 수 있습니다.

[자료 2-23]은 해외선물 거래에서 '금 2025년 8월물' 종목으로 10분 차트이고 2025년 7월 8일 20시 20분부터 7월 9일 2시까지 추세 흐름입니다. 추세 위에는 PST55지표와 추세 아래에 PST31지표와 PST124지표를 불러봤습니다.

PST31지표를 활용하면 b지점부터 c지점까지는 굵은 파란색선이 굵

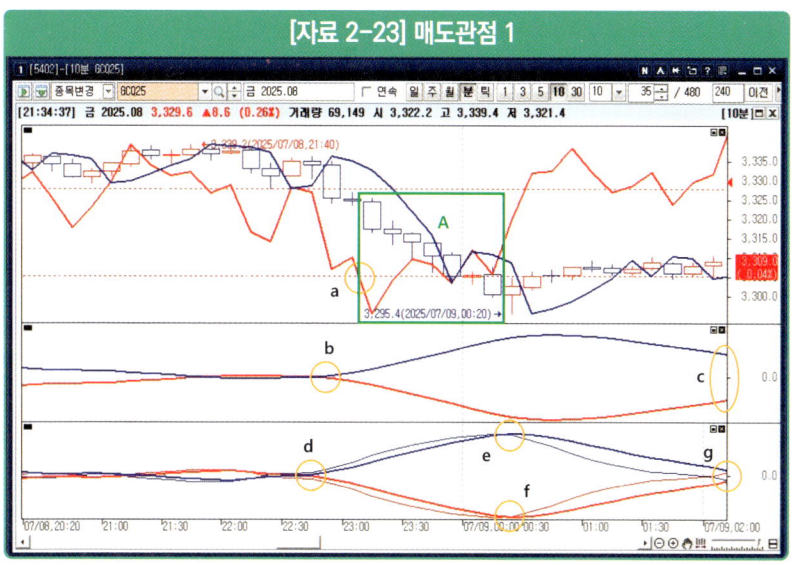

[자료 2-23] 매도관점 1

은 빨간색선 위에 존재하므로 하락 사이클 구간임을 쉽게 알 수 있습니다. PST31지표를 보면 어디부터 어디까지가 하락 사이클 구간인지 또는 상승 사이클 구간인지는 쉽게 알 수 있지만, 그 사이클 구간에도 어디부터 어디까지가 안전한 구간이고, 어디부터 어디까지가 위험한 구간인지를 구별할 수가 없습니다. 그러나 PST124지표가 있으면 이 문제를 해결할 수 있습니다.

PST31지표는 추세 위치를 2차원적으로 분석한 지표이고, PST124지표는 추세 위치를 3차원적으로 분석한 지표입니다. 실전 거래에서 PST124지표를 활용할 때는 PST31지표를 안 보셔도 괜찮습니다. 해외선물 거래처럼 양방향 상품에서 PST124지표의 활용은 매수진입과 매도진입 시 모두 가능합니다. 매수진입 시는 반드시 매수관점이어야 하고, 매도진입 시는 반드시 매도관점이어야 합니다.

PST124지표를 활용하면 d지점부터 e지점까지는 매도관점이므로 매도진입이 가능합니다. 매도진입은 PST55지표를 활용해 a지점에서 f(T)가 ALD를 우하향으로 통과할 때 하고, 매도청산은 하락 사이클 구간 중 f지점에서 매수관점으로 바뀌므로 f지점에 해당하는 곳에서 하면 녹색박스 A영역만큼 수익을 기대할 수 있습니다.

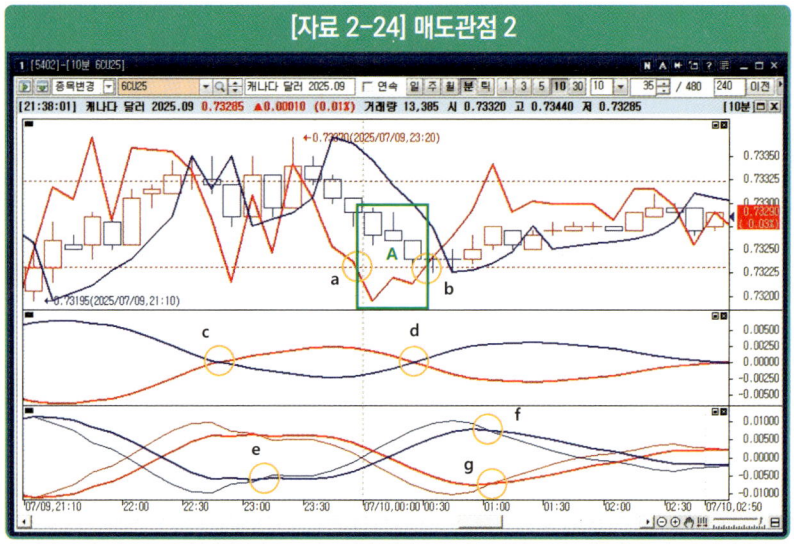

[자료 2-24] 매도관점 2

[자료 2-24]는 해외선물 거래에서 '캐나다 달러 2025년 9월물' 종목으로 10분차트이고 2025년 7월 9일 21시 10분부터 7월 10일 2시 50분까지 추세 흐름입니다. 추세 위에는 PST55지표와 추세 아래에 PST31지표와 PST124지표를 불러봤습니다.

PST31지표를 활용 안 하고 PST124지표만 활용한다는 의미는 현재 내가 매도진입이나 또는 매수진입할 때 하락 사이클 구간인지, 상승 사이클 구간인지 문제가 없다는 의미입니다. 물론 사이클과 동일한 방향으로 진입하는 것이 이론상으로 안전하지만, 선물이나 옵션처럼 양방향 거래상품은 순방향 진입보다는 역방향 진입으로 거래가 많이 나오기 때문에 많은 거래 기회를 통한 수익을 기대하려면 역방향 진입 문제를 반드시 풀어야 합니다.

PST31지표를 활용하면 c지점부터 d지점까지는 상승 사이클 구간임을 알 수 있고, 이 상승 사이클 구간에서 PST55지표를 활용해서 f(T)가 ALD를 우하향으로 통과하는 a지점에서 매도진입을 할 수 있습니다. 물론 PST31지표와 PST55지표만 가지고 a지점에서 매도진입을 한 후 b지점에서 매도청산을 하면 녹색박스 A영역만큼 수익을 기대할 수 있습니다. 그러나 만약 여기에 매도진입 시 매도관점이면 금상첨화겠지요?

PST124지표를 활용하니 상승 사이클 구간이지만 e지점부터 f지점까지는 매도관점이고, g지점 이후는 매수관점이 되는 것을 알 수 있네요. 이렇듯이 상승 사이클 구간에서 매수관점에서 매도관점으로 바뀌면 추세가 상승보합으로 전환하고, 하락 사이클에서 매도관점에서 매수관점으로 바뀌면 추세가 하락보합으로 전환되는 것을 미리 알 수 있습니다. 이해가 되시나요? 매우 중요한 내용이니 꼭 이해하시길 바랍니다.

관점을 보여주는 3차원 PST지표는 주식 거래에는 PST125지표를 활용하고, 해외선물 거래에서는 PST124지표를 활용합니다. 관점을 보여주는 이들 지표를 활용하면 사이클 상태와 무관하게 매수관점 또는 매도관점을 파악하는 데는 쉽지만, 역방향 구간에서 진입할 때 변동성이 약한 가장 안전한 구간을 '양자신호'를 이용하면 찾기 쉽습니다.

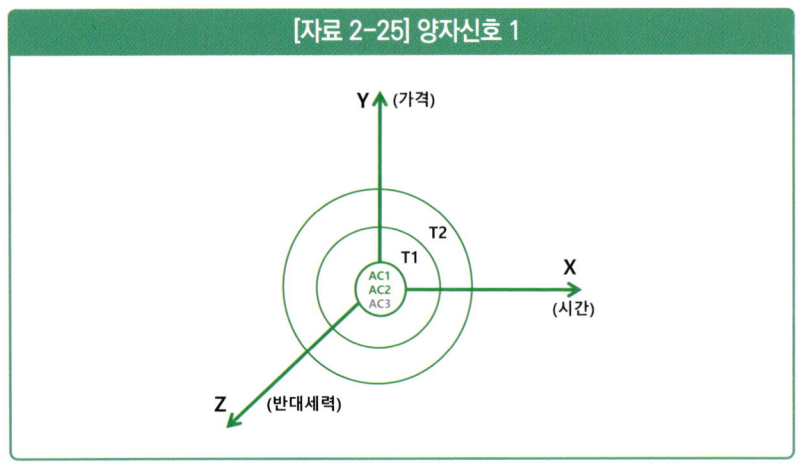

[자료 2-25] 양자신호 1

추세를 3차원적으로 분석하면 [자료 2-25]처럼 3가지 축으로 분류할 수 있습니다. X축은 시간, Y축은 가격, Z축은 반대세력으로 생각하고 추세1(T1)과 추세2(T2)가 3축 위에서 변동할 때 양자신호인 AC1, AC2, AC3도 같이 존재한다면 매수진입 양자신호와 매도진입 양자신호는 다음과 같이 생각할 수 있습니다.

- 매수진입 양자신호 : $AC1 \geq AC2 \geq T1 \geq T2 \geq AC3$
- 매도진입 양자신호 : $AC3 \geq T1 \geq T2 \geq AC2 \geq AC1$

매수진입할 때는 T1과 T2보다 AC1, AC2가 가장 먼저 존재해야 하고, AC3은 나중에 출현해야 가장 안전하다고 생각하고, 매도진입할 때는 T1과 T2보다 AC3이 가장 먼저 존재해야 하고 AC2, AC1은 나중에 출현해야 가장 안전하다고 생각합니다.

양자역학에서 불확정성 원리가 존재하는 것처럼 PST이론도 양자신호 진입조건이 아닐 때는 안전하지 못하므로 거래를 하지 말고 관망을 해야 합니다.

양자신호는 잠재신호보다 먼저 발생하고, 양자신호가 나왔다고 무조건 진입을 하는 것은 아닙니다. 양자신호 진입조건이 된 후 잠재신호에서 진입을 하는 경우 마켓 메이커가 추세를 본격으로 상승추세 또는 하락추세를 만들기 전부터 진입하는 것이기 때문에 실전 거래에서 많은 도움이 되실 것입니다.

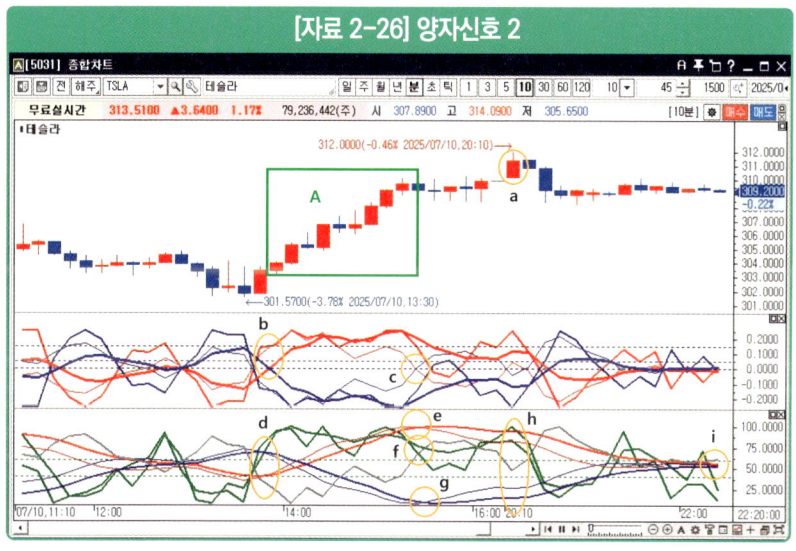

[자료 2-26]은 해외주식 거래에서 '테슬라' 종목으로 10분차트이고 2025년 7월 10일 11시 10분부터 22시 20분까지 추세 흐름입니다. 추세 아래에 PST112지표와 PST125지표를 불러봤습니다.

PST112지표는 주식 거래에서 추세를 3차원적으로 분석해 잠재신호를 보여줘서 정확한 지점에서 매수진입을 하고 매수청산을 할 수 있습니다. PST112지표를 활용하면 빨간색선 T1은 60 이상, 빨간색선 T2는 80 이상, 빨간색선 T3는 50 이상으로 우상향하는 b지점에서 매수진입을 한 후 T1끼리 교차하는 c지점에서 매수청산을 하면 녹색박스 A영역만큼 수익을 기대할 수 있습니다.

그러면 하나 질문을 해보겠습니다. "양봉 a에 해당하는 위치를 PST112지표로 보면 매수진입조건은 되지만, 이어서 추세가 상승은 하지 않고 바로 내려왔는데 이유가 무엇일까요?" PST112지표로는 이유를 찾기 어렵고 PST125지표는 가능한데, PST125지표를 보면서 하나씩 찾아보겠습니다.

첫 번째는 d지점부터 e지점까지는 매수관점이고, g지점부터 i지점까지는 매도관점입니다. 양봉 a에 해당하는 h지점은 매도관점구간으로 매도진입만 고려해야지 매수진입은 하지 말고 관망해야 합니다.

두 번째는 매수진입 양자신호가 조건에 맞지 않기에 역시 거래하지 말고 관망을 택하는 것이 현명합니다. b지점에서 매수진입을 하기 전에 d지점에서 매수진입 양자신호 조건이 맞는지 확인해볼까요? 녹색선 2개인 AC1, AC2가 T1, T2 위에서 우상향하고 녹색선 아래에 T1, T2가 있으며 매수관점인 상태에서 회색선인 AC3이 우하향하고 있으니 매수진입 양자신호 조건에 맞고, 매수청산은 f지점에 하면 가장 안전하게 보유 및 청산을 할 수 있습니다.

[자료 2-27]은 해외선물 거래에서 '미니 S&P500 2025년 9월물' 종목으로 10분차트이고 2025년 7월 10일 22시 20분부터 7월 11일 4시까지 추세 흐름입니다. 추세 아래에 PST111지표와 PST124지표를 불러봤습니다.

PST124지표는 양자신호(AC1, AC2, AC3)를 이용해서 진입 시 가장 안전한 지점을 찾고 편안한 보유와 베스트 청산을 하는 데 도움을 줍니

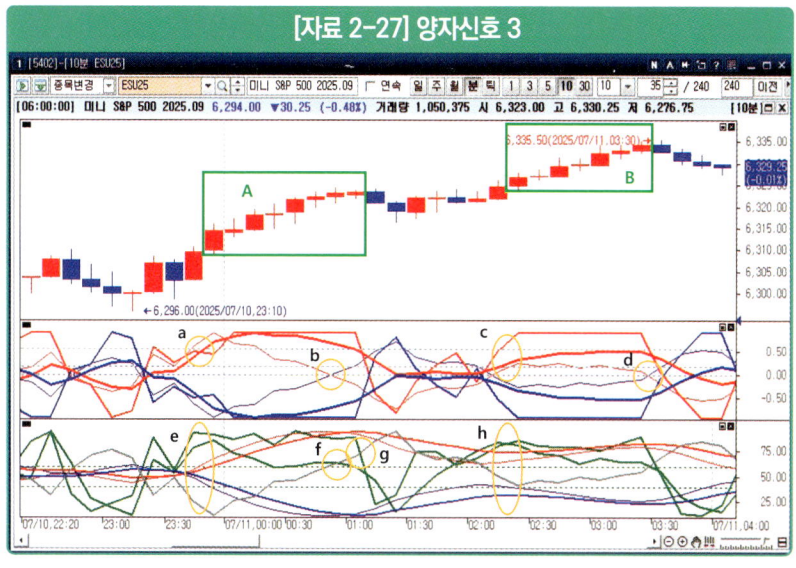

[자료 2-27] 양자신호 3

다. 만약 PST124지표가 없이 PST111지표만 활용해서 거래한다면 a 지점과 c지점에서 매수진입을 한 후 b지점과 d지점에서 매수청산을 하면 녹색박스 A영역과 B영역만큼 수익을 기대할 수 있습니다. 그런데 매수진입 후 상승추세에서 강한 장대양봉이 출현 안 하고 도지형태(+) 의 캔들이 나오면 실전 거래에서 양봉과 음봉이 변환하면서 상승하는 것을 경험하게 됩니다.

　수강생들에게 거래의 3요소인 진입, 보유, 청산 중에서 가장 어려 운 것이 무엇이냐고 물어보면 거의 다 청산이라고 합니다. 진입보다는 보유가 어렵고, 보유보다는 청산이 어렵다고 하지요. 청산 때까지 P2 구간 출현을 어떻게 해결할 수 있을까요? 진입을 기준차트를 포함해 서 상위차트와 하위차트에서 수익이 나는 PR(Profit Range)구간에서 타 임 프레임을 맞추면 해결이 됩니다. 보유는 진입하는 구간 자체가 편안 한 보유가 가능한 구간인지 아닌지를 구별해야 하는데, 양자신호가 진입조건이 되면 청산 때까지는 편안한 보유를 기대할 수 있습니다. e지점은 매수양자 진입신호가 출현해서 a지점에서 매수진입할 수 있지만, h지점은 매수양자 진입신호가 출현하지 않았으므로 c지점에서 관망해야 합니다. 마지막으로 청산은 욕심이 생겨서 올바른 청산을 못 하지만 PST124지표는 올바른 청산을 1차 매수청산인 f지점과 2차 매수청산인 g지점을 알려드립니다.

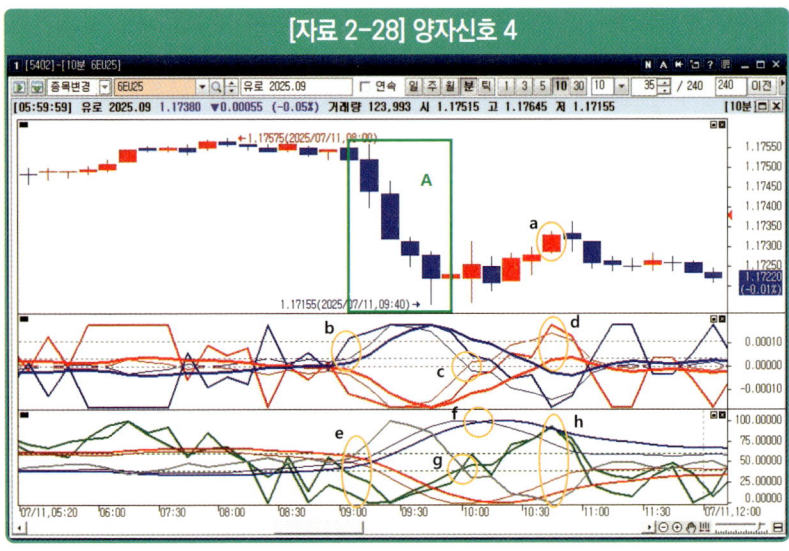

[자료 2-28]은 해외선물 거래에서 '유로 2025년 9월물' 종목으로 10분차트이고 2025년 7월 11일 5시 20분부터 7월 11일 12시까지 추세 흐름입니다. 추세 아래에 PST111지표와 PST124지표를 불러봤습니다.

해외선물 거래에서 활용하는 PST111지표와 PST124지표는 매수진입과 매도진입을 할 수 있는 양방향 거래에서 활용할 수 있는 지표로 국내외 선물, 옵션 거래에서 도움을 줍니다. PST111지표와 PST124지표를 활용할 때 어느 지표를 우선 순위로 봐야 할까요? 당연히 PST124 지표를 우선적으로 진입조건이 되는지 확인해야 합니다. 물론 PST111 지표 단독으로 보고 b지점에서 매도진입을 한 후 c지점에서 매도청산을 하면 녹색박스 A영역만큼 수익을 기대할 수 있습니다. 그러나 d지점에서 PST111지표 단독으로 보고 매수진입을 하면 양봉 a만 출현 후 바로 하락해서 생각만큼 많은 수익이 나지 않았네요. 왜 그럴까요?

　PST124지표를 활용하면 그 해답을 찾을 수 있습니다. e지점을 보니 매도진입 양자조건인 $AC3 \geq T1 \geq T2 \geq AC2 \geq AC1$ 가 되어 매도진입을 하면 무조건 g지점까지 편안한 보유와 베스트 매도청산됨을 사전에 알 수 있습니다. 한 번 더 말씀드리지만 PST124지표로 매도진입 양자조건이 된다고 무조건 매도진입을 할 수 있는 것이 아니라 매도진입은 진입 시 추세의 기울기를 결정하는 PST지표를 활용하고 여기서는 PST111지표를 택했습니다. h지점을 보니 매수진입 양자조건인 $AC1 \geq AC2 \geq T1 \geq T2 \geq AC3$ 이 충족되지 않았으므로 d지점에서 PST111지표가 매수진입 조건이 되어도 이제는 관망하시는 것이 더욱 현명한 전략이 아닐까요?

# PART 03

# 추세 신호
# 수익 나는 추세의 비법

# 01

# 잠재신호

　여러분은 실전 거래를 할 때 어떤 신호를 참고해 거래하시나요? 물론 어떤 트레이더는 본인만의 룰로 지지선, 저항선, 추세선을 긋고 캔들 분석, 패턴 분석 등을 해서 거래를 하고, 대부분의 트레이더는 이동평균선, RSI, MACD, Stochastic, 볼린저밴드, 일목균형표 등 오픈된 보조지표를 활용해서 거래하십니다. 수익을 내는 트레이더도 분명히 있지만, 대부분의 트레이더가 손실을 본다고 통계적으로 나와 있습니다. 책에서는 주식 거래에서 분명히 추세선을 긋고, 캔들이 전고점을 넘을 때 정배열이 되고, 단기 이동평균선이 장기 이동평균선을 우상향할 때 골든크로스가 나와서 매수진입을 하라고 알려주지만, 실전 거래에서 이 방법대로 매수진입을 하면 생각만큼 수익이 안 나오는 것을 경험하셨을 것입니다. 또한, 선물이나 옵션 거래에서 분명히 추세선을 긋고 캔들이 전저점을 깰 때 역배열이 되고, 단기 이동평균선이 장기 이동평균선을 우하향할 때 데드크로스가 나와서 매도진입을 하라고 알려주지만, 실전 거래에서 이 방법대로 매도진입하면 생각만큼 수익이 안 나오는 것 또한 경험하셨을 것입니다. 여러분은 이유가 무엇이라고 생각하시나요? 책대로 했는데 손실을 보면 아직도 운이 없었다고 합리화하실 건가요? 10번 거래에서 9번 이기고 1번 지는 90% 승률로 위험하게 계속 거래하실 건가요? 10번 거래에서 10번 이기고 100번 거래에서 100번 이기는 룰이 있다면 배우실 의사가 있으신가요? 저와 같이 이번 장에서 잠재신호, 양자신호, 메타신호를 공부하면서 100% 이기는 자신감이 생기시길 바랍니다.

PST이론은 추세를 만드는 세력인 마켓 메이커의 매매 행동에 따라서 추세가 만들어진다고 생각합니다. 마켓 메이커와 추세를 추종하는 마켓 팔로어 간의 매매 결과가 추세라고 생각했지만, 지금은 마켓 팔로어의 의사와 관계없이 마켓 메이커의 주관에 따라 추세가 움직입니다. 동의하시나요? 마켓 메이커도 아닌 마켓 팔로어인 저나 여러분은 어떻게 주식 거래에서 추세가 하락하는데 계속 저점매수(P2구간)를 하면서 상승을 기다리는 어리석은 방법을 택하시나요? HTS에 오픈된 일반적인 보조지표는 과거 추세를 여러 가지 방법으로 분석해서 미래 추세가 이렇게 진행된다는 일반신호를 여러분께 뒤늦게 알려줍니다. 물론 손실 보는 트레이더가 P2구간에서 저점매수한 후 추세가 이어서 상승하든지 또는 P2구간에서 고점매도한 후 추세가 이어서 하락해서 수익이 날 수는 있어도 현재 사이클의 역방향 구간인 P2구간에서 진입한 후 수익을 기대하는 것은 옳지 않은 방법입니다.

[자료 3-1]은 상승 사이클 구간에서 잠재신호, 예비신호, 일반신호 간의 상관관계를 보여줍니다. 마켓 메이커가 a지점부터 h지점까지 상승추세를 만든다고 가정해보겠습니다. 마켓 메이커는 a지점~b지점까

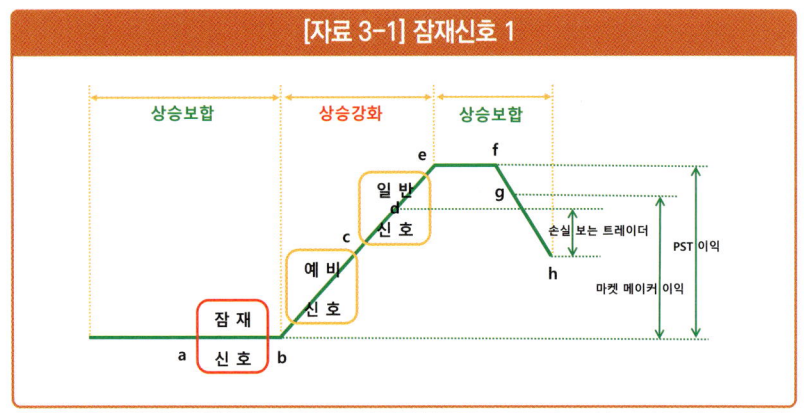

[자료 3-1] 잠재신호 1

지는 거래량을 매집하면서 상승보합 구간을 유지합니다. b지점~c지점까지는 마켓 메이커가 강한 매수진입을 해서 추세의 기울기(tan)를 만들면서 추세를 상승으로 이끕니다. c지점~e지점까지 추세가 상승하는 것을 보고 손실 보는 트레이더는 뉴스나 오픈된 보조지표를 참조해 d지점에서 매수진입을 합니다. 반대로 g지점에서 마켓 메이커는 매수청산을 해서 수익을 얻습니다.

상승 사이클 구간에서 PST지표를 활용하면 얼마나 수익을 기대할 수 있을까요? a지점~b지점에서 잠재신호가 나오면 매수진입을 합니다. 잠재신호를 보고 매수진입은 상승보합 구간에서 상승강화 구간으로 변환하기 전에 거래를 먼저 할 수 있는 강한 장점이 있습니다. 만약 마켓 메이커가 b지점~c지점에서 추세의 기울기를 급격하게 높이면서 강한 상승이 나타난다면 예비신호를 보고 매수진입하는 것은 한계가 있습니다. 물론 손실 보는 트레이더가 일반신호를 보고 매수진입하면 항상 고점에서 하는 경우입니다.

잠재신호는 기준차트(주식 거래는 60분, 선물, 옵션 거래에서는 10분)를 포함해서 하위차트에서 나와야 매수진입할 수 있습니다. 물론 상승 사이클 구간에서 기준차트와 하위차트에서 모두 나오기가 쉽지는 않지만, 최소한 기준차트와 1분차트에서는 나와야 매수진입을 고려할 수 있습니다.

주식 거래에서는 PST76, PST100, PST108, PST112지표를 활용하고 선물이나 옵션 거래에서는 PST75, PST99, PST107, PST111지표를 활용하면 잠재신호를 활용해서 매수진입할 수 있습니다. 각 지표에 대한 설명은 기존에 발간한 《NEW PST주식 투자 비법》과 《NEW PST 해외선물 투자 비법》을 참고하시길 바랍니다.

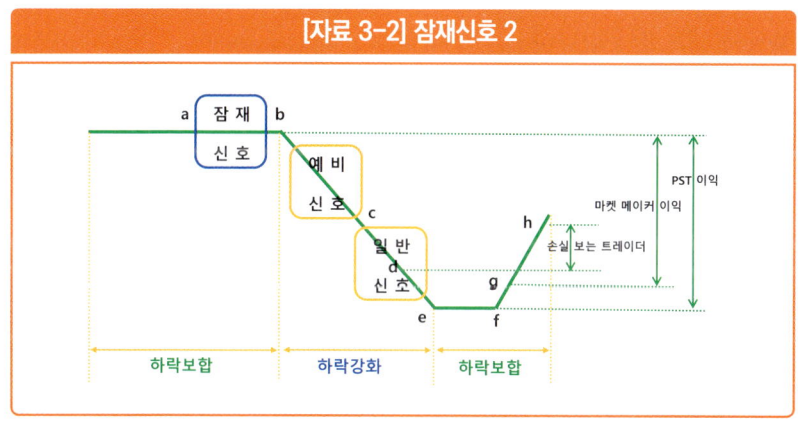

[자료 3-2] 잠재신호 2

[자료 3-2]는 하락 사이클 구간에서 잠재신호, 예비신호, 일반신호 간의 상관관계를 보여줍니다. 마켓 메이커가 a지점부터 h지점까지 하락추세를 만든다고 가정해보겠습니다. 마켓 메이커는 a지점~b지점까지는 거래량을 매집하면서 하락보합 구간을 유지합니다. b지점~c지점까지는 마켓 메이커가 강한 매도진입을 해서 추세의 기울기(actan)를 만들면서 추세를 하락으로 이끕니다. c지점~e지점까지 추세가 하락하는 것을 보고 손실 보는 트레이더는 뉴스나 오픈된 보조지표를 참조해 d

지점에서 매도진입을 합니다. 반대로 g지점에서 마켓 메이커는 매도청산을 해서 수익을 얻습니다.

하락 사이클에서 PST지표를 활용하면 얼마나 수익을 기대할 수 있을까요? a지점~b지점에서 잠재신호가 나오면 매도진입을 합니다. 잠재신호를 보고 매도진입은 하락보합 구간에서 하락강화 구간으로 변환하기 전에 거래를 먼저 할 수 있는 강한 장점이 있습니다. 만약 마켓 메이커가 b지점~c지점에서 추세의 기울기를 급격하게 낮추면서 강한 하락이 나타난다면 예비신호를 보고 매도진입하는 것은 한계가 있습니다. 물론 손실 보는 트레이더가 일반신호를 보고 매도진입하면 항상 저점에서 하는 경우입니다.

잠재신호는 기준차트(선물, 옵션 거래에서는 10분)를 포함해서 하위차트에서 나와야 매도진입을 할 수 있습니다. 물론 하락 사이클 구간에서 기준차트와 하위차트에서 모두 나오기가 쉽지는 않지만, 최소한 기준차트와 1분차트에서는 나와야 매도진입을 고려할 수 있습니다.

선물이나 옵션 거래에서는 PST75, PST99, PST107, PST111지표를 활용하면 잠재신호를 활용해서 매도진입을 할 수 있습니다. 각 지표에 대한 설명은 기존에 발간한 《NEW PST주식 투자 비법》과 《NEW PST 해외선물 투자 비법》을 참고하시길 바랍니다.

[자료 3-3]은 주식 거래에서 '한국카본' 종목으로 10분차트이고 2025년 7월 17일 15시 10분부터 7월 21일 11시 30분까지 추세 흐름입니다. 추세 위에 가격이동평균선과 추세 아래에 MACD지표를 불러봤습니다.

오픈된 일반지표인 MACD를 활용하면 c지점부터 d지점까지 골든크

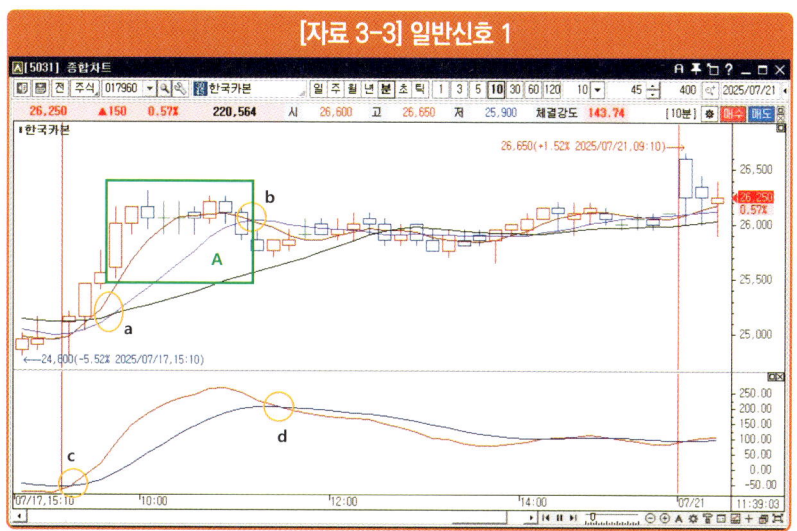

[자료 3-3] 일반신호 1

로스가 나와서 추세가 상승을 예측할 수 있습니다. 가격이동평균선은 a 지점부터 정배열이 되어 매수진입을 한 후 단기이동평균선이 중기이동 평균선을 우하향하는 b지점에서 매수청산을 하면 녹색박스 A영역만큼 수익을 기대할 수 있습니다.

이번에는 동일한 추세를 잠재신호를 보여주는 PST지표를 활용해서 살펴볼까요?

[자료 3-4]는 주식 거래에서 '한국카본' 종목으로 10분차트이고 2025년 7월 17일 15시 10분부터 7월 21일 11시 30분까지 추세 흐름 입니다. 추세 위에 PST100지표와 추세 아래에 PST108지표를 불러봤 습니다.

PST이론상 잠재신호는 예비신호보다 빠르고 예비신호는 일반신호 보다 빨리 매수진입 시점을 알려줍니다. 잠재신호를 보여주는 PST100

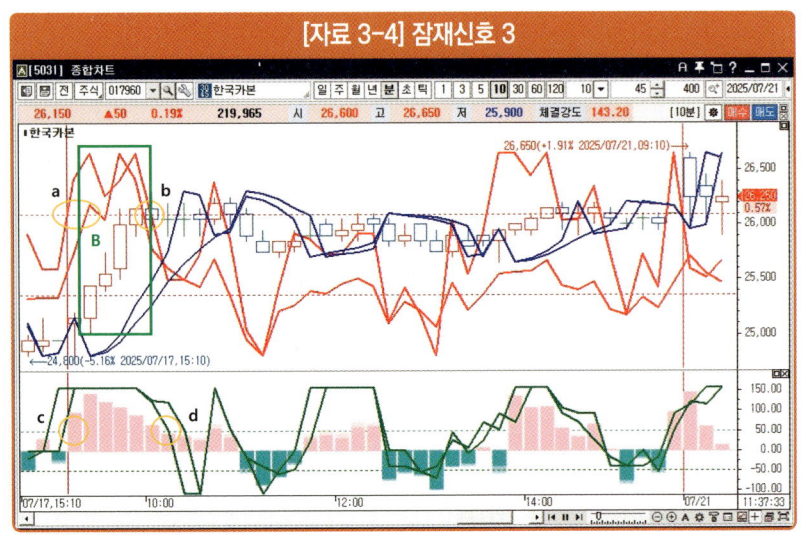

[자료 3-4] 잠재신호 3

지표와 PST108지표는 추세의 위치와 관계없이 모든 구간에서 진입조건만 맞으면 진입할 수 있습니다.

PST108지표를 보니 c지점부터 d지점까지 매수진입으로 수익이 나는 구간임을 알 수 있습니다. 이 구간은 상승강화 구간과 상승보합 구간을 포함하는데, PST100지표를 활용해서 a지점에서 매수진입을 한후 b지점에서 매수청산을 하면 녹색박스 B영역처럼 상승강화 구간만 수익을 기대할 수 있습니다.

[자료 3-3]처럼 일반신호를 보고 수익이 난 구간보다는 [자료 3-4]처럼 잠재신호를 보고 수익이 난 구간이 빠른 매수진입과 편안한 매수보유와 베스트 매수청산을 한 것을 알 수 있습니다.

[자료 3-5]는 해외선물 거래에서 'WTI 2025년 9월물' 종목으로 10분차트이고 2025년 7월 18일 17시부터 22시 40분까지 추세 흐름입니다. 추세 위에 가격이동평균선과 추세 아래에 MACD지표를 불러봤

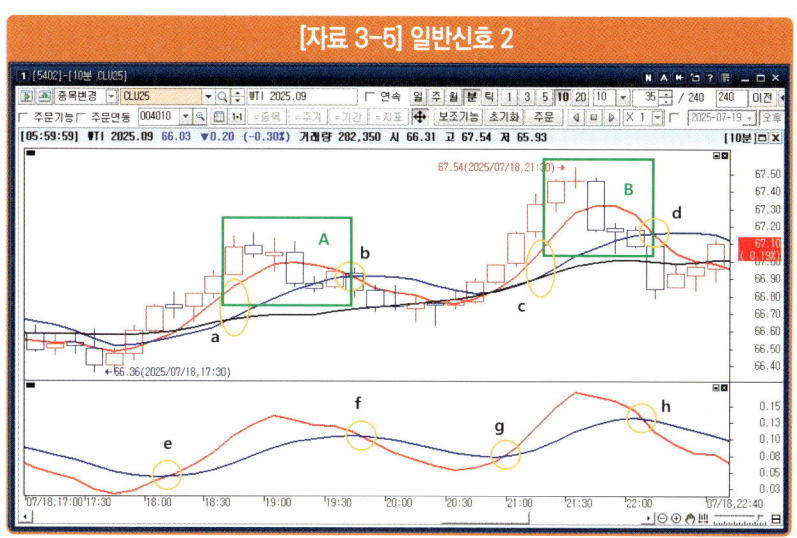

[자료 3-5] 일반신호 2

습니다.

오픈된 일반지표인 MACD를 활용하면 e지점부터 f지점까지와 g지점부터 h지점까지 골든크로스가 나와서 추세가 상승을 예측할 수 있습니다. 가격이동평균선은 a지점과 c지점부터 정배열이 되어 각각 매수진입을 한 후 단기이동평균선이 중기이동평균선을 우하향하는 b지점과 d지점에서 매수청산을 하면 녹색박스 A와 B영역처럼 보입니다. 매수진입 가격보다 매수청산 가격이 낮아서 수익보다는 손실을 볼 수도 있었습니다.

이번에는 동일한 추세를 잠재신호를 보여주는 PST지표를 활용해서 살펴볼까요?

[자료 3-6]은 해외선물 거래에서 'WTI 2025년 9월물' 종목으로 10분차트이고 2025년 7월 18일 17시부터 22시 40분까지 추세 흐름입

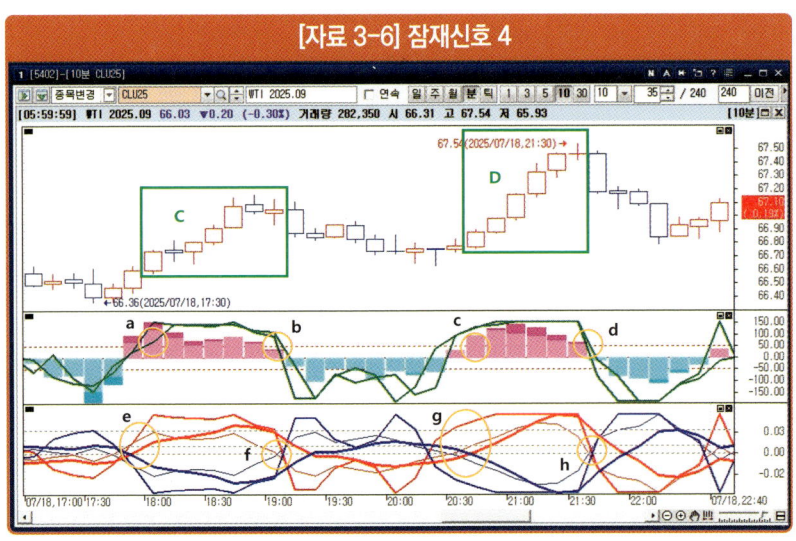

[자료 3-6] 잠재신호 4

니다. 추세 아래에 PST107지표와 PST111지표를 불러봤습니다.

해외선물 거래에서 잠재신호를 보여주는 PST지표는 PST75, PST84, PST99, PST107, PST111지표가 있습니다. PST99지표 이상은 추세를 3차원적으로 분석한 지표이고, PST99지표 미만은 추세를 2차원적으로 분석한 지표입니다. 추세를 2차원적으로 분석한 것보다는 추세를 3차원적으로 분석한 것이 보다 정교한 진입, 편안한 보유와 베스트 청산을 할 수 있는 장점이 있습니다.

PST107지표를 활용하면 a지점~b지점과 c지점과 d지점에서 각각 매수진입과 매수청산으로 수익을 예측할 수 있습니다. 그리고 PST107지표보다 상위버전인 PST111지표를 활용하면 e지점~f지점과 g지점~h지점에서 각각 매수진입과 매수청산을 하면 녹색박스 A영역과 B영역만큼 수익을 기대할 수 있습니다.

[자료 3-5]처럼 일반신호를 보고 수익이 난 구간보다는 [자료 3-6]

처럼 잠재신호를 보고 수익이 난 구간이 빠른 매수진입과 편안한 매수 보유와 베스트 매수청산을 한 것을 알 수 있습니다.

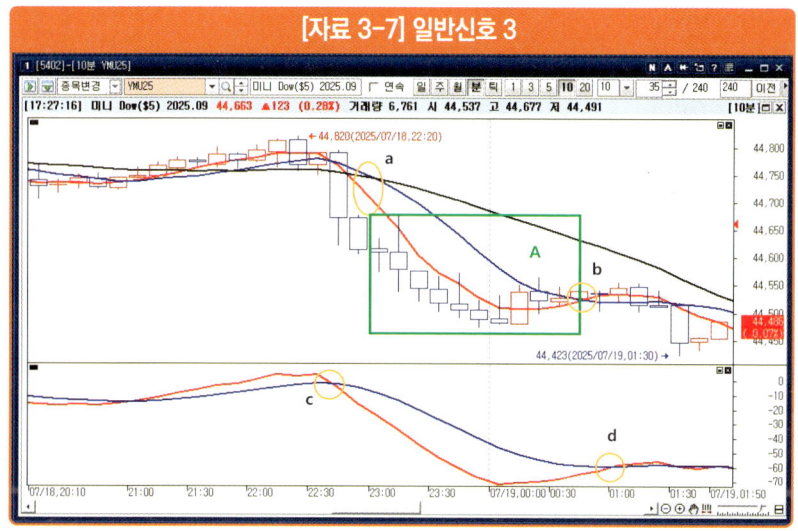

[자료 3-7] 일반신호 3

[자료 3-7]은 해외선물 거래에서 '미니 Dow 2025년 9월물' 종목으로 10분차트이고 2025년 7월 18일 20시 10분부터 7월 19일 1시 50분까지 추세 흐름입니다. 추세 위에 가격이동평균선과 추세 아래에 MACD지표를 불러봤습니다. 오픈된 일반지표인 MACD를 활용하면 c지점부터 d지점까지 데드크로스가 나와서 추세가 하락을 예측할 수 있고, 가격이동평균선은 a지점부터 역배열이 되어 매도진입을 한 후 단기이동평균선이 중기이동평균선을 우상향하는 b지점에서 매도청산을 하면 녹색박스 A영역만큼 수익을 기대할 수 있습니다.

이번에는 동일한 추세를 잠재신호를 보여주는 PST지표를 활용해서 살펴볼까요?

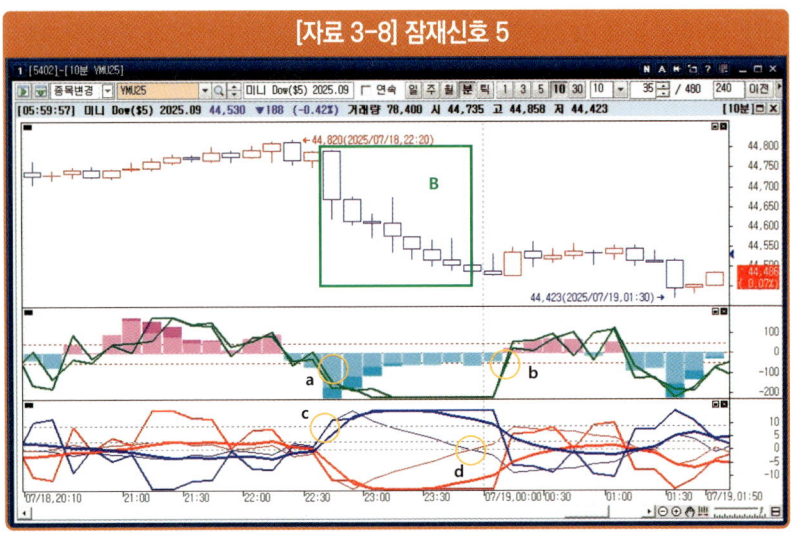

[자료 3-8] 잠재신호 5

[자료 3-8]은 해외선물 거래에서 '미니 Dow 2025년 9월물' 종목으로 10분차트이고 2025년 7월 18일 20시 10분부터 7월 19일 1시 50분까지 추세 흐름입니다. 추세 아래에 PST107지표와 PST111지표를 불러봤습니다.

선물과 옵션 거래처럼 양방향 거래가 가능한 상품에 적용하는 PST 지표는 매수진입과 매도진입을 해서 수익을 기대할 수 있습니다. PST107지표를 활용하면 잠재신호 1과 잠재신호 2인 녹색선 2개와 파란색 오실레이터가 아래 기준선을 우하향 통과하는 a지점에서 매도진입을 해서 수익을 낼 수 있는 시작 지점을 알 수 있습니다. 그리고 녹색선 중 잠재신호 1개가 아래 기준선을 우상향 통과하는 b지점에서 매도청산을 하면 하락보합 구간까지 포함해 수익 구간임을 예상할 수 있습니다. 역시 PST107지표보다 상위버전인 PST111지표를 활용하면 c지점에서 매도진입을 한 후 d지점에서 매도청산을 하면 녹색박스 B영역만큼 수익을 기대할 수 있습니다.

[자료 3-7]처럼 일반신호를 보고 수익이 난 구간보다는 [자료 3-8]처럼 잠재신호를 보고 수익이 난 구간이 빠른 매도진입과 편안한 매도보유와 베스트 매도청산을 한 것을 알 수 있습니다.

# 양자신호

저는 '잠재신호보다 더 빠르고 정확한 진입과 편안한 보유와 베스트 청산하는 신호가 없을까?'라고 의구심을 가지면서 PST이론과 PST지표를 연구하다가 양자신호(Quantum Signal)로 그 해답을 찾았습니다. 양자신호는 양자역학에 기본을 두고 물리학에서 사용되었지만, 금융공학에는 제가 PST이론을 발전시키면서 접목시켰습니다.

양자신호는 매수진입 또는 매도진입을 한 후 가장 편안한 보유를 통해 최고점 전의 매수청산 또는 최저점 전의 매도청산이 이미 운명적으로 결정되었다고 생각합니다. 물론 추세를 만드는 마켓 메이커가 양자신호의 청산 시점보다 더 오래 상승보합 구간이나 하락보합 구간을 만들고 P4-2구간의 변동성을 가지면서 유지할 수 있지만, 양자신호는 가장 편안하고 안전한 구간을 최대한으로 찾아내도록 도와드릴 수 있습니다.

양자역학 이론은 에너지와 운동량 등이 특정 값에 제한되어 있다고 생각하는 것처럼 PST이론은 추세를 3차원(X축-시간, Y축-가격, Z축-반대세력)적으로 분석하고, Y축 범위를 0~100%로 제한되어 있다고 생각합니다. 그리고 양자역학 이론은 파동과 입자의 이중성이 미시적인 현상에서 발생하는 것처럼 PST이론은 절대 상수인 AC1, AC2, AC3의 삼중성이 존재한다고 생각합니다. 마지막으로 양자역학 이론은 위치와 운동량을 동시에 측정할 수 없는 불확실성이 존재하지만, PST이론은 추세가 변동성의 유무를 보이면서 움직일 때 수익이 날 수 있는 확실한 구간과 수익이 나기 어려운 불확실한 구간이 있다고 생각합니다.

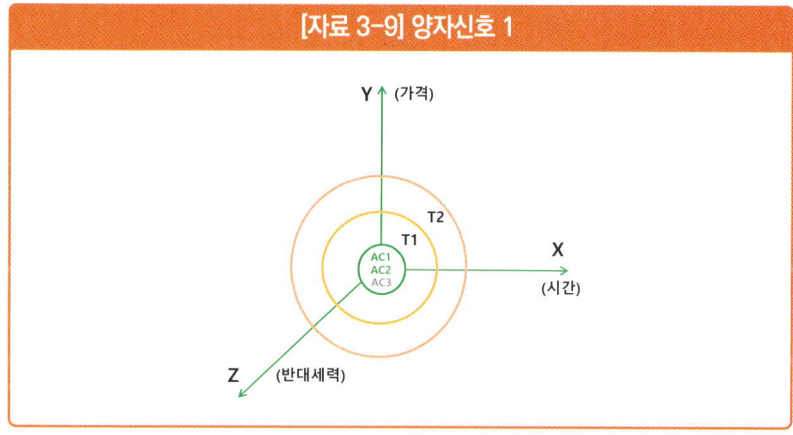

[자료 3-9] 양자신호 1

[자료 3-9]는 양자신호인 AC1, AC2, AC3와 추세인 T1, T2와의 상관관계를 보여줍니다. 추세인 T1, T2가 상승 사이클 또는 하락 사이클의 조건보다 먼저 양자신호 조건이 맞으면 매수진입 또는 매도진입이 가능합니다. 양자신호를 보여주는 PST지표는 주식 거래에서는 PST125지표를 사용하고 선물, 옵션 거래에서는 PST124지표를 활용합니다. 이 PST지표는 양자신호를 가지고 가장 안전한 구간을 양자역학적으로 찾아내지만, 진입 시 추세의 기울기나 퍼센트를 가지고 있는 PST지표를 활용하면 보다 효율적으로 거래를 할 수 있습니다. 그래서 주식 거래에서는 PST100, PST108, PST112지표를 같이 활용하면 되

고 선물, 옵션 거래에서는 PST99, PST107, PST111지표를 같이 활용하면 됩니다.

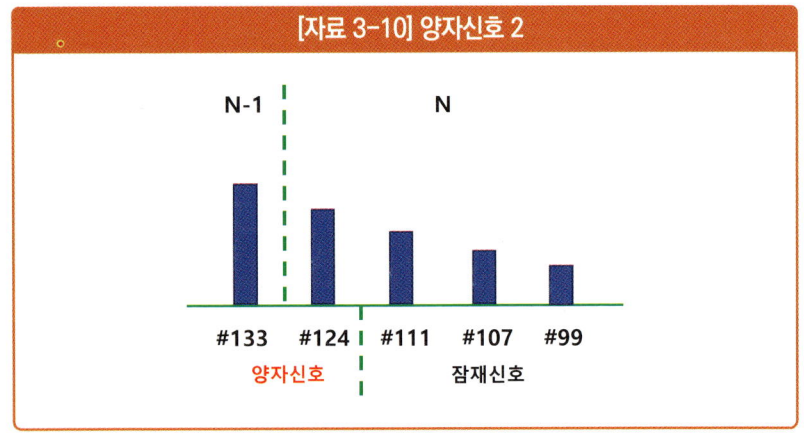

[자료 3-10] 양자신호 2

선물이나 옵션 거래처럼 양방향 거래가 가능한 상품을 거래할 때는 PST124지표를 활용하면 양자신호 도움을 받을 수 있습니다. 그런데 양자신호로 진입 시점이 아닌데도 밀리지 않는 매수진입 또는 매도진입을 해서 수익을 낼 수 있는 구간이 보이기 시작했고, 이 문제를 풀려고 노력한 결과 PST133지표로 그 해답을 찾을 수 있었습니다. 잠재신호나 양자신호는 PST이론상 추세의 기울기가 나오는 예비신호와 일반신호보다는 훨씬 빠르게 여러분께 진입 시점을 알려드립니다. PST124지표 이하 버전 지표는 추세를 분석할 때 현재 캔들(N)으로 분석하지만, PST133지표는 추세를 분석할 때 과거 캔들(N-1)부터 분석해 한 단계 빠른 진입과 청산을 할 수 있습니다. 더욱 놀라운 사실은 PST124지표를 활용할 때 PST99, 107, 111지표와 같이 활용하라고 말씀드렸는데요. PST133지표는 2개의 지표를 같이 활용한 것보다 단독으로 하나만 사용했을 때가 더욱 효과적인 거래를 할 수 있다는 것입니다. 각 지표에 대한 자세한 설명은 기존에 발간한 《NEW PST주식 투자 비법》과 《NEW PST해외선물 투자 비법》 책을 참고하시길 바랍니다.

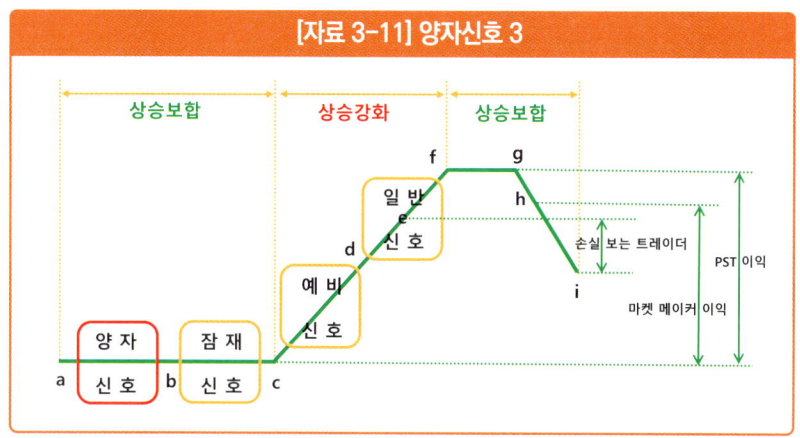

[자료 3-11] 양자신호 3

[자료 3-11]은 상승 사이클 구간에서 양자신호, 잠재신호, 예비신호, 일반신호 간의 상관관계를 보여줍니다. 마켓 메이커가 a지점부터 i지점 까지 상승추세를 만든다고 가정해보겠습니다. 마켓 메이커는 a지점~c 지점까지 상승보합을 유지합니다. PST이론처럼 수익을 기대하려면 c 지점에서 매수진입을 한 후 f지점에서 매수청산을 해야 합니다. 동의하 시지요? 자, 그러면 실전 거래에서 무엇이 문제일까요? a지점~c지점 은 상승보합 구간이고 c지점~f지점이 상승강화 구간으로 P1구간 또는 P4-1구간을 보여줍니다. 이 상승강화 구간은 마켓 메이커가 본격적으 로 추세의 기울기를 크게 만들면서 강한 상승을 하지요. 만약 c지점에 서 늦게 매수진입을 하면 보유하다가 마이너스 손실을 볼 수도 있지 않 을까요? 그래서 같은 c지점에서 매수진입을 하는 경우라도 잠재신호를 알고 하는 경우와 잠재신호보다 빠른 양자신호를 보고 진입하는 것은 엄청난 차이가 있습니다. a지점~c지점은 상승보합 구간으로 상승보합

은 PST이론상 매수진입이 어렵습니다. 그런데 그 구간 안에서 마켓 메이커가 매도물량을 다 소화한 상태로 더 이상 가격이 하락하지 않고 상승이 양봉(N-1)으로 보인다면 매수 양자신호를 보고 매수진입할 수 있습니다. 물론 매수진입 시 기준차트(주식 거래는 60분, 선물, 옵션 거래에서는 10분)를 포함해서 하위차트에서 모두 양자신호로 매수진입 조건이 나와야 매수진입할 수 있습니다.

물론 상승 사이클 구간에서 기준차트와 하위차트에서 모두 나오기가 쉽지는 않지만 주식 거래에서는 최소한 1분, 30분, 60분을 포함한 나머지 차트와 선물, 옵션 거래에서는 최소한 1분, 10분차트에서는 양자신호로 매수진입조건이 나와야 매수진입을 고려할 수 있습니다.

한 방향 거래인 주식 거래인 경우 매수진입 양자신호를 보여주는 PST지표는 PST125지표만 있고, 양방향 거래인 선물과 옵션인 경우 매수진입 양자신호를 보여주는 PST지표는 PST124지표와 PST133지표가 있습니다.

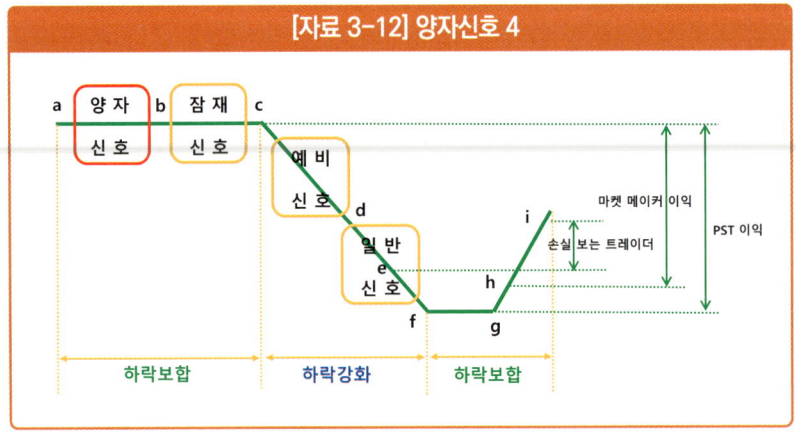

[자료 3-12] 양자신호 4

[자료 3-12]는 하락 사이클 구간에서 양자신호, 잠재신호, 예비신호, 일반신호 간의 상관관계를 보여줍니다. 마켓 메이커가 a지점부터 i지점까지 하락추세를 만든다고 가정해보겠습니다. 마켓 메이커는 a지점~c지점까지 하락보합을 유지합니다. PST이론처럼 수익을 기대하려면 c지점에서 매도진입을 한 후 f지점에서 매도청산을 해야 합니다. 동의하시지요? 자, 그러면 실전 거래에서 무엇이 문제일까요? a지점~c지점은 하락보합 구간이고 c지점~f지점이 하락강화 구간으로 P1구간 또는 P4-1구간을 보여줍니다. 이 하락강화 구간은 마켓 메이커가 본격적으로 추세의 기울기를 크게 만들면서 강한 하락을 하지요. 만약 c지점에서 늦게 매도진입을 하면 보유하다가 마이너스 손실을 볼 수도 있지 않을까요? 그래서 같은 c지점에서 매도진입을 하는 경우라도 잠재신호를 알고 하는 경우와 잠재신호보다 빠른 양자신호를 보고 진입하는 것은 엄청난 차이가 있습니다.

a지점~c지점은 하락보합 구간으로 하락보합은 PST이론상 매도진입이 어렵습니다. 그런데 그 구간 안에서 마켓 메이커가 매수물량을 다 소화한 상태로 더 이상 가격이 상승하지 않고 하락이 음봉(N-1)으로 보인다면 매도 양자신호를 보고 매도진입을 할 수 있습니다. 물론 매도진입 시 기준차트(주식 거래는 60분, 선물, 옵션 거래에서는 10분)를 포함해서 하위차트에서 모두 양자신호로 매도진입 조건이 나와야 매도진입을 할 수 있습니다. 물론 하락 사이클 구간에서 기준차트와 하위차트에서 모두 나오기가 쉽지는 않지만 주식 거래에서는 최소한 1분, 30분, 60분을 포함한 나머지 차트와 선물, 옵션 거래에서는 최소한 1분, 10분차트에서는 양자신호로 매도진입조건이 나와야 매도진입을 고려할 수 있습니다.

양방향 거래인 선물과 옵션인 경우 매도진입 양자신호를 보여주는

PST지표는 PST124지표와 PST133지표가 있습니다.

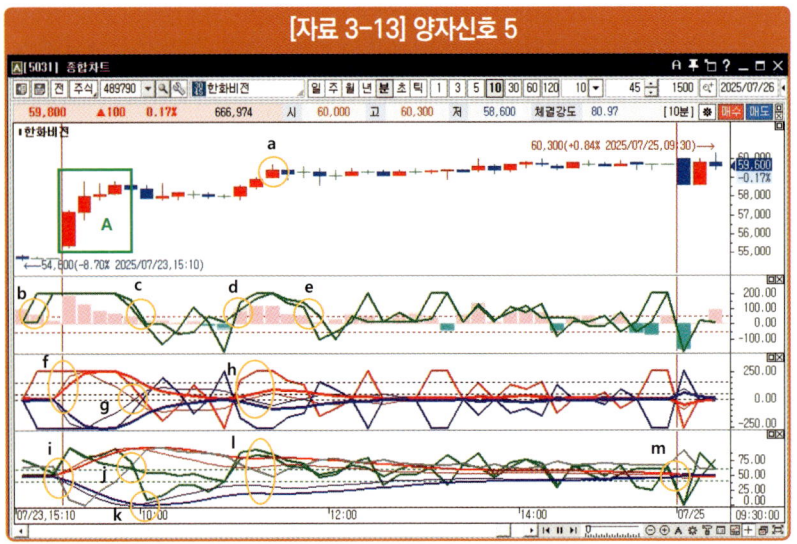

[자료 3-13]은 주식 거래에서 '한화비전' 종목으로 10분차트이고 2025년 7월 23일 15시 10분부터 7월 25일 9시 30분까지 추세 흐름입니다. 추세 아래에 PST108지표, PST112지표, PST125를 불러봤습니다.

주식 거래에서 PST108지표와 PST112지표는 잠재신호를 보여주고 PST125지표는 양자신호를 보여줍니다. PST이론상 양자신호가 잠재신호보다 빠른 진입과 편안한 보유와 정확한 청산을 도와주는 탁월함을 살펴보겠습니다.

PST108지표를 활용하면 b지점에서 매수진입한 후 c지점에서 매수청산을 하면 수익이 나는 구간이라고 알려주고, 이 수익 구간에서 효과적인 매수진입 시점은 PST112지표를 활용해서 f지점에서 매수진입을 한 후 g지점에서 매수청산을 하면 녹색박스 A영역만큼 수익을 기대할

수 있습니다. 이해가 되시지요? 그러면 이번에는 PST125지표를 활용
해보겠습니다. PST125지표에서 양자신호인 AC1, AC2가 매수관점 구
간에서 사이클보다 커야 하고, 반대세력 양자신호인 AC3이 사이클보
다 작을 때가 i지점임을 쉽게 알 수 있습니다. i지점에서 매수진입을 한
후 AC1, AC2가 AC3보다 교차해서 우하향하는 j지점에서 매수청산을
하면 g지점보다 빠른 매수청산을 할 수 있습니다.

　PST108지표를 활용하면 d지점부터 e지점까지는 매수진입으로 수
익이 나는 구간입니다. PST112지표를 활용하면 h지점에서 매수진입
이 가능하지만, 양자신호를 보여주는 PST125지표를 활용하면 k지점
부터 m지점까지는 매도관점 구간입니다. 매수진입을 하면 안 된다는
것을 쉽게 알 수 있으므로 관망 전략을 택해야 합니다.

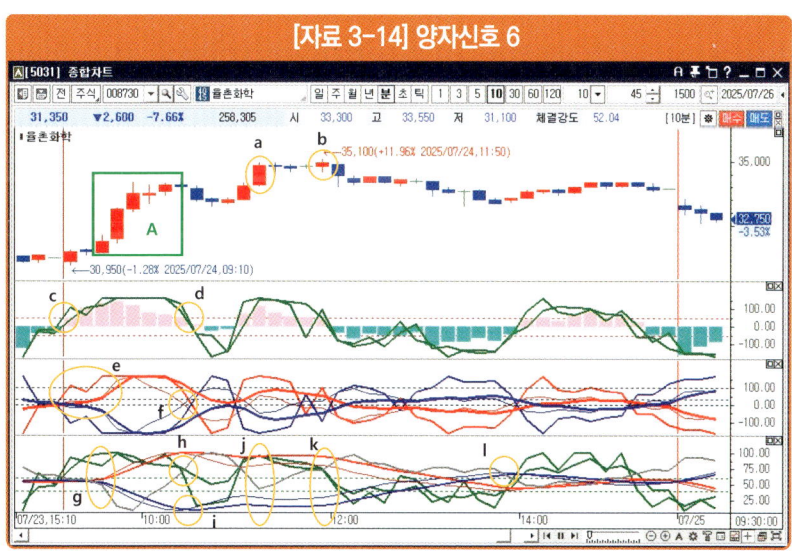

[자료 3-14] 양자신호 6

　[자료 3-14]는 주식 거래에서 '율촌화학' 종목으로 10분차트이고
2025년 7월 23일 15시 10분부터 7월 25일 9시 30분까지 추세 흐름

입니다. 추세 아래에 PST108지표, PST112지표, PST125를 불러봤습니다.

여러분은 손실 보는 트레이더와 수익 나는 트레이더의 차이점이 무엇이라고 생각하시나요? 손실 보는 트레이더는 7월 24일 9시에 매수진입을 한 후 음봉이 나오면 매수청산을 하고 다시 양봉이 나와 녹색박스 A영역이 시작될 때는 매수진입하지 않고 관망을 합니다. 그리고 녹색박스보다 가격이 높아지는 a지점에서 매수진입을 한 후 음봉이 나오면 매수청산을 하고, 다시 a지점보다 가격이 높아지는 b지점에서 매수진입을 한 후 음봉이 나올 때 매수청산하지 않고 계속 보유하면 손실이 계속 커지고 있겠네요.

제 생각에는 손실 보는 트레이더는 거래해야 할 때와 거래하지 말아야 할 때를 구별하지 못하는 것 같습니다. PST108지표를 활용하면 c지점부터 d지점까지는 매수진입으로 수익 나는 구간임을 알 수 있고, PST112지표를 활용하면 e지점에서 밀리지 않는 매수진입을 한 후 f지점에서 매수청산을 하면 녹색박스 A영역을 기대할 수 있습니다. 그리고 PST125지표를 활용하면 g지점에서 매수진입을 한 후 h지점에서 매수청산을 하면 매수청산 시점이 d지점이나 f지점보다 빠르다는 것을 알 수 있습니다.

a지점은 잠재신호를 보여주는 PST108지표와 PST112지표를 활용하면 매수진입 시점이 맞으나 PST125지표를 활용하면 i지점부터 l지점까지는 매도관점이므로 매수진입을 하면 안 되고 관망을 해야 합니다. a지점에 해당하는 j지점과 b지점에 해당하는 k지점 모두 매도관점이므로 매수진입 거래를 하지 않는 것을 쉽게 알 수 있습니다.

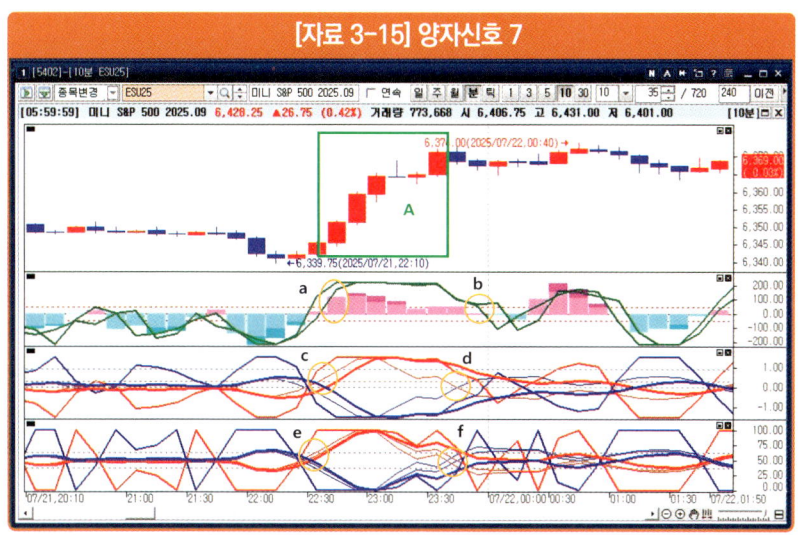

**[자료 3-15] 양자신호 7**

[자료 3-15]는 해외선물 거래에서 '미니 S&P 500 2025년 9월물' 종목으로 10분차트이고 2025년 7월 21일 20시 10분부터 7월 22일 1시 50분까지 추세 흐름입니다. 추세 아래에 PST107지표, PST111지표, PST133를 불러봤습니다.

PST107지표와 PST111지표는 잠재신호를 보여주는 지표이고 PST133지표는 양자신호를 보여주는 지표입니다. 그리고 PST133지표 미만 지표들은 봉 개수를 N(현재)으로 계산하고, PST133지표는 봉 개수를 N-1(과거)로 계산합니다. PST이론상 봉 개수를 N으로 계산한 것보다 N-1으로 계산한 것이 훨씬 빠른 진입, 보유, 청산을 보여줍니다. 한 번 살펴볼까요?

PST107지표는 a지점에서 매수진입을 한 후 b지점에서 매수청산을 합니다. 그리고 PST111지표는 c지점에서 매수진입을 한 후 d지점에서 매수청산을 합니다. 같은 잠재신호를 보여주는 지표도 버전이 높을수록 조금 더 빠른 매수진입과 더 빠른 매수청산을 하는 것을 알 수 있습다.

　일반신호보다 예비신호가 빠르고, 예비신호보다 잠재신호가 빠르며, 잠재신호보다 양자신호가 더 빠르다고 이미 말씀을 드렸습니다. PST111지표의 c지점에서 상승 사이클 시작보다 PST133지표의 e지점에서 더 빠른 상승 사이클 시작(굵기 3pt 빨간색선이 굵기 3pt 파란색선을 우상향으로 교차하는 지점)이 보이시나요?

　양자신호로 매수진입을 e지점에서 한 후 매수청산을 f지점에서 하면 녹색박스 A영역만큼 수익을 기대할 수 있습니다. 그리고 PST99지표 이상 버전 지표들은 3차원지표로 추세의 위치와 순방향이든 역방향이든 관계없이 안전하게 거래를 할 수 있습니다.

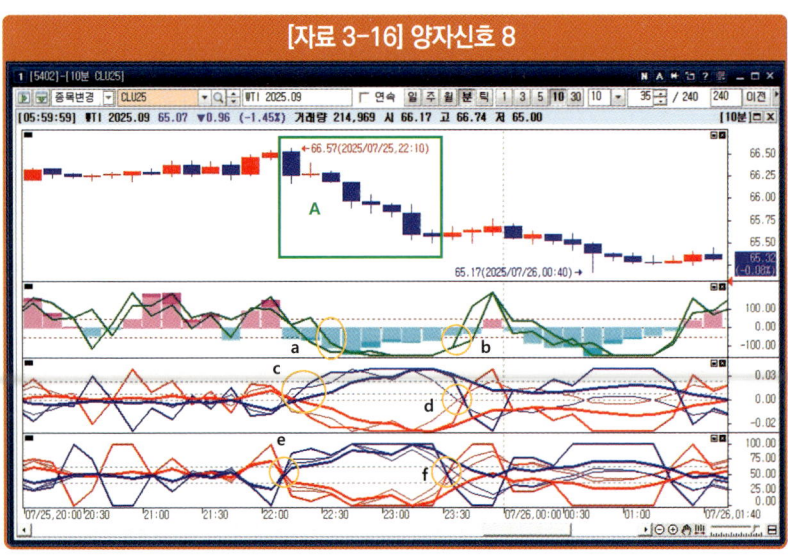

[자료 3-16] 양자신호 8

　[자료 3-16]은 해외선물 거래에서 'WTI 2025년 9월물' 종목으로 10분차트이고 2025년 7월 25일 20시부터 7월 26일 1시 40분까지 추세 흐름입니다. 추세 아래에 PST107지표, PST111지표, PST133를 불

러봤습니다.

앞에서 사용하는 PST지표들은 선물, 옵션 등 양방향 거래상품에 모두 실시간으로 활용을 할 수 있습니다. 국내선물, 해외선물, 국내옵션, 해외옵션, 해외 가상화폐 등에서 모두 활용이 가능합니다.

저는 수년간 평일 기준 화요일부터 목요일까지 카카오톡으로 주식방송을 오전 9~10시까지 교육 차원에서 실시간으로 보내드리고 있습니다. 그리고 상승하는 종목, 종목의 최고가, 하락하는 종목, 외국인이 매수해도 관망해야 하는 종목을 알려드리고 종가에 맞추는 것을 보여드립니다.

제가 어떻게 상승하는 종목 말고 종목의 최고가, 하락하는 종목, 외국인이 매수해도 관망해야 하는 종목을 맞출 수 있을까요? 그 비밀은 PST지표는 매수진입 말고도 매도진입으로 수익 나는 것을 알기 때문입니다. 이해가 되시나요? PST지표로 매도진입을 알려주면 매수진입으로 수익이 나지 않기 때문에 종목의 최고가도 더 이상 나오지 않고 온종일 하락도 하고, 외국인이 매수해도 더 이상 상승하지 않고 하락하기 때문이지요.

PST107지표로 a지점에서 매도진입 후 b지점에서 매도청산보다 PST111지표로 c지점에서 매도진입 후 d지점에서 매도청산이 조금 더 빨랐습니다. 그리고 PST133지표로 e지점에서 매도진입 후 f지점에서 매도청산을 하면 제일 빠른 거래를 했고, 녹색박스 A영역만큼 수익을 효과적으로 기대할 수 있습니다.

[자료 3-17]은 해외선물 거래에서 '미니 S&P 2025년 9월물' 종목으로 10분차트이고 2025년 7월 10일 22시 20분부터 7월 11일 4시까

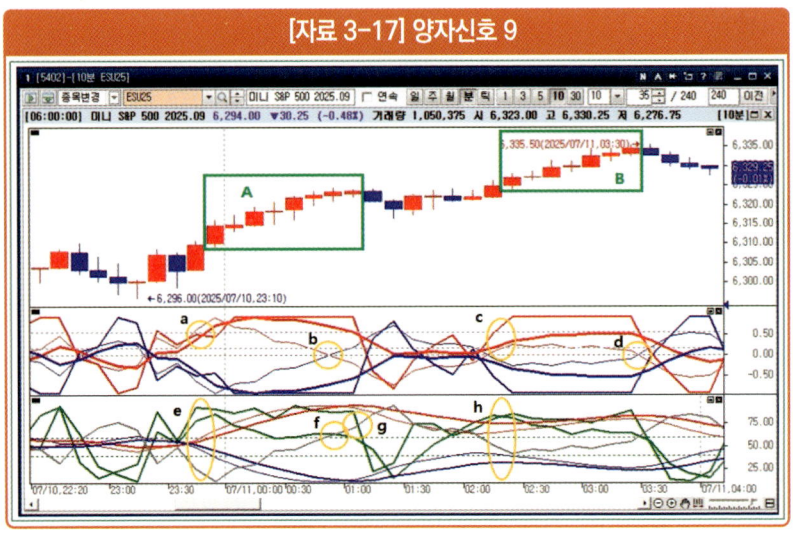

[자료 3-17] 양자신호 9

지 추세 흐름입니다. 추세 아래에 PST111지표와 PST124지표를 불러 봤습니다.

　PST123지표는 양자신호(AC1, AC2, AC3)를 이용해서 진입 시 가장 안전한 지점을 찾은 후 편안한 보유와 베스트 청산하는 데 도움을 줍니다. 만약 PST124지표 없이 PST111지표만 활용해서 거래한다면 a지점과 c지점에서 매수진입을 한 후 b지점과 d지점에서 매수청산을 하면 녹색박스 A영역과 B영역만큼 수익을 기대할 수 있습니다. 그런데 매수진입 후 상승추세에서 강한 장대양봉이 출현하지 않고 도지형태(+) 캔들이 출현하면 실전 거래에서는 양봉과 음봉이 변환하면서 추세가 상승하는 것을 경험하게 됩니다.

　수강생에게 거래 3요소인 진입, 보유, 청산 중에서 가장 어려운 것이 무엇이냐고 물어보면 거의 다 청산이라고 합니다. 진입보다는 보유가 어렵고, 보유보다는 청산이 어렵다고 하지요. 이유가 무엇이라고 생각하시나요? 진입은 기준차트를 포함해서 상위차트와 하위차트에서 수익 나는 PR(Profit Range) 구간이 나온 후 타임 프레임을 맞추면 해결됩니다. 보유는 진입하는 구간 자체가 편안한 보유가 가능한 구간인지 아닌지를 구별해야 하는데, 양자신호가 맞는 진입조건이 되면 청산 때까지 편안한 보유를 기대할 수 있습니다. e지점은 매수양자 진입신호가 출현해서 a지점에서 매수진입할 수 있지만, h지점은 매수양자 진입신호가 출현하지 않았으므로 c지점에서 관망해야 합니다. 마지막으로 청산은 욕심이 생겨서 실전 거래에서 올바르게 하지 못할 수도 있지만 PST124지표는 f지점과 g지점에서 1차, 2차 매수청산을 올바르게 알려드립니다.

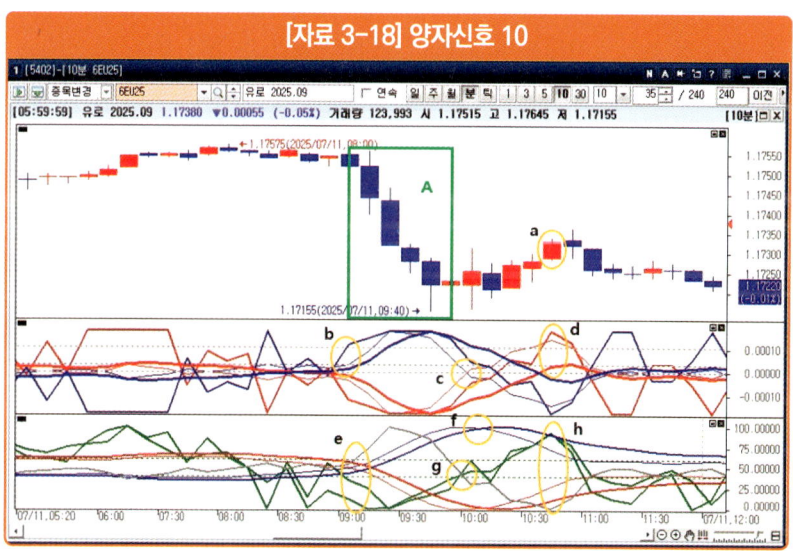

[자료 3-18]은 해외선물 거래에서 '유로 2025년 9월물' 종목으로 10분차트이고 2025년 7월 11일 5시 20분부터 12시까지 추세 흐름입니다. 추세 아래에 PST111지표와 PST124지표를 불러봤습니다.

해외선물 거래에서 활용하는 PST111지표와 PST124지표는 매수진입과 매도진입을 할 수 있는 양방향 거래에서 활용할 수 있는 지표로 국내외 선물, 옵션 거래에서 도움을 줍니다. PST111지표와 PST124지표를 활용할 때 어떤 지표를 우선 순위로 봐야 할까요? 당연히 PST124지표를 우선적으로 진입조건이 되는지 확인해야 합니다. 물론 PST111지표 단독으로 보고 b지점에서 매도진입을 한 후 c지점에서 매도청산을 하면 녹색박스 A영역만큼 수익을 기대할 수 있습니다. 그러나 d지점에서 PST111지표만 활용해 매수진입을 하면 양봉 a만 출현 후 바로 하락해 생각만큼 수익이 나지 않았는데 왜 그럴까요?

PST124지표를 활용하면 그 해답을 찾을 수 있습니다. e지점을 보니 매도진입 양자조건인 $AC3 \geq T1 \geq T2 \geq AC2 \geq AC1$이 되어 매도진입을 하면 무조건 g지점까지 편안한 보유와 베스트 청산됨을 사전에 알 수 있습니다. 한 번 더 말씀드리지만 PST124지표로 매도진입 양자조건이 된다고 무조건 매도진입을 할 수 있는 것이 아니라 매도진입은 진입 시 추세의 기울기를 결정하는 PST지표를 활용해야 합니다. 여기서는 PST111지표를 택했지요. h지점을 보니 매수진입 양자조건인 $AC1 \geq AC2 \geq T1 \geq T2 \geq AC3$이 되지 않았으므로 d지점에서 PST111지표가 매수진입 조건이 되어도 이제는 관망하는 것이 현명한 전략이 아닐까요?

# 메타신호

PST이론을 2002년부터 시작했으니 어느덧 벌써 24년째가 되었습니다. PST이론과 PST지표를 연구 발전시키면서 가장 찾고 싶은 것이 무엇인지 여러분은 아시나요? 추세를 만드는 마켓 메이커의 마음을 찾고 싶었습니다. 여러분은 제가 마켓 메이커가 아닌데 어떻게 찾을 수 있을지 반문할 것입니다. 저도 처음에는 불가능하다고 생각했지요. 그런데 저는 어렸을 때부터 불가능이란 정말 해결할 수 없는 일일 수도 있지만, 아무도 불가능이 가능으로 바뀔 수 있는 일이 되도록 도전을 하지 않았다고도 생각했었습니다. 그래서 저는 마켓 메이커의 마음을 찾기 위해서 도전을 계속해서 결국 '메타신호'란 이름으로 마켓 메이커의 마음을 찾아냈습니다. 상승 사이클에서 상승추세를 만들 때와 하락 사이클에서 상승추세를 만들 때를 찾아냈고, 하락 사이클에서 하락추세와 상승 사이클에서 하락추세를 만들 때도 찾아냈습니다.

한 방향 거래와 양방향 거래로 수익이 나는 모든 상품에 적용할 수 있고 기존에 찾은 예비신호, 잠재신호, 양자신호보다도 더욱 강력한 메타신호로 실전 거래에서 가장 빠르고 정확하고 편안한 진입, 보유, 청산을 도와줍니다.

많은 트레이더들이 10번 거래에서 10번 이기는 룰을 찾기는 어려워서 10번 거래에서 6번 이상 이기는 승률로 거래를 하십니다. 그런데 저는 PST교육시간에 10번 거래에서 6번 이상이 아닌 10번 모두 이기는 룰로 하라고 말씀드립니다. 그러면 저한테 "10번 거래에서 10번 이기는 룰이 있습니까?"라고 반문하십니다. 그러면 저는 "PST지표를 활용해서 모의거래가 아닌 실전 거래로 10번이 아닌 100번 거래에서 100번 이긴 결과가 있습니다"라고 말씀드립니다. 여러분은 어떻게 생각하시나요? 인터넷 검색창에 다음 카페 '숭실대학교 주식, 외환 전문가 모임'을 검색하시면, PST교육을 받은 수강생들이 실전 거래에서 100연승 이상하신 분들을 많이 보실 수 있습니다.

여러분은 거래할 때 뉴스나 관련 기사를 보면서 기본적 분석으로 거래하시나요? 아니면 차트를 분석하는 기술적 분석으로 거래하시나요? 물론 둘 다 중요하지만 하나만 고르라면 저는 기본적 분석보다는 기술적 분석을 택하겠습니다. 이유는 추세를 만드는 마켓 메이커의 마음은 이미 캔들에 나타나고, 캔들이 일정 단위시간에 모여서 추세를 보여줍니다. 그리고 일반적으로 마켓 메이커가 포지션을 정리할 때 뉴스나 관련 기사를 보내 마켓 팔로어가 다시 그 마켓 메이커의 정리한 포지션을 받아줍니다. 결국 추세는 기술적으로 정확하게 분석하는 것이 중요하다고 동의하시지요? 그러면 추세가 무엇인지를 다시 한번 살펴볼 필요가 있겠습니다.

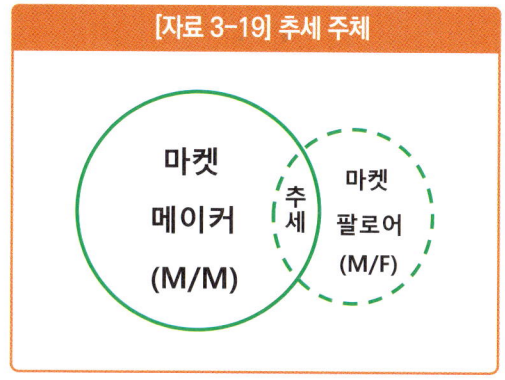

[자료 3-19] 추세 주체

마켓 메이커 (M/M) — 추세 — 마켓 팔로어 (M/F)

- 매수자와 매도자 간의 매매 결과
- 마켓 메이커와 마켓 팔로어 간의 매매 결과
- 마켓 메이커의 매매 결과

　PST이론을 연구한 초창기에는 추세란 '매수자와 매도자 간의 매매 결과'라고 생각했습니다. 하나의 가격을 매수자가 매도자보다 많으면 가격이 상승하고, 매도자가 매수자보다 많으면 가격이 하락한다고 말이지요. 이렇게 생각하는 것은 당연하지만 이런 생각의 접근방법으로 추세에 접근하면 절대로 수익을 못 낸다는 것을, PST이론을 발전시키면서 증명했습니다.

　예비신호, 잠재신호, 양자신호를 PST지표로 구현하면서 저는 '추세란 추세를 만드는 마켓 메이커와 추세를 추종하는 마켓 팔로어 간의 매매 결과'라고 의미를 발전시켰습니다. 저와 여러분 같은 마켓 팔로어는 절대로 상승 사이클 구간에서 하락 사이클 구간으로 전환을 못 시키고 역시 하락 사이클 구간에서 상승 사이클 구간으로 전환을 못 시킵니다. 오직 마켓 메이커가 사이클의 변화뿐만 아니라 상승보합 구간에서 상승강화 구간으로 전환하고, 하락보합 구간에서 하락강화 구간으로 전환한다고 PST이론은 생각합니다. 이런 생각의 접근방법으로 실전 거래 100연승 이상 결과로 증명했습니다.

100연승 이상 결과를 보여주는 PST지표를 만들었는데도 저는 만족하지 않았습니다. '추세란 마켓 팔로어와는 무관하게 오직 마켓 메이커의 매매 결과'라고 정의하고, 메타신호로 마켓 메이커의 마음을 찾아냈습니다. 사이클의 전환뿐만 아니라 P1, P2-1, P2-2, P3, P4-1, P4-2 모든 구간을 그들이 만든다는 놀라운 사실을요. 어떤 사이클 구간에서 언제 어떤 진입을 하고 어떻게 보유를 하며 언제 어떤 청산을 할 것인지 마켓 메이커의 마음을 정확하게 찾아냈습니다. 이런 생각의 접근방법으로 추세를 분석하니 실전 거래에서 너무 손쉽게 수익이 나는 것을 이미 많은 PST교육을 받으신 분들의 거래 결과로 나타났습니다.

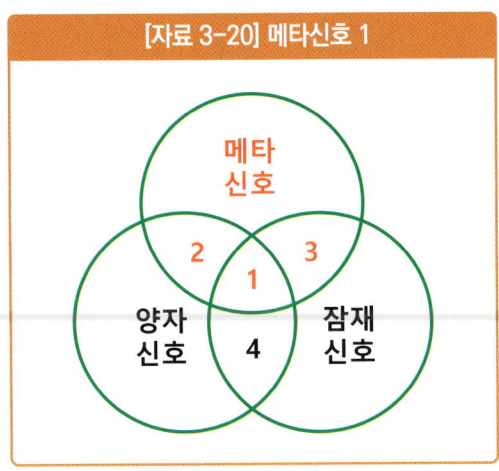

[자료 3-20] 메타신호 1

[자료 3-20]은 메타신호, 양자신호, 잠재신호와의 상관관계를 보여줍니다. 여러분이 오픈된 보조지표를 보고 나타나는 일반신호보다 제가 만든 예비신호가 훨씬 빠른 진입 시점과 청산 시점을 알 수 있습니

다. 그리고 추세의 기울기가 보이는 예비신호보다도 잠재신호, 잠재신호보다 양자신호, 양자신호보다도 메타신호가 훨씬 빠른 진입 시점과 청산 시점을 알 수 있습니다. 놀랍지 않으신가요?

추세의 기울기가 보이기 전에 PST지표로 메타신호, 양자신호, 잠재신호를 찾을 수가 있고, 여기서 제일 중요한 것은 '메타신호'입니다. 그 이유는 메타신호가 추세를 만드는 마켓 메이커의 마음을 찾아냈기 때문입니다.

---

- 1번 : 메타신호 ∩ 양자신호 ∩ 잠재신호
- 2번 : 메타신호 ∩ 양자신호
- 3번 : 메타신호 ∩ 잠재신호
- 4번 : 양자신호 ∩ 잠재신호

---

1번, 2번, 3번 경우는 메타신호가 포함된 경우이고 4번 경우는 메타신호가 포함되지 않는 경우입니다. 저도 PST이론을 연구하다가 메타신호를 발견하기 전까지는 양자신호와 잠재신호로는 마켓 메이커의 마음을 찾는 데 한계가 있었지만, 메타신호를 발견해 양자신호와 잠재신호와의 교집합 형태 전략으로 거래를 하면 수익을 낼 수 있다는 것을 PST교육을 받은 수강생들의 결과로 증명이 되었습니다.

PST99지표 이상 버전의 PST지표는 모두 추세를 3차원(X축-시간, Y축-가격, Z축-반대세력)적으로 분석한 지표입니다. 추세를 2차원(X축-시간, Y축-가격)적으로 분석한 지표와 크게 다른 점은 진입 후 청산을 한 단계 하위차트가 아닌 동 차트에서 할 수 있다는 것입니다. 예로 10분차트를 기준차트로 거래를 할 때 2차원 PST지표를 활용하면 P1구간에서 진입

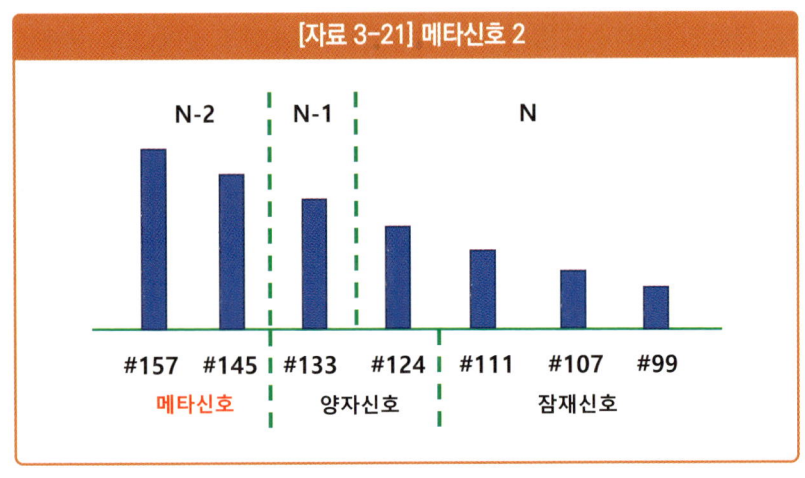

[자료 3-21] 메타신호 2

N-2    N-1         N

#157  #145  #133  #124  #111  #107  #99
메타신호        양자신호        잠재신호

할 경우 5분차트를 보고 청산을 해야 하지만, 3차원 PST지표를 활용하면 10분차트를 보고 청산을 할 수 있다는 막강한 장점이 있습니다.

진입신호와 청산신호가 잠재신호보다 양자신호가 빠르고 양자신호보다 메타신호가 빠른 이유는 [자료 3-21]처럼 잠재신호는 PST지표를 만들 때 봉 개수를 N(현재)으로 계산했고, 양자신호는 봉 개수를 N-1(과거1)로 계산했고, 메타신호는 봉 개수를 N-2(과거2)로 계산했기 때문입

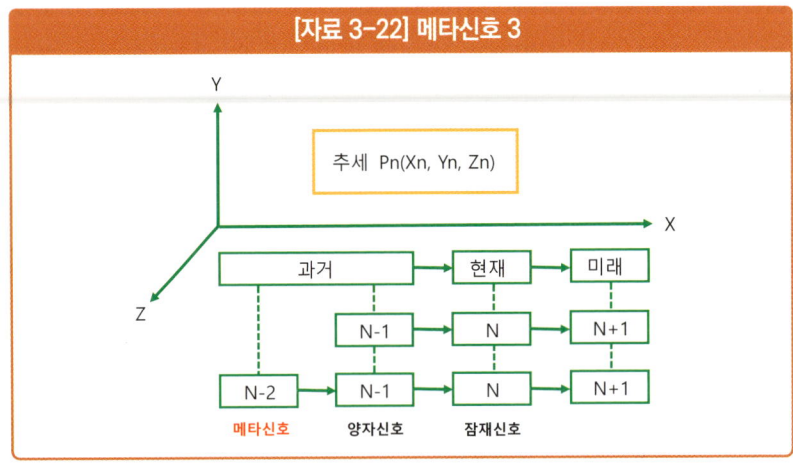

[자료 3-22] 메타신호 3

추세 Pn(Xn, Yn, Zn)

과거    현재    미래
N-1    N    N+1
N-2    N-1    N    N+1
메타신호    양자신호    잠재신호

니다.

PST교육을 할 때 주식 거래인 경우는 한 방향 거래로 수익 나는 상품이기 때문에 메타신호까지는 안 배우고, 양자신호까지만 공부를 합니다. 주식 거래인 경우 잠재신호는 PST100지표를 활용하고, 양자신호는 PST108, PST112, PST125지표를 활용합니다. [자료 3-21]은 해외선물 거래처럼 양방향 거래로 수익 나는 상품을 거래할 때 활용하는 PST지표를 보여줍니다. 각 지표에 대한 자세한 설명은 기존에 발간한 《NEW PST주식 투자 비법》과 《NEW PST해외선물 투자 비법》 책을 참고하시길 바랍니다.

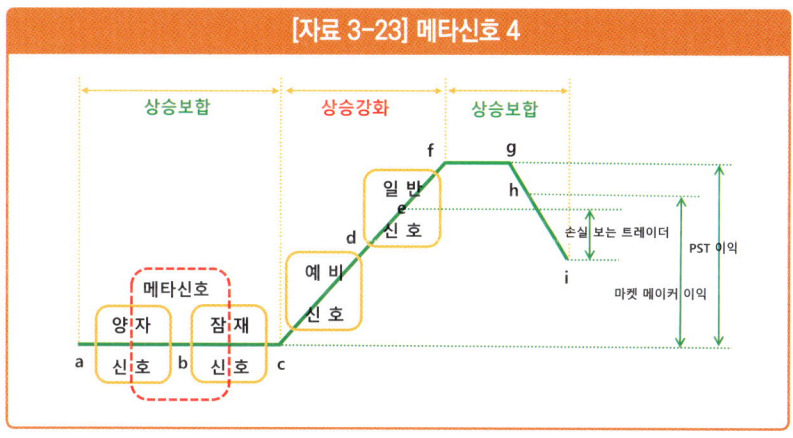

[자료 3-23]은 상승 사이클 구간에서 메타신호, 양자신호, 잠재신호, 예비신호, 일반신호 간의 상관관계를 보여줍니다. 마켓 메이커가 a지점부터 i지점까지 상승추세를 만든다고 가정해보겠습니다. 마켓 메이커는 a지점~c지점까지 상승보합을 유지합니다. PST이론처럼 수익을 기대하려면 c지점에서 매수진입을 한 후 f지점에서 매수청산을 해야 합니다. 동의하시지요? 자, 그러면 실전 거래에서 무엇이 문제일까요?

상승강화 구간이 시작하는 c지점에서 추세의 기울기가 크게 만들면서 강한 상승을 할 때 늦은 매수진입은 f지점이 될 때까지 하위차트에서 되돌림을 경험하셔야 합니다.

그러면 질문을 하나 드리겠습니다. 상승 사이클 구간에서 매수진입 후 하위차트에서 되돌림을 경험하지 않는 방법이 무엇일까요? 정답은 a지점~c지점까지의 상승보합 구간에서 매수진입을 하면 됩니다. 그런데 문제가 있습니다. 상승보합 구간은 본격적인 상승강화 구간이 아니므로 여기서도 수익을 내기 어렵다는 것입니다. 그러나 PST이론상 상승보합 구간에서도 더 이상 가격이 하락하지 않고 상승이 양봉(N-2)으로 보인다면 매수 메타신호를 보고 매수진입할 수 있습니다. 물론 매수진입 시 기준차트를 포함해서 하위차트에서 모두 메타신호로 매수진입 조건이 나와야 매수진입할 수 있습니다. 상승 사이클 구간에서 기준차트와 하위차트에서 모두 나오기가 쉽지는 않지만, 주식 거래에서는 최소한 1분, 30분, 60분을 포함한 나머지 차트와 선물, 옵션 거래에서는 최소한 1분, 10분차트에서는 메타신호로 매수진입조건이 나와야 매수

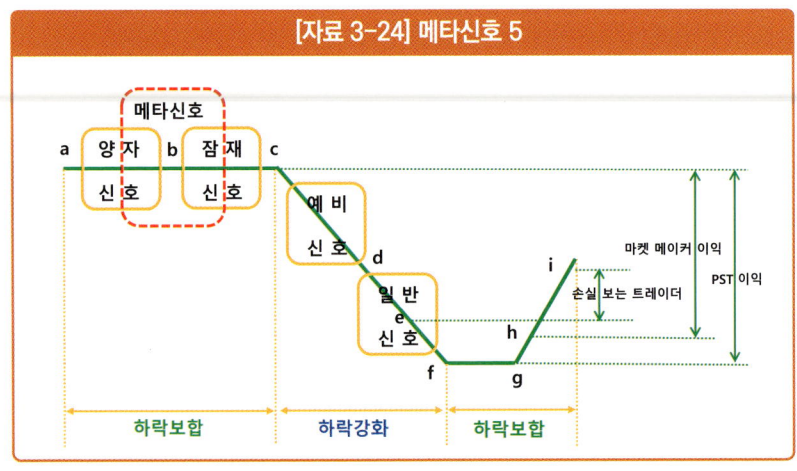

[자료 3-24] 메타신호 5

진입을 고려할 수 있습니다.

[자료 3-24]는 하락 사이클 구간에서 메타신호, 양자신호, 잠재신호, 예비신호, 일반신호 간의 상관관계를 보여줍니다. 마켓 메이커가 a지점부터 i지점까지 하락추세를 만든다고 가정해보겠습니다. 마켓 메이커는 a지점~c지점까지 하락보합을 유지합니다. PST이론처럼 수익을 기대하려면 c지점에서 매도진입을 한 후 f지점에서 매도청산을 해야 합니다. 동의하시지요? 자, 그러면 실전 거래에서 무엇이 문제일까요?

하락강화 구간이 시작하는 c지점에서 추세의 기울기가 크게 만들면서 강한 하락을 할 때 늦은 매도진입은 f지점이 될 때까지 하위차트에서 되돌림을 경험하셔야 합니다. 그러면 질문을 하나 드리겠습니다. 하락 사이클 구간에서 매도진입 후 하위차트에서 되돌림을 경험하지 않는 방법이 무엇일까요? 정답은 a지점~c지점까지인 하락보합 구간에서 매도진입을 하면 됩니다. 그런데 문제가 있습니다. 하락보합 구간은 본격적인 하락강화 구간이 아니므로 여기서도 수익을 내기 어렵다는 것입니다. 그러나 PST이론상 하락보합 구간에서도 더 이상 가격이 상승하지 않고 하락이 음봉(N-2)으로 보인다면 매수 메타신호를 보고 매도진입을 할 수 있습니다. 물론 매도진입 시 기준차트를 포함해서 하위차트에서 모두 메타신호로 매도진입조건이 나와야 매도진입을 할 수 있습니다. 물론 하락 사이클 구간에서 기준차트와 하위차트에서 모두 나오기가 쉽지는 않지만 선물, 옵션 거래에서는 최소한 1분, 10분차트에서는 메타신호로 매도진입 조건이 나와야 매도진입을 고려할 수 있습니다.

[자료 3-25]는 해외선물 거래에서 '은 2025년 9월물' 종목으로 10분차트이고 2025년 8월 14일 8시 20분부터 14시까지 추세 흐름입니

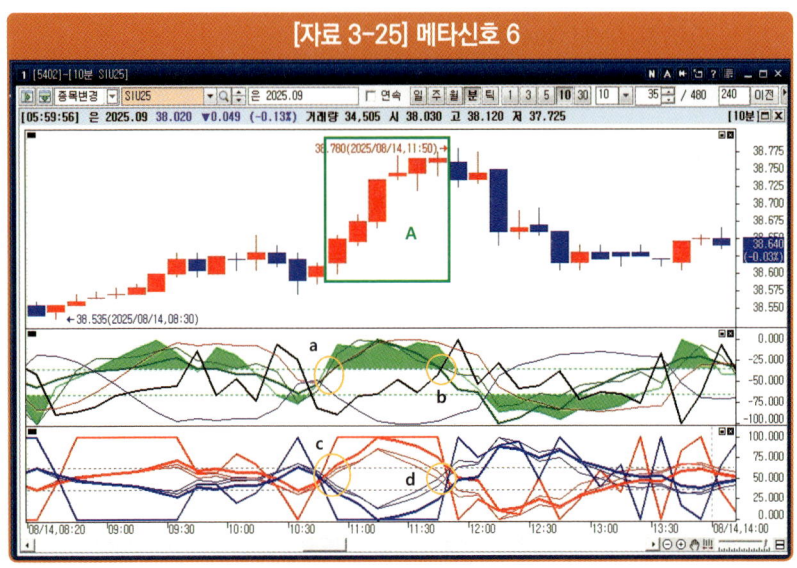

[자료 3-25] 메타신호 6

다. 추세 아래에 PST145지표, PST133를 불러봤습니다.

PST133지표를 활용해서 c지점에서 양자신호를 보고 매수진입을 결정할 수 있습니다. 그런데 문제는 매수진입 시 T1-1, T1-2가 T2, T3 아래에 위치한다는 것입니다. 물론 이런 경우도 PST111지표보다는 수익을 낼 수 있는 확률을 높였습니다만, 매수진입 후 d지점에서 바로 나올 수 있는 경우라서 경우라서 스탑(Stop)을 올리면서 매수청산을 준비해야 합니다.

이렇게 PST133지표에서 T1-1. T1-2가 T2, T3 아래에 위치할 때 진입이 고민이 될 경우 PST145지표에서 메타신호로 해결할 수 있습니다. 한번 같이 살펴보겠습니다.

a지점에서 잠재신호와 양자신호가 과매수 영역에서 존재하는 상태에서 굵은 녹색선인 메타신호가 과매수영역인 기준선을 우상향으로 통과할 때 매수진입을 하면 c지점에서 매수진입 문제를 해결할 수 있습

니다. 이때 매수진입조건은 '메타신호 ∩ 양자신호 ∩ 잠재신호'인 경우로 메타신호를 포함해 진입할 때 가장 강력합니다.

매수청산을 메타신호를 포함해 과매수영역에서 양자신호 또는 잠재신호가 반대세력인 검정색선과 교차하는 b지점에서 하면 녹색박스 A영역만큼 수익을 기대할 수 있습니다. 매수청산을 하는 경우도 PST133지표를 활용하면 d지점에서 1차 매수청산을 하고 T2끼리 교차하는 지점에서 2차 매수청산을 고려해야 하지만, PST145지표를 활용하면 b지점에서 고민 없이 전체 매수청산을 하면 됩니다.

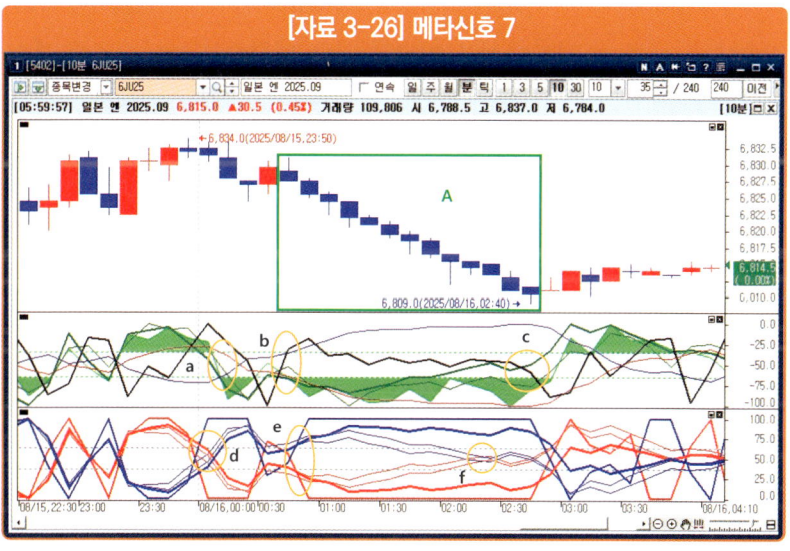

[자료 3-26]은 해외선물 거래에서 '일본 엔 2025년 9월물' 종목으로 10분차트이고 2025년 8월 15일 22시 30분부터 8월 16일 4시 10분까지 추세 흐름입니다. 추세 아래에 PST145지표, PST133를 불러봤습니다.

PST133지표를 활용하면 d지점에서 매도진입을 한 후 T2가 기준선을 우하향 때 매도청산을 하면 적은 수익이 났겠지만 왜 많은 수익이 안 났을까요? d지점에 해당하는 위치를 PST145지표를 활용하면 a지점에 해당합니다. 그런데 a지점에서 매도진입을 할 수 있을까요? 아직 상승 사이클 구간이기 때문에 매도진입을 하면 안 됩니다.

그러면 PST133지표를 활용해서 e지점에서 매도진입을 하면 많은 수익을 기대할 수 있을까요? e지점에 해당하는 위치를 PST145지표로 확인하면 b지점에 해당합니다.

b지점은 하락 사이클 구간에서 메타신호, 양자신호, 잠재신호가 모두 과매도 구간에 존재하므로 매도진입을 하면 많은 수익을 기대할 수 있습니다. 물론 동 차트에서 사이클과 같은 방향으로 메타신호를 보고 진입을 하면 적은 수익보다는 많은 수익을 기대할 수 있고, 더욱 많은 수익은 기준차트보다 상위차트까지 같은 조건으로 메타신호가 나오면 추가로 기대할 수 있습니다.

매도청산을 과매도 영역에서 메타신호를 포함한 양자신호나 잠재신호가 반대세력인 검정색선과 교차하는 c지점에서 하면 녹색박스 A영역만큼 수익을 기대할 수 있습니다.

만약 PST133지표를 보면 T1-1, T1-2가 교차하는 f지점에서 1차 매도청산을 고려하고, T2가 교차하는 지점에서 2차 매도청산을 고려할 수 있습니다. PST133지표와 비교해도 PST145지표가 청산지점도 한층 정확함을 알 수 있습니다.

[자료 3-27]은 해외선물 거래에서 '유로 2025년 9월물' 종목으로 10분차트이고 2025년 8월 13일 19시 40분부터 8월 14일 1시 20분까지 추세 흐름입니다. 추세 아래에 PST145지표, PST133를 불러봤습

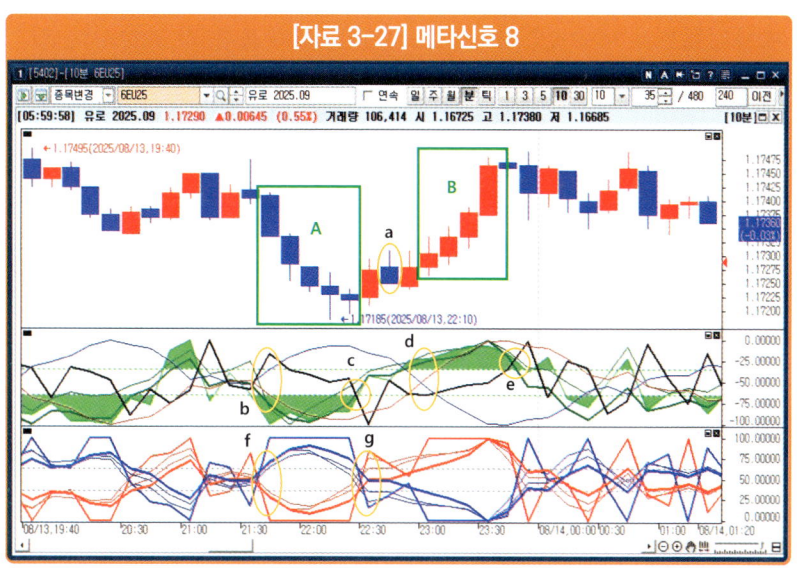

[자료 3-27] 메타신호 8

니다.

　PST133지표를 활용하면 f지점에서 매도진입을 고려할 수 있습니다. 문제는 f지점에서 매도진입할 때 T1-1, T1-2가 T2, T3 아래에 위치한다는 것입니다. 3번째 경우에 해당하는 매도진입 후 스탑(Stop)을 내리면서 수익을 기대할 수 있습니다. 그러나 f지점에 해당하는 위치를 PST145지표를 보면 b지점에 해당합니다. b지점을 보면 하락 사이클 구간에서 과매도 영역을 메타신호, 양자신호, 잠재신호 모두 우하향으로 존재하기 때문에 매도진입을 고민 없이 할 수 있습니다. 매도 청산을 c지점처럼 과매도 영역에서 메타신호를 포함해 양자신호 또는 잠재신호가 반대세력인 검정색선과 교차할 때 하면 녹색박스 A영역만큼 수익을 기대할 수 있습니다.

　PST133지표를 활용하면 g지점에서 매수진입을 고려할 수 있습니다. g지점에 해당하는 위치를 PST145지표를 보면 하락 사이클 구간에 해당하므로 매수진입하지 않고 관망 전략이 옳을 것 같습니다. 만약 PST133를 활용해서 g지점에서 매수진입을 하면 다음 출현하는 캔들인 a처럼 음봉을 만날 수도 있습니다.

PST145지표를 활용하면 어느 지점에서 매수진입을 해야 할까요? 정답은 d지점입니다. 물론 10분차트만 PST145지표로 메타신호로 매수진입이 나오면 안 되고 반드시 하위차트인 1분차트를 포함해 3분차트와 5분차트까지 나올수록 좋습니다. e지점에서 매도청산을 하면 녹색박스 B영역만큼 수익을 기대할 수 있습니다.

# PART 04

# 추세에 관한 Q&A

# 추세 20문 20답

Question 1

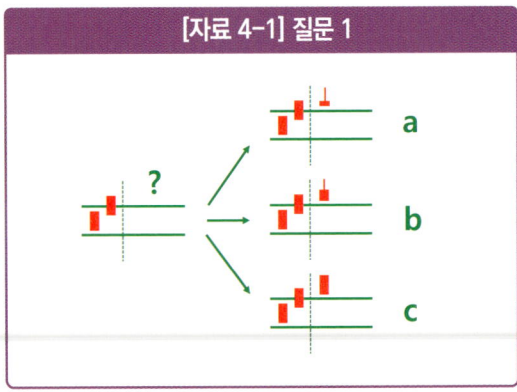

[자료 4-1] 질문 1

실전 거래에서 가격이 저항선을 [자료 4-1]처럼 우상향 통과 후 양봉이 나올 때 긴꼬리가 있는 역망치형 모양ⓐ, 짧은 꼬리와 짧은 몸통이 있는 역망치형 모양ⓑ, 꼬리 없이 장대형 모양ⓒ이 나오는 경우를 예상할 수 있나요?

## Answer 1

기준차트를 주식 거래는 60분차트, 선물, 옵션 거래는 10분차트라고 생각했을 때 기준차트보다 작은 차트를 하위차트, 기준차트보다 큰 차트를 상위차트라고 생각하겠습니다. 그러면 주식 거래는 1분, 3분, 5분, 10분, 30분차트가 하위차트에 속하고 120분, 1일 차트가 상위차트에 속하고 선물, 옵션 거래는 1분, 3분, 5분차트가 하위차트에 속하고 30분차트가 상위차트라고 생각하면 됩니다. 그리고 각 차트를 타임프레임으로 P1, P2, P3, P4라고 분류하고 상승 사이클 구간에서 발생한다고 생각해보면 각각의 경우를 예상할 수 있습니다.

a 경우는 기준차트와 상위차트는 P1또는 P4구간이고, 하위차트 중 1분차트는 P1구간이지만, 하위차트 중 1분차트를 제외한 대부분 차트가 P4-2구간인 경우입니다. b 경우도 기준차트와 상위차트는 P1 또는 P4구간이고, 하위차트 중 1분차트와 몇 개 하위차트만 P1구간이지만, 나머지 하위차트는 P4-2구간인 경우입니다. c 경우는 기준차트와 하위차트, 상위차트 모두 P1 또는 P4-1구간입니다. 참고로 1개 이상의 상위차트가 P1이 많을수록 장대 양봉의 크기는 길어짐을 예상할 수 있습니다.

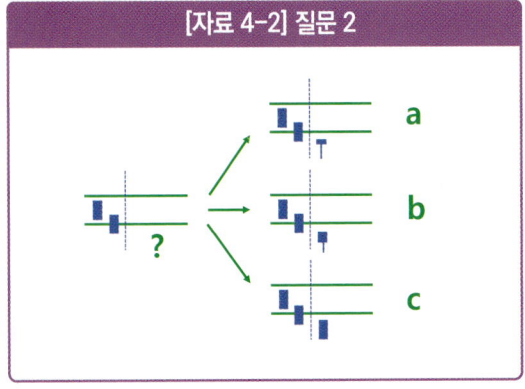

[자료 4-2] 질문 2

실전 거래에서 가격이 저항선을 [자료 4-2]처럼 우하향 통과 후 음봉이 나올 때 긴꼬리가 있는 망치형 모양ⓐ, 짧은 꼬리와 짧은 몸통이 있는 망치형 모양ⓑ, 꼬리 없이 장대형 모양ⓒ이 나오는 경우를 예상할 수 있나요?

Answer 2

기준차트를 주식 거래는 60분차트, 선물, 옵션 거래는 10분차트라고 생각했을 때 기준차트보다 작은 차트를 하위차트, 기준차트보다 큰 차트를 상위차트라고 생각하겠습니다. 그러면 주식 거래는 1분, 3분, 5분, 10분, 30분차트가 하위차트에 속하고 120분, 1일 차트가 상위차트에 속하고 선물, 옵션 거래는 1분, 3분, 5분차트가 하위차트에 속하고 30분차트가 상위차트라고 생각하면 됩니다. 그리고 각 차트를 타임 프레임으로 P1, P2, P3, P4라고 분류하고 하락 사이클 구간에서 발생한다고 생각해보면 각각의 경우를 예상할 수 있습니다.

a 경우는 기준차트와 상위차트는 P1또는 P4구간이고, 하위차트 중 1분차트는 P1구간이지만, 하위차트 중 1분차트를 제외한 대부분 차트가 P4-2구간인 경우입니다. b 경우도 기준차트와 상위차트는 P1또는 P4 구간이고, 하위차트 중 1분차트와 몇 개 하위차트만 P1구간이지만, 나머지 하위차트는 P4-2구간인 경우입니다. c 경우는 기준차트와 하위 차트, 상위차트 모두 P1 또는 P4-1구간입니다. 참고로 1개 이상의 상위차트가 P1이 많을수록 장대 음봉의 크기는 길어짐을 예상할 수 있습니다.

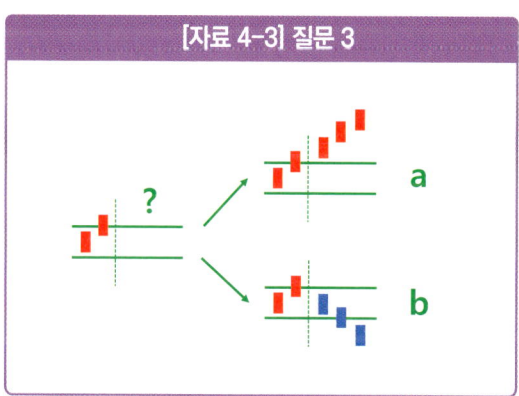

**Question 3**

[자료 4-3] 질문 3

실전 거래에서 가격이 저항선을 [자료 4-3]처럼 우상향 통과하는 시점에서 매수진입을 했을 때 다음 추세가 a 경우처럼 상승하는 이유와 b 경우처럼 하락하는 이유가 무엇일까요?

a 경우는 상승 사이클 구간에서 기준차트는 P1구간이고 상위차트는 P1 또는 P4구간이기 때문입니다. 상위차트가 P4-1구간이면 되돌림이 없지만, P4-2구간이면 되돌림이 출현하면서 추가 상승을 기대할 수 있습니다. 상위차트가 P4-2구간이래도 매수진입 시 밀림이 없어지려면 하위차트가 모두 P1 또는 P4-1구간이면 가능합니다.

b 경우는 하락 사이클 구간에서 매수진입을 한 경우입니다. 현재 사이클 상태와 반대인 P2구간에서 진입하는 경우지요. 기준차트를 포함한 하위차트를 P1구간 또는 4-1구간을 맞추어도 상위차트가 P2구간이기 때문에 상승추세가 약하게 나타납니다. 그러므로 매수진입을 해서 편한 수익을 기대하려면 반드시 상승 사이클 구간에서 순방향으로 매수진입을 고려해야 합니다.

상승 사이클 상태를 파악할 수 있는 PST지표는 주식 거래에서는 PST32지표와 PST125지표를 사용할 수 있고 선물, 옵션 거래에서는 PST31지표, PST124지표, PST157지표가 있습니다.

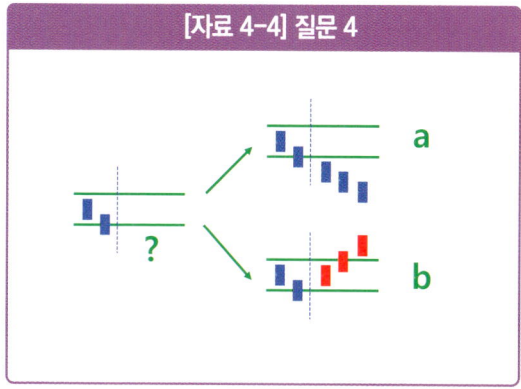

[자료 4-4] 질문 4

실전 거래에서 가격이 저항선을 [자료 4-4]처럼 우하향 통과하는 시점에서 매도진입을 했을 때 다음 추세가 a 경우처럼 하락하는 이유와 b 경우처럼 상승하는 이유가 무엇일까요?

**Answer 4**

a 경우는 하락 사이클 구간에서 기준차트는 P1구간이고 상위차트는 P1 또는 P4구간이기 때문입니다. 상위차트가 P4-1구간이면 되돌림이 없지만, P4-2구간이면 되돌림이 출현하면서 추가 하락을 기대할 수 있습니다. 상위차트가 P4-2구간이더라도 매도진입 시 밀림이 없어지려면 하위차트가 모두 P1 또는 P4-1구간이면 가능합니다.

b 경우는 상승 사이클 구간에서 매도진입을 한 경우입니다. 현재 사이클 상태와 반대인 P2구간에서 진입하는 경우지요. 기준차트를 포함

한 하위차트를 P1구간 또는 4-1구간을 맞추어도 상위차트가 P2구간이기 때문에 하락추세가 약하게 나타납니다.

그러므로 매도진입을 해서 편한 수익을 기대하려면 반드시 하락 사이클 구간에서 순방향으로 매도진입을 고려해야 합니다.

하락 사이클 상태를 파악할 수 있는 PST지표는 주식 거래에서는 PST32지표와 PST125지표를 사용할 수 있고 선물, 옵션 거래에서는 PST31지표, PST124지표, PST157지표가 있습니다.

**Question 5**

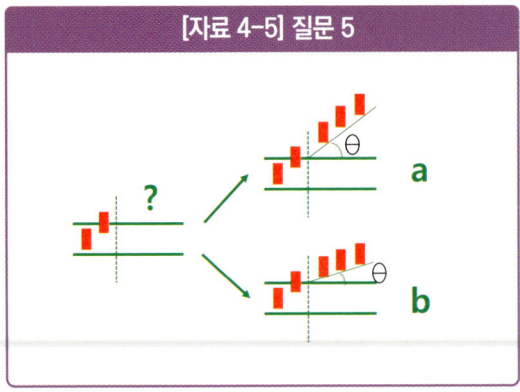

[자료 4-5] 질문 5

실전 거래에서 가격이 저항선을 [자료 4-5]처럼 우상향 통과하는 시점에서 매수진입을 했을 때 다음 추세가 a 경우처럼 기울기가 큰 경우와 b 경우처럼 기울기가 작은 경우를 구별할 수 있을까요?

**Answer 5**

상승 사이클 구간에서 상승보합 구간 이후에 나오는 상승강화 구간인 P1 또는 P4-1구간에서 추세 기울기가 나옵니다. 저항선을 통과하기 바로 전의 지점 위치를 (x1, y1)이라 하고, 저항선을 통과한 후 매수 진입지점의 위치를 (x2, y2)라고 생각하면 기울기($\theta$)는 (y2-y1)/(x2-x1)으로 생각해서 탄젠트(tan) 각도로 생각할 수 있습니다. PST지표를 사용하면 진입할 때 추세의 기울기를 tan30도, tan45도, tan60도로 미리 설정할 수 있습니다.

a 경우는 기준차트를 포함해 기준차트 이상 차트에서 추세 기울기를 일정 각도로 탄젠트 각도로 설정한 경우이고, b 경우는 기준차트를 포함하지 않고 추세 기울기를 일정 각도로 탄젠트 각도로 설정한 경우입니다.

| 주식 거래(한 방향 거래상품인 경우) | 선물, 옵션 거래(양 방향 거래상품인 경우) |
|---|---|
| PST6지표 : tan30도 ≤ $\theta$ < tan90도 | PST6지표 : tan30도 ≤ $\theta$ < tan90도 |
| PST14지표 : tan45도 ≤ $\theta$ < tan90도 | PST13지표 : tan45도 ≤ $\theta$ < tan90도 |
| PST56지표 : tan60도 ≤ $\theta$ < tan90도 | PST35지표 : tan0도 ≤ $\theta$ ≤ tan90도 |
| PST100지표 : tan60도 ≤ $\theta$ < tan90도 | PST55지표 : tan60도 ≤ $\theta$ < tan90도 |
| | PST99지표 : tan60도 ≤ $\theta$ < tan90도 |

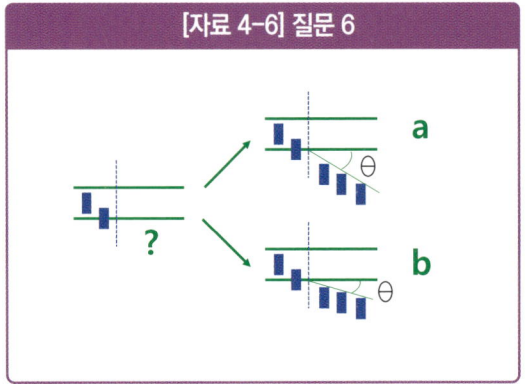

[자료 4-6] 질문 6

실전 거래에서 가격이 저항선을 [자료 4-6]처럼 우하향 통과하는 시점에서 매도진입을 했을 때 다음 추세가 a 경우처럼 기울기가 큰 경우와 b 경우처럼 기울기가 작은 경우를 구별할 수 있을까요?

**Answer 6**

하락 사이클 구간에서 하락보합 구간 이후에 나오는 하락강화 구간인 P1 또는 P4-1구간에서 추세 기울기가 나옵니다. 저항선을 통과하기 바로 전의 지점 위치를 (x1, y1)이라 하고, 저항선을 통과한 후 매도진입 지점의 위치를 (x2, y2)라고 생각하면 기울기($\theta$)는 (y2-y1)/(x2-x1)으로 생각해서 아크탄젠트(arctan) 각도로 생각할 수 있습니다. PST 지표를 사용하면 진입할 때 추세의 기울기를 arctan30도, arctan45도, arctan60도로 미리 설정할 수 있습니다.

a 경우는 기준차트를 포함해 기준차트 이상 차트에서 추세 기울기를 일정 각도로 아크탄젠트 각도로 설정한 경우이고, b 경우는 기준차트를 포함하지 않고 추세 기울기를 일정 각도로 아크탄젠트 각도로 설정한 경우입니다.

---

선물, 옵션 거래(양방향 거래상품인 경우)

PST6지표 : actan30도 ≤ θ < actan90도

PST13지표 : actan45도 ≤ θ < actan90도

PST35지표 : actan0도 ≤ θ ≤ actan90도

PST55지표 : actan60도 ≤ θ < actan90도

PST99지표 : actan60도 ≤ θ < actan90도

---

## Question 7

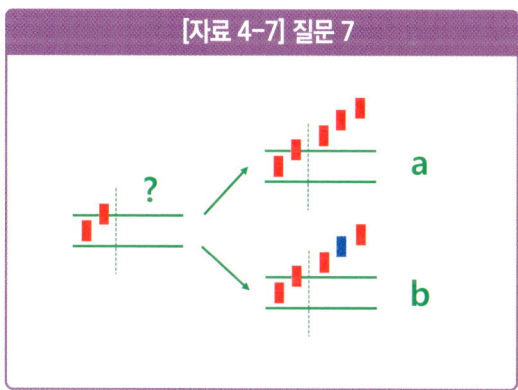

[자료 4-7] 질문 7

실전 거래에서 가격이 저항선을 [자료 4-7]처럼 우상향 통과하는 시점에서 매수진입을 했을 때 이후에 출현하는 캔들의 색깔이 a 경우처럼 같은 빨

간색 캔들이 나오면서 상승하는 경우와 b 경우처럼 파란색 캔들과 같이 섞여서 상승하는 경우를 구별할 수 있을까요?

## Answer 7

상승 사이클 구간은 타임 프레임상 P1, P2, P3, P4로 구성이 되고 P1, P4구간은 상승강화 구간이 되고 P2, P3구간은 상승보합 구간이 됩니다.

a 경우처럼 매수진입 후 다음 출현하는 캔들이 상승추세를 이어가면서 동일한 빨간색 캔들이 나오는 경우는 기준차트를 포함해서 상위차트와 하위차트가 모두 상승강화 구간인 P1 또는 P4-1구간이기 때문입니다.

b 경우처럼 매수진입 후 다음 출현하는 캔들이 상승추세는 이어가지만 빨간색 캔들과 파란색 캔들이 나오는 경우는 기준차트는 상승강화 구간인 P1구간이지만 상위차트는 P4-1구간이 아니라 P4-2구간이기 때문입니다.

재상승 구간인 P4구간은 하락 다이버전스가 나오지 않는 안전한 P4-1구간과 하락 다이버전스가 나와서 위험한 P4-2구간이 있습니다. 실전 거래에서는 P4-1구간에서는 매수진입을 고려하지만, P4-2구간은 매수진입하지 않고 관망하는 전략을 택하시길 바랍니다.

상승 사이클 상태를 파악할 수 있는 PST지표는 주식 거래에서는 PST32지표와 PST125지표를 사용할 수 있고 선물, 옵션 거래에서는 PST31지표, PST124지표, PST157지표가 있습니다.

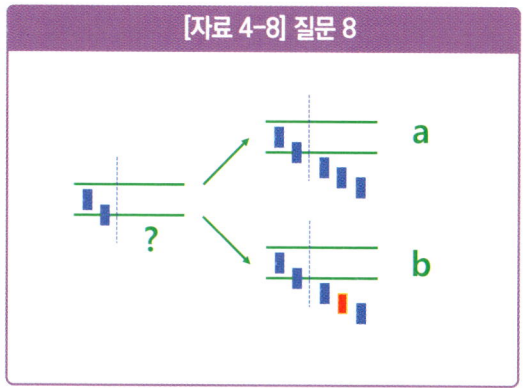

[자료 4-8] 질문 8

실전 거래에서 가격이 저항선을 [자료 4-8]처럼 우하향 통과하는 시점에서 매도진입을 했을 때 이후에 출현하는 캔들의 색깔이 a 경우처럼 같은 파란색 캔들이 나오면서 하락하는 경우와 b 경우처럼 빨간색 캔들과 같이 섞여서 하락하는 경우를 구별할 수 있을까요?

**Answer 8**

하락 사이클 구간은 타임 프레임상 P1, P2, P3, P4로 구성이 되고 P1, P4구간은 하락강화 구간이 되고 P2, P3구간은 하락보합 구간이 됩니다.

a 경우처럼 매도진입 후 다음 출현하는 캔들이 하락추세를 이어가면서 동일한 파란 캔들이 나오는 경우는 기준차트를 포함해서 상위차트와 하위차트가 모두 하락강화 구간인 P1 또는 P4-1구간이기 때문입니다.

b 경우처럼 매도진입 후 다음 출현하는 캔들이 하락추세는 이어가지만 파란색 캔들과 빨간색 캔들이 나오는 경우는 기준차트는 하락강화 구간인 P1구간이지만 상위차트는 P4-1구간이 아니라 P4-2구간이기 때문입니다.

재하락 구간인 P4구간은 상승 다이버전스가 나오지 않는 안전한 P4-1구간과 상승 다이버전스가 나와서 위험한 P4-2구간이 있습니다. 실전 거래에서는 P4-1구간에서는 매도진입을 고려하지만, P4-2구간은 매도진입을 하지 않고 관망하는 전략을 택하시길 바랍니다.

하락 사이클 상태를 파악할 수 있는 PST지표는 주식 거래에서는 PST32지표와 PST125지표를 사용할 수 있고 선물, 옵션 거래에서는 PST31지표, PST124지표, PST157지표가 있습니다.

**Question 9**

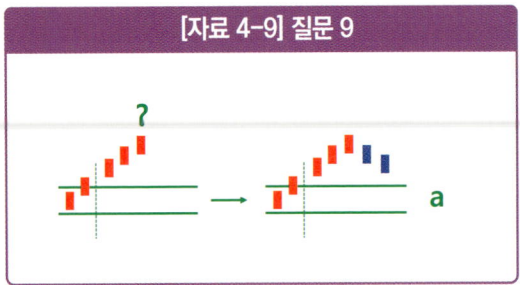

[자료 4-9] 질문 9

실전 거래에서 가격이 저항선을 [자료 4-9]처럼 우상향 통과하는 시점에서 매수진입을 했을 때 이후에 출현하는 캔들이 양봉으로 계속 출현하다가 최고점을 찍고 가격이 하락해 음봉이 나오는 최고점을 예측할 수 있을까요?

상승 사이클 구간에서 상승강화 구간인 P1구간에서 매수진입을 한 다음 어느 정도 상승추세가 진행되다가 P1구간이 최고점에 도달한 후 a 경우처럼 하락하는 이유는 기준차트보다 하위차트의 타임 프레임이 모두 P1 또는 P4-1구간에서 모두 P2구간으로 전환되었기 때문입니다.

주식 거래인 경우는 기준차트가 60분차트이므로 하위차트인 1분, 3분, 5분, 10분, 30분차트에서 P2구간이 출현해 P1구간은 일단 최고점이 나온 후 가격이 하락해 음봉이 나옵니다. 선물이나 옵션인 경우는 기준차트가 10분차트이므로 하위차트인 1분, 3분, 5분차트에서 P2구간이 출현해 P1구간은 일단 최고점이 나온 후 가격이 하락해 음봉이 나옵니다.

상승 사이클 구간에서 P1구간에서 매수진입을 한 후 P1구간의 최고점까지 보유하면서 매수청산을 하기 위해서는 반드시 잔고가 플러스 상태에서 해야지 가격이 매수진입까지 내려와서 잔고가 마이너스 상태인데도 보유하면 안 됩니다. 손실 보는 이유는 매수진입이 늦었든지 아니면 기준차트가 아닌 하위차트에서 P1구간이 나올 때 매수진입을 했기 때문입니다.

상승 사이클 상태를 파악할 수 있는 PST지표는 주식 거래에서는 PST32지표와 PST125지표를 사용할 수 있고 선물, 옵션 거래에서는 PST31지표, PST124지표, PST157지표가 있습니다.

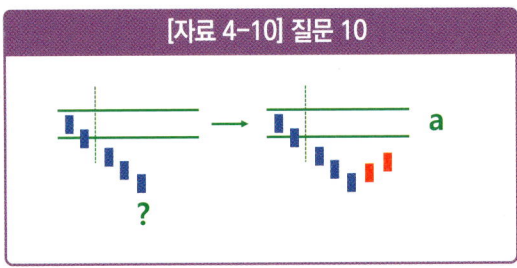

[자료 4-10] 질문 10

　실전 거래에서 가격이 저항선을 [자료 4-10]처럼 우하향 통과하는 시점에서 매도진입을 했을 때 이후에 출현하는 캔들이 음봉으로 계속 출현하다가 최저점을 찍고 가격이 상승해 양봉이 나오는 최저점을 예측할 수 있을까요?

**Answer 10**

　하락 사이클 구간에서 하락강화 구간인 P1구간에서 매도진입을 한 다음 어느 정도 하락추세가 진행되다가 P1구간이 최저점에 도달한 후 a 경우처럼 상승하는 이유는 기준차트나 하위차트의 타임 프레임이 모두 P1 또는 P4-1구간에서 모두 P2구간으로 전환되었기 때문입니다.

　주식 거래인 경우는 기준차트가 60분차트이므로 하위차트인 1분, 3분, 5분, 10분, 30분차트에서 P2구간이 출현해 P1구간은 일단 최저점이 나온 후 가격이 상승해 양봉이 나옵니다. 선물이나 옵션인 경우는 기준차트가 10분차트이므로 하위차트인 1분, 3분, 5분차트에서 P2구간이 출현해 P1구간은 일단 최저점이 나온 후 가격이 상승해 양봉이 나옵니다.

하락 사이클 구간에서 P1구간에서 매도진입을 한 후 P1구간의 최저점까지 보유하면서 매도청산을 하기 위해서는 반드시 잔고가 플러스 상태에서 해야지 가격이 매도진입까지 올라와서 잔고가 마이너스 상태인데도 보유하면 안 됩니다. 손실을 보는 이유는 매도진입이 늦었든지 아니면 기준차트가 아닌 하위차트에서 P1구간이 나올 때 매도진입을 했기 때문입니다.

하락 사이클 상태를 파악할 수 있는 PST지표는 주식 거래에서는 PST32지표와 PST125지표를 사용할 수 있고 선물, 옵션 거래에서는 PST31지표, PST124지표, PST157지표가 있습니다.

## Question 11

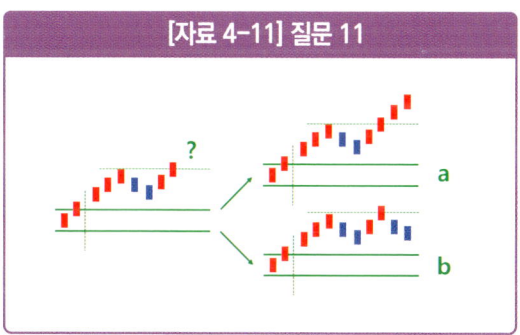

[자료 4-11] 질문 11

실전 거래에서 [자료 4-11]처럼 재상승 구간에서 양봉이 저항선을 우상향 통과하는 시점에서 매수진입을 했을 때 다음 추세가 a 경우처럼 상승하는 이유와 b 경우처럼 하락하는 이유가 무엇일까요?

상승 사이클 구간이 시작한 후 상승보합 구간에서 상승강화 구간으로 바뀌는 구간을 P1구간이라고 정의하고, 상승 사이클이 끝나기 전까지 전고점보다 가격이 높이 상승할 때 재상승 구간을 P4구간으로 정의합니다. 그런데 P4구간은 PST이론상 P4-1구간과 P4-2구간으로 분류를 하지요. 상승 사이클 구간에서 P4-1구간은 하락 다이버전스가 나오지 않아 추세가 재상승할 때 매수진입을 안전하게 할 수 있는 구간이고 P4-2구간은 하락 다이버전스가 나와서 추세가 재상승할 때 매수진입하지 말고 관망해야 합니다.

a 경우는 기준차트는 P4-1구간이고 하위차트와 상위차트는 P1구간에서 나올 수 있습니다. b 경우는 하위차트는 P1구간이지만, 기준차트와 상위차트는 모두 P4-2구간에서 나올 수 있습니다.

그러므로 상승 사이클 구간에서 재상승하는 P4구간에서 매수진입을 했을 때 상위차트와 하위차트의 타임 프레임에 따라서 추세의 흐름을 예측할 수 있습니다.

상승 사이클 상태를 파악할 수 있는 PST지표는 주식 거래에서는 PST32지표와 PST125지표를 사용할 수 있고 선물, 옵션 거래에서는 PST31지표, PST124지표, PST157지표가 있습니다.

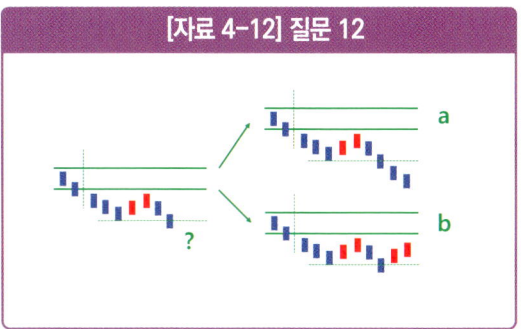

[자료 4-12] 질문 12

실전 거래에서 [자료 4-12]처럼 재하락 구간에서 음봉이 저항선을 우하향 통과하는 시점에서 매도진입을 했을 때 다음 추세가 a 경우처럼 하락하는 이유와 b 경우처럼 상승하는 이유가 무엇일까요?

**Answer 12**

하락 사이클 구간이 시작한 후 하락보합 구간에서 하락강화 구간으로 바뀌는 구간을 P1구간이라고 정의하고, 하락 사이클이 끝나기 전까지 전저점보다 가격이 낮게 하락할 때 재하락 구간을 P4구간으로 정의합니다. 그런데 P4구간은 PST이론상 P4-1구간과 P4-2구간으로 분류를 하지요. 하락 사이클 구간에서 P4-1구간은 상승 다이버전스가 나오지 않아 추세가 재하락할 때 매도진입을 안전하게 할 수 있는 구간이고 P4-2구간은 상승 다이버전스가 나와서 추세가 재하락할 때 매도진입을 하지 말고 관망해야 합니다.

a 경우는 기준차트는 P4-1구간이고 하위차트와 상위차트는 P1구간에서 나올 수 있습니다. b 경우는 하위차트는 P1구간이지만, 기준차트와 상위차트는 모두 P4-2구간에서 나올 수 있습니다.

그러므로 하락 사이클 구간에서 재하락하는 P4구간에서 매도진입을 했을 때 상위차트와 하위차트의 타임 프레임에 따라서 추세의 흐름을 예측할 수 있습니다.

하락 사이클 상태를 파악할 수 있는 PST지표는 주식 거래에서는 PST32지표와 PST125지표를 사용할 수 있고 선물, 옵션 거래에서는 PST31지표, PST124지표, PST157지표가 있습니다.

## Question 13

주식, 선물, 옵션 등 거래에서 하루의 최고점 또는 최저점을 맞출 수가 있을까요?

## Answer 13

저와 여러분은 추세를 만드는 마켓 메이커가 아니라 추세를 추종하는 마켓 팔로어이기 때문에 맞출 수가 없습니다. 그러나 PST이론상 주식 거래는 하루의 최고점 예측이 가능합니다. 선물, 옵션 거래는 하루의 최고점 또는 최저점 예측이 불가능하지만, 한 사이클 내에서 최고점과 최저점 예측은 가능합니다. 그리고 선물, 옵션은 레버리지를 사용하는 파생상품이기 때문에 하루 이상의 보유는 권유하지 않습니다. 왜냐하면, 하루 이상의 보유를 하다가 마켓 메이커가 여러분이 거래한 방향과 반대 방향으로 추세를 만들면 큰 손실을 볼 수 있기 때문입니다. 그런데 만약 PST지표를 활용해 하루가 아닌 더 적은 보유시간 동안 어느 정도의 수익보다 많은 수익을 기대할 수 있다면 굳이 하루 이상의 보유시간은 무의미합니다.

주식 거래인 경우는 기준차트를 60분차트로 설정하고 선물과 옵션은 기준차트를 10분차트로 설정해서 하위차트와 동일한 진입조건이 나올 때 거래할 수 있습니다. 주식 거래는 60분차트가 P1구간에서 매수진입을 한 후 30분차트로 매수청산을 하면 하루의 최고점을 예측할 수 있고 선물, 옵션 거래는 10분차트가 P1구간에서 매수진입 또는 매도진입을 한 후 5분차트로 매수청산 또는 매도청산을 하면 한 사이클에서 최고점 또는 최저점을 기대할 수 있습니다.

진입과 청산을 할 수 있는 PST지표는 주식 거래에서는 PST14, PST56, PST100, PST112지표가 있고 선물, 옵션 거래에서는 PST13, PST55, PST99, PST111, PST133, PST145지표가 있습니다.

## Question 14

실전 거래할 때 거래량을 반드시 확인해야 하나요?

## Answer 14

네, 당연히 확인해야 합니다. 확인해야 한다는 의미는 거래량이 많아야 한다는 것입니다. 아무리 PST지표가 정확하게 진입 시점과 청산 시점을 알려준다고 해도 실시간 데이터를 받아서 분석하는 데 거래량이 많으면 많을수록 정확하게 분석할 수 있지만, 거래량이 적으면 진입 시점이 나와도 바로 청산 시점이 나와서 수익 내기가 어렵습니다. 그래서 PST지표를 활용할 때 전제조건은 거래량이 많아야 합니다.

주식 거래인 경우는 종가로 20만 주 이상을 추천하지만, 오전 9시 ~10시에 매수진입할 때는 종가로 20만 주 이상을 예측할 수 없으므로 전일 종가로 20만 주 이상인 코스피 200종목을 추천합니다.

코스피 200종목에서도 거래 시 매수량와 매도량이 현재 단주, 10주, 100주 단위는 될 수 있으면 피하고 1,000주 단위 이상씩 되는 종목을 선택하는 것이 바람직합니다. 주식 거래에서 마켓 메이커는 한꺼번에 큰 금액으로 거래를 하기 때문에 마켓 메이커들이 거래하는 종목을 선택해서 거래하면 변동성이 약하기 때문에 큰 손실을 보기 힘들지요.

물론 코스닥 종목도 가능하지만, 과거 일일 거래량을 확인해 종가로 20만 주 이상 대형주를 골라서 거래하는 것이 좋습니다. 선물과 옵션 거래는 시간대별로 거래가 활발히 일어날 때 거래하길 바랍니다. 국내 선물과 국내옵션은 국내주식 장이 열리는 시간과 해외선물과 해외옵션은 미국주식 장이 열리는 시간에 거래가 활발히 일어납니다.

실전 거래할 때 캔들 분석, 패턴 분석을 할 필요가 없나요?

공부 차원에서는 캔들 분석, 패턴 분석은 괜찮지만, 실전 거래에서는 별로 도움이 되지 않습니다. 저는 PST교육을 할 때 캔들 색깔을 모두 녹색으로 바꿔보고 추세를 보라고 합니다. 캔들 색깔이 양봉일 때는 빨간색, 음봉일 때는 파란색인데 모두 녹색으로 바꾸면 실전 거래하지 못할까요? 또한, 캔들의 형태를 종가 선으로 바꾸면 캔들의 형태는 안 보이고 하나의 선으로만 추세가 보이면 실전 거래하지 못할까요? 물론 추세를 실시간으로 타임 프레임으로 분석한 PST지표가 없으면 불가능하지만, PST지표를 활용하면 캔들의 색깔이나 캔들의 형태는 별 의미가 없이 거래할 수 있습니다.

한 달에 한 번씩 17년째 숭실대학교 글로벌 미래교육원에서 무료 재테크 공개강좌를 진행하고 있습니다. 공개강좌 오신 분들이 대부분 "왜 본인이 공부한 대로 추세가 진행되지 않냐?"라고 질문하십니다. 많은 분이 서점에서 책을 보고 또는 TV나 인터넷에서 캔들 분석과 패턴 분석을 열심히 공부하지요. 그러나 실전 거래에서는 여러분이 공부한 대로 추세가 움직이지 않는 것을 종종 느끼실 것입니다.

가장 큰 이유는 여러분은 추세를 만드는 마켓 메이커가 아니고 추세를 추종하는 마켓 팔로어이기 때문에 여러분이 알고 있는 캔들 분석, 패턴 분석은 여러분 생각대로 진행되지 않습니다. 또 어떤 분은 "가끔은 캔들 분석, 패턴 분석이 맞을 때도 있다"라고 말씀하십니다. 저는 "가끔 맞는 룰로 실전 거래를 어떻게 할 수 있을까요?"라고 반문합니다.

캔들 분석, 패턴 분석을 공부하는 것은 좋습니다만 실전 거래에서 맹목적으로 이들 분석방법대로 거래하는 것은 자제하시고, 본인만의 이기는 룰을 찾는 것이 중요합니다.

## Question 16

오픈된 보조지표 중 가장 많이 사용하는 이동평균선과 MACD 보조지표를 활용해서 정배열과 골든크로스 때 매수진입을 해도 추세가 상승이 약하고 역배열과 데드크로스일 때 매도진입을 해도 추세가 하락이 약한 이유가 무엇일까요?

## Answer 16

이동평균선과 MACD를 포함한 모든 오픈된 보조지표는 사이클의 상태가 상승 사이클과 하락 사이클 구별을 하지 못하고 정배열, 역배열, 골든크로스, 데드크로스를 보여줍니다. 현재 사이클 상태가 상승 사이클 구간에서 정배열과 골든크로스가 나올 때 매수진입을 하면 수익을 기대할 수 있어도 반대로 하락 사이클 구간에서 정배열과 골든크로스가 나올 때 매수진입은 P2구간에서 매수진입을 했기 때문에 적은 수익이 날 수 있지만 많은 수익을 기대하기 어렵습니다. 현재 사이클 상태가 하락 사이클 구간에서 역배열과 데드크로스가 나올 때 매도진입을 하면 수익을 기대할 수 있지만, 반대로 상승 사이클 구간에서 역배열과 데드크로스가 나올 때 매도진입은 P2구간에서 매도진입을 했기 때문에 적은 수익이 날 수 있어도 많은 수익을 기대하기 어렵습니다.

현재 사이클 상태를 파악할 수 있는 PST지표는 주식 거래에서는 PST32지표와 PST125지표를 사용할 수 있고 선물, 옵션 거래에서는 PST31지표, PST124지표, PST157지표가 있습니다.

## Question 17

손실 폭은 얼마로 정하면 될까요?

## Answer 17

실전 거래를 할 때 가장 정하기 어려운 것 중에 하나가 손실 폭입니다. 매수진입을 했을 때 추세가 하락하지 않고 바로 상승하는 것과 매도진입을 했을 때 추세가 상승하지 않고 바로 하락하면 참 기분이 좋겠지만, 추세가 여러분이 진입한 방향과 반대로 진행되면 잔고가 마이너스로 바뀌면서 청산을 준비해야 할 것입니다. 여기서 손실 보는 트레이더는 손실을 주식인 경우 5%, 10% 등을 정할 수 있고, 선물이나 옵션인 경우 10틱, 20틱, 30틱 등을 정할 수 있습니다. 그러나 저는 PST교육을 배우는 수강생에게는 주식인 경우는 %로 손실 폭을 정하지 말고 진입가격에서 2호가가 내려오면 청산을 한 후 다시 '재매수진입을 하라'고 말씀을 드립니다. 물론 2호가 이상 하락을 보인 후 다시 상승으로 바뀔 수 있지만, 투자금이 클수록 큰 손실을 보면서 보유하기는 쉽지 않습니다. 물론 제일 좋은 매수진입 방법은 기준차트 60분차트를 중심으로 상위차트와 하위차트에서 P1구간이 많이 나오면 절대 진입 시 밀리지 않고 바로 상승하기 때문에 이 방법을 택하는 것이 제일 좋습니다.

선물과 옵션인 경우도 마찬가지로 %로 손실 폭을 정하지 말고 진입가격에서 반대방향으로 5틱이 변동이 생기면 일단 청산을 한 후 다시 '재진입을 하라'라고 말씀드립니다. 물론 5틱 이상 손실을 본 후 계속 보유해 다시 잔고가 플러스로 바뀔 수 있지만, 레버리지가 큰 상품에서 큰 손실을 보면서 보유하기는 쉽지 않습니다. 물론 제일 좋은 진입 방법은 기준차트 10분차트를 중심으로 상위차트와 하위차트에서 P1구간이 많이 나오면 절대 진입 시 밀리지 않기 때문에 이 방법을 택하는 것이 제일 좋습니다.

## Question 18

기준차트를 높여서 설정하면 안 되나요?

## Answer 18

　현재까지 수많은 수강생들을 양성해오면서 손실 보는 수강생들의 공통점을 발견하게 되었습니다. 그것이 무엇일까요? 정답은 '기준차트를 높여서 설정하는 것'이었습니다. PST교육을 받고 소액이나 모의 거래로 일단 100%에 가까운 승률을 거둔 후 본격적인 실전 거래를 합니다. 그러나 PST교육을 마치고 본인 스스로 거래할 때 그동안 결실을 맺은 본인만의 룰에 욕심을 내는 방법으로 수정을 했습니다. 분명히 제가 수업시간에 주식 거래는 기준차트를 60분으로 설정하고 선물과 옵션은 10분으로 설정하라고 했는데 높은 승률로 많은 수익을 거둔 후 "기준차트를 높여서 거래하면 더 많은 수익을 거두지 않을까?" 반문하면서 실전 거래를 하다가 그동안 벌었던 수익을 모두 잃어버리고 손실로 바뀌는 경우를 너무 많이 봤습니다.

　저는 PST이론을 정립하면서 수없이 테스트해 기준차트를 찾았습니다. 기준차트를 높일수록 많은 수익을 기대할 수 있지만, 문제는 P2구간인 진입과 반대방향인 변동성도 비례해 커진다는 것입니다. 물론 기준차트를 내리면 변동성 구간은 작아지고 기준차트를 높일수록 변동성 구간은 커집니다. 손실 보는 수강생들이 처음에는 그동안 수익을 많이 내서 기준차트를 높여서 거래하다가 P2구간을 만나서 손실을 보면 버틸 수 있다고 말을 하지만, 결국은 더욱 큰 손실을 보고 청산하는 것을 종종 봤습니다.

거래할 때와 거래 안 할 때를 구별할 수 있나요?

PST이론을 연구하다 보니 수익 나는 트레이더와 손실 나는 트레이더의 차이가 거래할 때와 거래 안 할 때를 구별하지 못하는 것에서 비롯된다는 것을 찾아냈습니다. 여러분은 언제가 거래할 때이고, 언제가 거래를 안 할 때라고 생각하시나요? 물론 일반적인 이론으로 거래할 때는 여러분도 이미 알고 있으리라 믿습니다. 예를 들어 매수진입할 때는 추세가 상승추세이어야 하고, 거래량도 수반되어야 하고, 양봉이 출현하면서 정배열이나 골든크로스가 나와야 하는 등 말이지요. 반대로 매도진입할 때는 추세가 하락추세이어야 하고, 거래량도 수반되어야 하고, 음봉이 출현하면서 역배열이나 데드크로스가 나왔냐 하는 등 말이지요. 그리고 이들 진입조건을 만족하지 않으면 거래 안 할 때라고 생각하시겠지요? 제 말에 동의하시나요? 그러나 실전 거래에서는 여러분이 알고 있는 거래할 때 방법으로 거래해도 수익을 항상 내기가 쉽지 않았을 것입니다. PST이론은 거래할 때와 거래를 안 할 때를 변동성의 유무 때문이라고 생각합니다. 변동성이 없는 구간인 P1구간과 P4-1구간에서는 거래를 해야 하고, 변동성이 있는 나머지 구간인 P2, P3, P4-2구간에서는 거래하지 말고 관망을 해야 합니다. 진입 시 추세의 기울기를 설정해서 거래하면 짧은 보유시간 동안 보다 많은 수익을 기대할 수 있습니다.

## Question 20

마지막으로 거래할 때 가장 중요한 점이 무엇입니까?

## Answer 20

여러분은 이솝 우화 중에 '황금알을 낳은 거위' 이야기를 알고 계십니다. 이야기는 매일 하루에 황금알을 1개씩 낳은 거위를 한 농부가 키우고 있었는데, 농부가 하루에 황금알 1개를 만족하지 않고, 욕심을 냈습니다. 그래서 '거위 배 안에 황금알이 많을 거야'라고 생각해서 거위 배를 갈랐지만 배 안에는 황금알은커녕 아무것도 없었습니다. 결국 농부는 거위가 죽어 더 이상 황금알을 얻지 못하고 평생 부자가 될 기회도 잃었다는 것입니다. 여기서 얻는 교훈이 무엇일까요? 네, 맞습니다. '욕심을 내지 말자'입니다.

PST이론에서 최대 수익은 수익에서 욕심을 뺀 부분이라고 수업시간에 말씀드립니다. PST지표를 활용하면 진입과 보유 및 청산 시점을 정확히 여러분께 실시간으로 제공해줍니다. 그러나 실전 거래에서 욕심을 내는 순간, 청산 시점을 늦추든지 기준차트를 높이든지 잔고가 마이너스인데도 보유를 합니다. 이 모두가 욕심에서 비롯된 것이지요.

한 달 수익 목표가 20%일 때 하루에도 투자금 대비 20% 수익을 낼수 있다면 저는 수강생에게 하루에 20% 수익을 내지 말고 하루에 1%씩 수익을 20일 동안 거래해서 수익을 내라고 말씀드립니다. 이유는 하루에 한 달 치 목표인 20%를 다 채웠는데, 욕심을 내어 다음 날에 또 거래한다는 것이지요. 이런 분은 황금알을 낳은 거위 배를 가르는 농부와 같이 욕심을 내어 결국은 결말이 안 좋은 것을 저는 많이 봤습니다.

투자금이 적다고 불평하면서 남들과 비교하지 마십시오. 항상 수익을 낼 수 있는 본인만의 이기는 룰을 찾아서 적은 수익이라도 만족하면서 욕심을 내지 않는다면 여러분은 행복한 삶을 살아가는 방법을 찾으신 것입니다.

# 부록

## 교육 후기

# 주식 마스터반을 마치며

강보민 님

제 배움의 흔적이 한 권의 책 속에 남는다는 것, 그것만으로도 제게는 큰 영광입니다. 7번째 PST 책에 제 후기를 실어주신 교수님께 진심으로 감사드립니다.

처음 PST를 접했을 때, 저는 대구에 사는 두 아이의 엄마이자 9년간 경력이 단절된 평범한 주부였습니다. 그저 가족을 위해 하루를 보내던 제게 "세상에서 가장 안전하게 매일 1% 수익을 낸다"라는 문장은 새로운 세상을 여는 문처럼 다가왔습니다. 처음에는 믿기 어려웠습니다. 하지만 마음 한구석에서 이상하게도 '이건 내 길일지도 몰라' 하는 직감이 들었습니다. 책을 한 장씩 넘길 때마다 낯선 용어에 막히고, 이해되지 않는 차트 앞에서 수없이 멈췄지만, PST지표와 함께 차트를 보면 신기하게 맞아떨어지는 모습을 보며 포기 대신 '믿음'을 택했습니다. 그 믿음이 저를 서울로 이끌었고, 낯선 강의실에서 다시 '배우는 사람'으로 서게 했습니다. PST는 단순한 주식 강의가 아니었습니다. 교수님께서 가르쳐주신 것은 지표의 기술뿐 아니라 '생각이 현실이 되는 법칙'이었습니다. 교수님은 스스로 생각을 현실로 창조해내신, 그 길의 증인이자 스승이셨습니다.

저는 매일 마음속에 '나는 할 수 있다'라는 그림을 새겼습니다. 그리고 아침마다 연습하며, 두려움이 밀려올 때마다 스스로 물었습니다. '오늘 나는 욕심으로 움직이는가, 아니면 PST에 대한 믿음과 확신으로 움직이는가?' 마음이 차분해지고 PST지표에 대한 믿음이 깊어질수록, 시장은 언제나 제 편이 되어주었습니다. 교수님의 지표는 놀라울 만큼 정교했습니다. 정말 기존에 나와 있는 일반지표들과는 비교할 수 없을 정도로 독창적이고 창의적이었습니다. 그러나 진정한 성장의 힘은 지표 너머, '나 자신을 믿는 마음'에서 비롯되었습니다. 주식은 더 이상 단순한 기술이 아니라 나를 단련하는 수련이 되었습니다. 그때부터 저는 매일 1%의 수익보다 매일 1%의 성장을 목표로 삼기 시작했고, 지금도 매일 더 성장하기 위해 노력하고 있습니다. 이제 저는 PST지표가 있기에 차트를 볼 때 불안하지 않습니다. 대신 고요히 흐름을 바라봅니다. 시장과 나 사이에는 더 이상 경쟁이 없습니다. 그저 배우고, 느끼고, 성장하는 '나 자신'만 있을 뿐입니다.

PST교육은 제게 단순한 투자 공부가 아니라, '생각의 힘'을 삶 속에서 증명하게 해준 여정이었습니다. 교수님이 직접 증명하시고 가르쳐주신 대로, PST에 대한 믿음을 단단히 하며, 욕심내지 않고 행동으로 옮기는 것, 이 마음 그대로 꾸준히 롱런하는 것, 그것이 결국 현실을 바꾸는 힘이었습니다.

이제 저는 스스로 수익을 창출하며 가정에 보탬이 되고, 아이들에게는 '믿음의 힘'을 보여주는 엄마로 살고 있습니다. 남편에게는 든든한 동반자가 되었고, 무엇보다 저 자신에게는 '나도 진정으로 해낼 수 있는 사람이다'라는 확신을 되찾게 되었습니다. 우연처럼 시작된 배움이 제 삶의 방향을 완전히 바꿔놓았습니다. '생각한 것은 반드시 이루어진다.' PST를 통해 저는 이 문장을 머리로 이해하는 수준을 넘어, 삶으로 실천하는 법을 배웠습니다.

이 길을 열어주신 교수님께 그리고 진심으로 지도해주신 이광석 강사님, 권경훈 강사님께 깊은 감사를 드립니다.

이제 저는 단순한 수강생이 아니라, PST지표를 철학으로, 그리고 삶으로 실천하는 제자로 남고 싶습니다. 생각이 현실이 되고, 믿음이 길이 되는 그 길 위에서, 저 역시 누군가의 '용기'가 될 수 있기를 바랍니다.

여러분도 할 수 있습니다. PST지표를 꼭 배우세요.
그리고 용기를 내세요.

## 외환 마스터반을 마치며

김경돈 님

주식이나 비트코인을 하기는 했지만, 전문적인 지식이나 공부를 하면서 전문적으로 해본 적이 없었고, 해외선물이나 옵션에 대해서는 수업을 들으면서 처음 알게 되었습니다. 지인을 통해서 알게 되어서 공개강좌를 신청하고 시작했습니다. 처음에는 PST지표를 사용해서 보합, 상승, 하락 구간을 나누고 판단을 통해서 투자한다는 게 믿기 힘들었습니다. 공개강좌를 들으면서도 의아했고 중간에 가신 분도 있고 실제로 수업을 듣는 분도 적어서 불안한 마음을 가지고 시작했습니다.

수업을 들으면서 모의 투자를 했고 실전 거래까지 같이 시작하면서 PST이론과 PST지표가 실제로 적용되고 수익이 실현되는 게 신기했습니다. 운이 좋아서 초반에는 생각보다 더 잘되다가 수업 중간쯤에 이상하게 맞는 거 같은데 '왜 안 되지?'라는 생각을 몇 번씩 하게 되었습니다. '어떤 부분에서 판단을 잘못한 거지?'라는 생각으로 모의 거래를 하면서 이런저런 방식을 계속 생각했습니다. 계속 그렇게 하나씩 해보고 수정하면서 지금에서야 그게 어느 부분에서 잘못된 판단을 한 것인지 알게 되었습니다.

수업에서는 타임 프레임을 10분차트를 기준으로 5분, 3분, 1분차트로 배웠습니다. 저는 30분, 60분, 120분, 240분차트까지 늘려서 판단의 기준을 조금 더 넓게 보는데, 10분차트에서 PST지표에 맞는 경우가 30분, 60분 상위 타임 프레임에서 PST지표와 같은 방향일 수도 있었습니다. 하지만 보합인 경우에는 10분차트 기준에서 지표가 맞더라도 같은 봉 안에서 지표가 반대로 바뀔 수 있었습니다. 천연가스 선물의 경우 한 봉 안에서의 변화가 크기 때문에 상승에서 하락, 하락에서 상승으로 바뀌다 보니 맞게 들어가더라도 속도가 빨라 틀린 판단을 한 것 같은 결과가 나와서 10분차트로 기준을 두지만, 30분과 60분차트에서 어느 포지션에 있는지 판단했습니다. 30분과 60분차트에서 맞는다면 120분에서는 어느 포지션에 있는지 그 부분을 판단하고부터는 지표가 바뀌더라도 그 상황에서 왜 이렇게 되는지 판단할 수 있는 이유를 스스로 알게 되었습니다. 타임 프레임이 동시에 바뀌는 순간 30분, 60분차트에서 이럴 때 거래하고 '한 번 거래에서 어느 정도까지 하겠다'라는 그 목표를 세우고부터는 성공률도 높아지고 일에 대한 재미가 생겼습니다.

PST이론과 PST지표는 주식이나 해외선물이나 다른 거래에서도 사용할 수 있지만, 사용하는 사람이 어떻게 하나에 따라서 독이 될 수 있기 때문에 스스로 판단 근거나 목표를 세우고 하시는 게 중요하다고 생각합니다. 맞게 판단해서 들어가더라도 순간순간 바뀔 수 있는 상황은 많으므로, 하위차트의 변화를 꾸준히 보고 거래가 끝나면 프로그램을 종료하고 개인적인 시간을 보내는 게 가장 중요하다고 봅니다.

결과적으로 이것을 배우고 나서 인생이 아예 바뀌어서 스스로 성장할 기회를 만들 수 있었습니다. 이렇게 지면에 게재될 기회를 주셔서 감사합니다.

# 추세 추종 트레이딩 비법

제1판 1쇄  2026년 1월 2일

지은이  Richard Kwon
펴낸이  한성주
펴낸곳  ㈜두드림미디어
책임편집  이향선
디자인  노경녀(nkn3383@naver.com)

**㈜두드림미디어**
등   록  2015년 3월 25일(제2022-000009호)
주   소  서울시 강서구 공항대로 219, 620호, 621호
전   화  02)333-3577
팩   스  02)6455-3477
이메일  dodreamedia@naver.com(원고 투고 및 출판 관련 문의)
카   페  https://cafe.naver.com/dodreamedia

ISBN  979-11-24026-14-4 (03320)